拔尖创新人才培养探索与实践

徐特立学院成立十周年教育教学改革论文集

2013—2023

冯慧华 赵昊 张筊 朱兆洋 张赞 编

北京理工大学出版社
BEIJING INSTITUTE OF TECHNOLOGY PRESS

版权专有　侵权必究

图书在版编目（CIP）数据

拔尖创新人才培养探索与实践：徐特立学院成立十周年教育教学改革论文集／冯慧华等编． -- 北京：北京理工大学出版社，2023.9

ISBN 978 - 7 - 5763 - 2889 - 9

Ⅰ．①拔…　Ⅱ．①冯…　Ⅲ．①高等学校 - 人才培养 - 中国 - 文集　Ⅳ．①G649.2-53

中国国家版本馆 CIP 数据核字（2023）第 171016 号

责任编辑：申玉琴　　**文案编辑**：申玉琴
责任校对：刘亚男　　**责任印制**：李志强

出版发行 ／ 北京理工大学出版社有限责任公司
社　　址 ／ 北京市丰台区四合庄路 6 号
邮　　编 ／ 100070
电　　话 ／（010）68944439（学术售后服务热线）
网　　址 ／ http：//www.bitpress.com.cn

版 印 次 ／ 2023 年 9 月第 1 版第 1 次印刷
印　　刷 ／ 三河市华骏印务包装有限公司
开　　本 ／ 710 mm × 1000 mm　1/16
印　　张 ／ 20.25
字　　数 ／ 278 千字
定　　价 ／ 98.00 元

图书出现印装质量问题，请拨打售后服务热线，负责调换

序 言
PREFACE

北京理工大学徐特立学院（XUTELI School，BIT）以学校延安时期老院长，我国杰出的革命家、教育家徐特立先生命名，致力于拔尖创新人才培养，是北京理工大学人才培养的特区。学院成立十年以来，不断探索拔尖创新人才培养模式，通过改革与实践，形成了一系列可复制、可推广的适合拔尖创新人才培养的范式、模式、制度和举措集。

2022年，学院启动了拔尖创新人才培养改革专项，来自16个学院/研究院的45个项目团队获批了教改项目，依托此次教改专项，项目团队总结凝练阶段性成果，形成论文。学院还邀请了参与学院建设与改革的教师、教学管理人员围绕育人理念、模式创新、教学管理机制等拔尖创新人才培养要素把过去的做法和经验等以论文的形式表述出来，同时也收集了一些在学院发展历程中形成的教改论文，最终形成本论文集。

本论文集由人才培养模式改革、课程建设与改革、实践教学改革三部分组成，每部分中的论文也有所不同，有的侧重教育理论的研究，有的侧重教学模式的改革，有的侧重具体教学内容和环节的设计。希望通过不同内容和不同角度的经验分享，供学校专业学院及国内兄弟高校荣誉学院借鉴和参考，论文集中不足之处恳请读者斧正。

目 录
CONTENTS

● **人才培养模式改革篇** ······ **001**

面向未来科技领军人才培养的拔尖创新人才培养体系研究与实践
······冯慧华，赵昊，肖烜，张赞，刘媛，朱兆洋　002

科技领军人才国际学术交流能力培养
　　——以"学术用途英语"课程为例
······刘芳　013

"计算机科学与程序设计"分类分级教学体系研究
······吴浩，陈朔鹰　022

强工科背景下化学强基人才培养的探索与思考
······支俊格，陶军，赵昊，张锋，张加涛　035

面向拔尖创新人才培养的多元协同工程基础教育范式探究
······张雨甜，李梅，李春阳，付铁，冯吉威　047

服务人才培养改革　创新本科生学籍管理制度
······陈学瑾　060

高等教育国际化培养模式的研究与探索
　　——以徐特立学院/未来精工技术学院为例
······朱梦圆，丁雨　070

"双一流"建设背景下"强基计划"人才培养模式研究与实践
·· 丁雨，朱兆洋　078

高校拔尖创新人才培养探索与实践
——以北京理工大学徐特立学院为例
·· 胡波　086

信息类拔尖创新人才贯通培养模式探索与实践
·············· 陶然，辛怡，吕蒙，丁泽刚，刘泉华　096

基于智能机器人的拔尖创新人才培养模式探索
·········· 李长胜，张伟民，李辉，田野，陈学超，段星光　106

车辆工程专业"智能无人+"拔尖人才培养教学模式探索与实践
·············· 张旭东，邹渊，黄彪，李忠新，白玲　113

6G智能通信创新型人才培养探索
·· 高镇　122

基于高质量党建引领下的小学中学大学长链条拔尖创新人才
　培养机制研究与实践
——以徐特立学院第五党支部和北京景山学校教师党支部共建为例
·· 相华，张斌平　134

新时代高等教育团队教学模式的探索
·············· 杨科莹，张景瑞，蔡晗　146

● 课程建设与改革篇 ·· **157**

加强机械工程基础课程创新能力培养的探索实践
·············· 赵自强，赵杰亮，张海波，王文中　158

科教融合、综合设计，打造学科核心贯通课
·············· 唐胜景，崔平远，徐瑞，乔栋，朱圣英　165

拔尖创新人才学术写作课程体系构建
——以北京理工大学未来精工技术学院为例
.... 姜楠　174
振动与控制贯通课程的教改实践
.... 罗凯　184
面向工程科学人才培养的传统核心课程改革
.... 孟军辉，刘莉，李文光，王正平　194
以微分方程问题的求解牵引复变函数课程的教学
.... 廖日东　203
基于"计算机视觉"课程的创新人才培养模式探索
.... 付莹，刘乾坤，薛静锋，王国仁　214
瞄准融合创新的线上线下混合式研究型课程建设
.... 王晓芳，林海　222

● **实践教学改革篇** **231**

结构设计大赛主题的创新与改革
.... 程修妍，代玉静，马沁巍　232
课赛结合提升学生创新能力
.... 王振宇，刘伟，鲁长宏，郑宁，史庆藩　240
科创竞赛驱动的创新人才培养模式探索
.... 郑多　246
大学物理开放实验课程建设
.... 郑宁，刘伟，鲁长宏，王振宇　252
书院制背景下学生创新创业教育新模式探究
.... 张赞，史建伟　259

旋转伺服控制创新实践探索
··左镇，李忠新，朱杰　267

赛教融合赋能拔尖创新人才培养的实践教学改革研究
　　——以制造技术基础训练课程为例
························李春阳，冯吉威，付铁，李梅，靳松，张雨甜　274

课程思政在拔尖创新人才培养工程实践教学中的应用
　　——以徐特立学院"智能机电系统应用工程实践"为例
····························李忠新，相华，薛庆，鲁怡　286

"五育融合"视域下劳动育人新模式探索与实践
···············高守锋，吕玥瞳，党仪祉，郑艺，颜培，付铁，宫琳　301

人才培养模式改革篇

面向未来科技领军人才培养的拔尖创新人才培养体系研究与实践

冯慧华[1]，赵昊[1]，肖炬[2]，张赞[1]，刘媛[2]，朱兆洋[1]

（1.北京理工大学　徐特立学院/未来精工技术学院，北京 100081；2.北京理工大学　教务部，北京 100081）

摘　要：科技领军人才对一个领域，甚至一个国家的战略科技发展至关重要。对未来创新型科技领军人才培养，是决定我国能否形成与未来国力相匹配的科技实力、产业实力的重要战略任务。高等教育承担着培养未来科技领军人才重任，如何建立适合拔尖创新人才成长的培养体系，成为高校亟须解决的问题。本文依托北京理工大学未来精工技术学院建设，明确人才培养目标，创新培育思路与教学模式，提出"三新三全三柔两贯通四融合"的人才培养理念，探索适合拔尖创新人才培养的范式、模式、制度与举措集，形成可复制、可推广经验，推动国内面向未来技术领域的拔尖创新人才培养整体水平提升。

关键词：拔尖创新人才；智能无人+；课程建设；柔性培养；国际视野

引言

2020年5月，教育部办公厅发布《未来技术学院建设指南（试行）》，旨在通过建设一批未来技术学院，探索专业学科实质性复合交叉合作规律，探索未来科技创新领军人才培养新模式，着力培养具有前瞻性和战略性、能够引领未来发展的科技创新领军人才。

北京理工大学响应国家战略布局，于2022年8月成立"未来精工技术学院"，凭借学校在拔尖创新人才培养方面的实践积累、前沿创新技术领域学科优势,举全校之力,打造适合未来科技创新领军人才培养的人才培养高地与改革特区,助力我国在"智能无人+"领域内的未来科技领军人才及战略科学家培养,支撑具有中国特色的拔尖创新与领军领导人才培养体系建设。

一、拔尖创新人才培养目标明确

北京理工大学未来精工技术学院瞄准"智能无人+"领域"卡脖子"关键核心技术,秉承"立德铸魂、强基拓新、优教精学、致真求实"理念,创新培育思路与教学模式,强化数理基础和前沿技术,着力开展面向空基、天基、地基、海基智能无人系统未来科技创新领军人才的前瞻性和战略性培养,抢占未来科技发展先机。同时,通过改革与实践,探索并获得适合拔尖创新人才培养的范式、模式、制度与举措集,形成可复制、可推广经验,推动国内面向未来技术领域的拔尖创新人才培养整体水平提升,打造"智能无人+"领域的国际人才中心和国际创新高地,如图1所示。

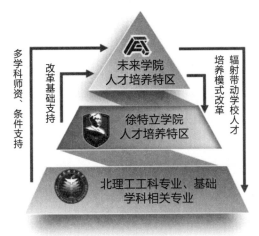

图1　未来精工技术学院是拔尖创新人才培养改革新特区

(一)聚焦"智能无人"技术

随着人工智能技术的高速发展,由人工智能技术驱动的新一轮科技革命和产业变革态势正逐渐形成,以机器学习[1]、群体智能[2]、跨媒体感知[3]、自主协同与决策[4]为核心技术的"智能无人+"是人工智能与应用平台紧密关联的重要技术群，将引领未来时代变革，进而直接影响我国未来在世界科技领域的领导力、竞争力与国际地位。

（二）凝练"未来精工"内涵

未来精工技术学院名称中"精工"二字取自"德以明理、学以精工"之北理校训，内涵丰富，除了包含精密、精细、精准的几何学含义之外，还包括精致、精美、精巧的美学内涵，以及精心、精制、精选的态度含义；"精"中有"尖"，寓意敢闯会创，蕴含着特立科研潮头、勇摘工业桂冠领军人才所需的学术、技能及品质属性，同时也展现了学院教学与管理团队精心学生培养的决心。

（三）培养"志智韧情"品质

未来精工技术学院将未来科技领军人才的核心品质凝练为"志""智""韧""情"四个字。志：家国情怀、强国责任。智：前瞻思维、深厚基础。韧：执着坚毅、勇于创新。情：团结协作、担当作为。学院着力培养富有家国情怀、强国责任、执着坚毅、担当作为，具备前瞻性、批判性、颠覆性思维和扎实跨学科学术基础的"智能无人+"领域的拔尖创新领军领导人才。

二、拔尖创新人才培养特色鲜明

（一）聚焦智能无人，分层分类贯通

未来精工技术学院重点关注"智能无人+"领域未来科技创新领军人才及战略科学家培养。"智能无人+"方向内涵：结合无人陆上机动平台、无人航空机动平台以及无人深海机动平台应用背景，基于学校在相关领域的优势科研基础与学科优势，借力多学科交叉融合，聚焦"智能无人+"领域未来核心技术与大系统集成，重点关注通用人工智能中机器人系统、计算机视觉、人工智能算法及大数据技术等基础级理论及技术在无人平台中的多学科创新发

展与颠覆性集成应用。按照"2+1+5"模式打造本硕博贯通的个性化培养体系，一年级实现大类打通，重点关注学生基础知识的学习；二年级以智能无人平台（机械领域）、智能无人技术（信息控制领域）两大领域夯实学生学科基础；三年级以智能无人系统六个专业方向为关注，强化专业核心能力培养；四年级以导师为主导，进入本研过渡和博士研究生阶段，实施对学生的完全个性化培养。

（二）强化数理基础，关注知识贯通

基于工程创新打造数理基础课程和教材，把工程中遇到的各种问题抽象为数理问题融入教学内容；组建理工融合教学团队，小班化授课，名师讲授数理知识；重新定义数理基础类课程"1学分"内涵，增设数理研讨课，实现讲授、习题、研讨学时占比1∶1∶1，提升学习效果；贯通培养，形成"数学物理方法""数值计算方法""科学与工程计算"等四年不断线的数理课程，有效支撑拔尖创新人才在"智能无人+"领域相关学科深入学习研究。

实施海外人才学术创新课专项，提升基础类课程前沿性，深化专业类课程理论性；课程建设中注重结合科研课题（60%以上案例），关注科学问题全分析过程，引入优势科研平台，应用现代工程软硬件工具；设置"工程科学之数理基础"等数理基础与专业领域关联课。

数理基础与专业知识贯通培养模式如图2所示。

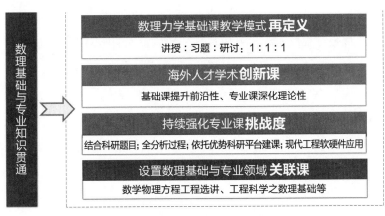

图2　数理基础与专业知识贯通培养模式

（三）优化学科基础，重构方向课程

以智能无人平台（机械领域）、智能无人技术（信息控制领域）两大领域夯实学生学科基础。开设全院士讲授的"精工技术导论"课程；重造"机械工程基础"系列课程，将"工程制图""机械原理""机械设计"等课程内容整合；构建含有"机械工程基础I""控制科学基本原理与应用""人工智能"等课程在内的学科基础必修课。以智能无人系统六大重点方向，梳理各方向专业基础课与专业核心课体系，理论实践相互耦合，宏观视野与专业能力兼顾培养，按照未来技术方向进行知识能力解构，打造基础课程模块化"菜单式"设置、专业课程"项目制"管理为特征的融通教育模式。专业课程实施"项目中心制"，以重大项目研发为背景，以核心技术突破为目标，以教师指导下学生的自主探索为特征，在项目课程实施过程中，夯实基础知识和技能，锻炼学生自主获取知识的能力，激发学生在交叉学科领域主动探索。

（四）发挥导师优势，实施柔性培养

建立院士导师、学术导师、校外导师、学育导师、德育导师"五位一体"的导师体系。院士导师和学术导师参与学生个性化培养方案制定，以科学家精神营造学术探索与研究氛围；学术导师和校外导师开展科学视野拓展专项，建立学科素养和产业集群意识；学育导师和德育导师引领学生全面健康发展，实现全过程育人、全方位育人和全员育人的新格局。

学生在导师指导下，可自主拟定培养方案、自选毕业专业、自主申请辅修专业、自主探索选修课程，实现培养方案、课程体系、研究创新、综合设计的柔性化定制。导师指导学生进行科学研究与探索，并将过程和成果记入学生发展档案，注重培育学生的自主学习能力，建立关注学生发展的测评方案。柔性化培养如图3所示。

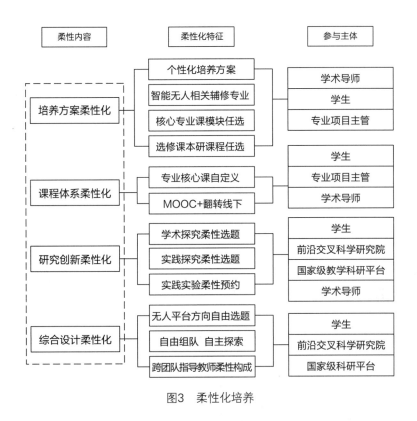

图3 柔性化培养

（五）多维实践育人，构建"双领能力"

多维度打造梯级递进、研究与实践互配相融的科学研究与创新实践体系。模块化设置课内实验项目群，柔性化开展教学实践活动。时间维度上，一年级实施学科通识教育与兴趣引导为目标的集中实践，二年级起依托科研平台启蒙学术研究能力培养，三年级起针对专业技术领域开展科研专项，四年级开设跨学科"智能无人+"综合设计专项；能力维度上，从前沿领域实践认知到跨学科单项系统、少功能综合设计，再到智能无人系统创新性多学科综合设计，由易到难提升实践教学水平；空间维度上，充分利用校内国家实验教学平台、专业学院国家科研平台、校外科研院所实践基地、国外人才培养协同校院，打造"四位一体"的实践教学平台。探索建设"领导力虚拟教研室"，通过综合设计类课程强化领导力培养，提升学生规划、表达、说服、组织和协调能力。

(六)遵循成果导向,拓新国际视野

以未来战略科学家培养目标为牵引,制定拔尖创新人才毕业知识能力预期,建立理论实践课程体系,具体以课程内容、教学过程实现为达成目标。借助学校与全球300多所高校签订的国际合作协议,依托俄、德、意等国一流大学优质教学资源,建设"智能移动机器人基础"等高水平全英文课程和科研课题实习项目,支持学生在校期间深度参与国际课程和学术交流活动。打造一流研讨空间,开展研讨式教学,与前沿交叉研究院共同邀请国际背景学者授课和讲座,营造国际一流的学术氛围与学科交叉环境。树立"大人才观",鼓励学生跨校、跨区域、跨国进行学位攻读或其他学术交流,通过联合培养、学生交换等多种形式,培养具有全球视野、能够适应国际竞争的拔尖创新人才。全球化视野培养途径如图4所示。

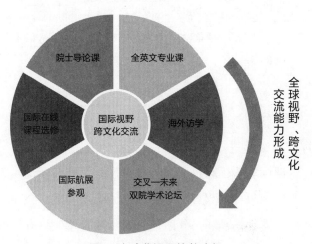

图4 全球化视野培养途径

三、拔尖创新人才培养思考与建议

《未来技术学院建设指南(试行)》提出未来技术学院建设要坚持中国特色、坚持面向未来、坚持交叉融合、坚持科教结合、坚持学生中心、坚持成果导向。未来精工技术学院建设坚持以学生为中心,聚焦领军领导人才核心能力素质培养,采用导师制培养、小班化授课、项目制学习模式,按照本

硕博贯通体系培养未来技术创新的领军领导人才。

拔尖创新人才的高质量培养需要激发师生双向主动和"教""学"激情，需要探索能够促进学生持续卓越、勇于挑战的综合评价机制，并设计优势工科学院一流研教平台、高水平师资参与未来学院人才培养的激励机制。此外，还要关注不同类型国家级平台融合模式、校外高水平实践与研究基地合作机制等，研究支撑未来学院高质量人才培养的支撑保障体系与政策集，形成具有一定鲁棒性的拔尖创新领军领导人才培养支撑软环境与完善管理制度体系。

（一）构建学生选拔机制

选拔依据要多样化。当前拔尖创新人才选拔的主要依据是学生的高考成绩排名，并不注重学生在高中期间的活动、服务、经历及奖励等情况。正如查尔斯·斯诺登（Charles Snowdon）所说："荣誉学院要寻找的不是最聪明的学生，而是那些有主动学习动机、有广泛兴趣的学生，这样的学生才拥有成为杰出人才的潜质。"[5]因此，拔尖创新人才的选拔应该综合考虑学生的成绩、动机、兴趣方面的情况。重点从课程学习成绩、前沿科学研究能力、学术创新能力、综合素质、培养前景及心理评估等方面对学生进行评价，力求遴选出有志于服务国家重大战略需求，投身国家重大战略需求和重点发展领域研究的优秀学生。在选拔之初就精挑细选，缩小规模，精心育人。

（二）注重学生个性化培养

传统拔尖创新人才分流淘汰的标准主要以学习成绩为主，即在每学期考试中有任何挂科情况即被分流至其他学院。这对于怪才、偏才的培养极为不利，即便某些学生在某一个方面具有巨大的发展潜力，但因为偏科而出现挂科也会被分流。拔尖创新人才应该根据每个学生的特长让学生能够个性化选择课程和专业，挖掘其内在天赋，注重学生的个性化培养，而不是挂科即分流。

（三）加强通识教育

拔尖创新人才不仅要具有宽厚的基础理论与先进合理的专业知识，更加需要具有优良的思想道德素质、科学文化素质和人文素养，使学生成为爱国敬业、上进务实、身心健康、有竞争力的精英型人才和各行各业的领军人物。因此加强多样化的通识教育，让学生从进入大学开始就立大志、树大德，激发学生的内生学习动力，使其明确学习目标，端正学习态度，发自内心地要让自己成为能担当民族复兴大任、具有扎实的数理化科学基础、优良的人文素养、宽广的国际视野、敏锐的学术前沿意识、卓越的研究能力的领军领导人才。

参考文献

[1] 何静.人工群体智能是否可能？[J].华东师范大学学报：哲学社会科学版，2020, 52（5）：90-96.

[2] 李斌, 张正强, 张家亮, 等.基于人工智能的跨媒体感知与分析技术研究[J].通信技术, 2020, 53（01）：131-136.

[3] 张婷婷, 蓝羽石, 宋爱国.无人集群系统自主协同技术综述[J].指挥与控制学报, 2021, 7（02）：127-136.

[4] 刘霞."决策智能"成数字化转型新趋势[N].科技日报, 2022-09-30.

[5] 牛卓.美国研究型大学的本科生荣誉教育研究——以威斯康星大学麦迪逊分校文理学院的荣誉项目为例[D].上海：华东师范大学, 2012.

Research and Practice of Top-notch Innovative Talents Training System for the Cultivation of Future Scientific and Technological Leading Talents

FENG Huihua[1], ZHAO Hao[1], XIAO Xuan[2], ZHANG Zan[1], LIU Yuan[2], ZHU Zhaoyang[1]

(1.XUTELI School/School of Future Technology, Beijing Institute of Technology, Beijing 100081, China;

2.Department of Undergraduate Academic Affairs, Beijing Institute of Technology, Beijing 100081, China)

Abstract: Scientific and technological leaders are crucial to the strategic development of the scientific and technological field, or even a country. Strengthening the cultivation of future innovative scientific and technological talents is an important strategic task to determine whether China can form a scientific and technological strength and industrial strength that matches the future national strength. Higher education undertakes the responsibility of cultivating future scientific and technological leading talents. How to establish a training system for the growth of top innovative talents has become an urgent problem for universities. Relying on the construction of the School of Future and Technologies of Beijing Institute of Technology, this paper clarifies the objective of talent training, and innovates the concept of cultivating ideas and teaching models, puts forward the new concept of "three new, three complete, three flexible, two connected and four integrated"explores the paradigm, mode, system, and measure for the cultivation of top-notch innovative talents, forms replicable and promotable experience, and promotes the overall level of the training of top innovative talents facing the future technology field in China.

Key words: Top-notch innovative talents; Intelligent unmanned; Curriculum construction; Flexible cultivation; International perspective

科技领军人才国际学术交流能力培养

——以"学术用途英语"课程为例

刘芳

（北京理工大学 外国语学院，北京100081）

摘　要：国际化背景下我国科技领军人才必须具备扎实的国际学术交流能力，传统的公共外语教学在教学理念、教学目标、教学模式等方面都难以满足。"学术用途英语"课程对接国家人才培养战略和学校学科特色，提升教学内容高阶性，打造以学生为中心的任务型、实践性教学模式，提高课堂教学挑战度，创新教学评价方法，取得了良好效果，为推动科技领军人才国际学生能力培养的课程建设提供了可借鉴的经验。

关键词：国际学术交流能力；科技领军人才；教学理念；教学模式

引言

随着中国经济与科技的飞速发展，中国与世界各国的交流更加扩大，中国的发展已离不开世界，世界的发展也更需要中国。在这样的大背景下，国家对拔尖创新人才的要求已由传统的知识技能型转为胸怀世界、科技创新、传承文化、传播文明的重要实践者。因此科技领军人才素养除了必备的科学素养，如扎实的专业基础知识和很强的综合分析能力等，无疑还必须要具备过硬的国际学术交流能力[1-3]。国际学术交流是科技工作者融入国际学术界，与世界进行对话和沟通的重要渠道。通过国际学术交流，可以展示高水平研究成果，进入国际学术研究主流，并借鉴先进国际成果为我所用。

与此同时，继"211工程""985工程"之后，党中央、国务院推出的建设世界一流大学和一流学科（"双一流"）的重大战略决策，也意味着越来越多的博士生、硕士生、本科生将有在各自领域内有国际话语权（如国际期刊上发表论文、国际学术会议上宣读论文等）的巨大需求。因此，创新国际学术交流能力培养的教学与研究，尽快有效提高学生国际学术交流能力，培养具有国际视野、家国情怀、国际交流能力和竞争能力的国际化人才已成为建设一流大学和一流学科中外语教育研究者和工作者的重大任务[4]。

国际学术交流能力培养，可以有效拓宽学生视野，激发学生学科学习和专业学习兴趣，增强学科归属感，树立国际交流理念和目标。交流过程中不仅能够锻炼语言表达能力，还能提高自信心，加强对前沿问题思考，训练和养成创新意识，提高创新能力，形成团队意识、学术诚信意识等综合素养。国际化背景下的大学生应该树立全球意识和国际观念，以不断提升国际交流意识和能力[5]。因此国际交流能力培养是高等教育国际化中的核心问题，也是高等教育发展的必然趋势，对提升我国高校学生国际化水平、创新能力和竞争力具有至关重要的作用。

但由于受传统教学理念、教学模式、师资力量等条件的限制，目前我国高校学生国际学术交流能力培养整体实力较弱，国际化水平亟待发展，高校学生国际学术交流能力发展与现实需求差距巨大[6-8]。因此，探索有效的国际交流能力培养模式、课程设计、教学途径，是提升科技领军人才培养质量的当务之急。

为了解决国家人才培养战略中对科技领军人才国际学术交流能力提升的迫切需求和传统大学英语教学之间的矛盾，北京理工大学依托多项省部级和校级教改项目，设计并建设了"学术用途英语"课程。课程对接国家人才培养战略和学校特色，摆脱传统的大学英语教学理念，从教学内容、教学方法、评估手段等各个环节进行建设和创新，并不断持续改进。课程于2013年开始教学实践，2015年起在全校理工科专业推广，2020年课程获批首批国家级一流本科课程。本文将从课程设计的设计理念、教学内容设计、教学策略设计、教学评价设计四方面来探讨这一创新性课程对高等教育国际化背景下科技领军人才国际学术交流能力培养的启示。

一、课程设计

（一）课程设计理念

传统的大学英语课程，以跨文化交流为主要培养目标，教学的重点在于学生能够通过课程学习，认识不同的文化差异，并学习如何使用合理的策略进行跨文化情境下沟通和交流。因此公共英语教学通常被定义为人文教育,致力于在进行语言教学的同时提高大学生的人文素养[9]。课程设计以语言技能为主，进行视听说、读写译的专项训练。但是在国家对创新人才培养战略需求的今天，在科技高速发展对学生能力要求日益提升的今天，这样的教学理念显然是片面的，尤其对于"双一流"建设的学校而言，这样的教学理念与学校发展是存在差距的。

"学术用途英语"是在充分研究国家人才战略和学校人才培养需求的基础上创建的课程。课程瞄准国家国际化进程中拔尖创新科技领军人才培养战略，充分结合学校理工科为主的学科特色，摆脱传统的大学英语教学理念，打破单纯语言训练模式，创新性地将语言学习与学生专业学习和科学研究有效结合。课程全力打造以学生为中心的实践性课堂教学模式，教学目标是使学生在本科阶段就具备用英语读、写专业文献和参与国际学术交流的能力。

与此同时，课程将学术道德、学术素养等教育内容充分融入英语教学内容中，讨论科学家的优秀品质，建立学术诚信意识，学习学术诚信方法，学习国家最新科技成果，实践科学研究思路与方法等，以国际学术交流能力为导向，培养学生家国情怀、科学精神、学术诚信、责任担当，使语言教学承担起人才培养与教育的重要使命。

（二）教学内容设计

"学术用途英语"课程分为四个级别，形成阶梯式的教学目标设计和教学内容建设，以通用英语向学术英语过渡为起点，直到最终实现专业文献阅读和专业学术论文撰写，循序渐进完成课程总体目标。

课程内容与资源建设依据真实性、相关性、典型性原则，研发了与课程体系配套的《理工专业通用学术英语》系列教材，共四个级别，总计230万字，每个级别都配套相应的音像材料，从听、说、读、写各层面循序渐进实现教学目标。

选取材料真实性指选取期刊文章、学术报告、论文、专著、教材等原版文献，最大限度保障学生接触真实学术用途英语原貌，提升课程高阶性。相关性指选材结合学校专业特色，与学校专业特色相结合，知识内容与电子、信息、机械、车辆、宇航、材料等学校优势学科专业相关，提高学生语言能力的同时，有利于学生增加专业认同感，提高专业领域文献阅读能力，并对接专业院系全英文专业课程。典型性指材料呈现各种学术语篇常用和典型的语言各个层面特征，如信息结构、逻辑连接、修辞方法、词汇选择等，最大限度实现教学目标。

同时，整套教材和音像材料综合考虑学生的认知发展规律和专业背景、课程定位和教学目标，语言难度、语篇规范化程度、内容专业程度按四个级别阶梯型递进。四个级别的教学目标和主要教学内容如表1所示。

表1 "学术用途英语"课程设计

	教学目标	主要内容
级别1	该级别是从通用英语向通用学术英语的过渡和转变级别。引导学生阅读和收听、收看学术相关话题的语料，教学目标的根本在于知悉和理解从中学英语到大学英语（或从通用英语到学术用途英语）在学习目的、内容、方法、策略的根本性转变，能够自觉从被动的语言学习者变为主动的语言学习者，而且是语言使用者。能够用英语获取信息、知识和各学科最新科研成果，为自己的语言能力发展注入原动力，享受用英语获取、分享、讨论最新科技信息的乐趣。能够驾驭阅读材料，采用适当的阅读方法、速度和策略；掌握听力理解的方法、策略和技巧，抓住大意和重要细节；具备积极参与讨论的素养，掌握提问方法与技能；能将阅读和听到的内容写成简短概要	阅读和音频材料主要来自科普期刊、科普性报道等语料中对最新科技动态的综述、新闻报道等，阅读语篇长度在1 000词左右，主要话题包括：为什么要立志成为科学家，文理科差异，自我激励策略和成功减压方式，做一个诚实守信的科学工作者，成功的秘诀等

续表

	教学目标	主要内容
级别2	该级别是从通用学术语篇逐步向半专业学术语篇过渡和转变级别。引导学生阅读和收听、收看更长篇和具有更多专业知识的学术语篇，教学目标在于知悉和理解英文原版通俗化科技期刊文章，能快速识别英语学术语篇常见的功能基调及相应的语篇类型、宏观信息组织结构、修辞策略，理解作者的观点、目的与主要内容。能够解决并掌握口头语篇的语篇特征和语言特征，听懂较长篇幅的报道或讲话，理解说话者的主旨和态度。掌握大量各学科领域通用的技术词汇，即通用技术词汇，丰富语言资源。能够驾驭较长听力材料，了解通用技术词汇的特征；能识别语篇逻辑，掌握英语语篇的逻辑表达形式；语言表达有显著提升，克服阅读英语原版长文章的恐惧心理，通过阅读拓宽学术视野，培养科学、严谨的学术态度	阅读和音频材料主要来自英文原版通俗化科技期刊、报道、访谈等，阅读语篇长度在3 000词左右，主要话题包括：新能源、清洁能源、太空探索、进化论、头脑与思维、气候变化、自动化等
级别3	该级别是从半专业学术语篇逐步向专业学术语篇，尤其是专业学术论文写作过渡和转变级别。引导学生阅读从国外原版教科书、学术专著、期刊论文中选取的语料，收听、收看学术讲座、课堂教学实况等音像材料，教学目标在于知悉和理解英语语体，如分辨正式语体与非正式语体、口语体与书面语体，了解常用的口头学术语篇和书面学术语篇在语言各层面的特征。学习和掌握科技论文中常用的组成部分的交流目的、交流策略和写作技巧	阅读和音像材料主要选自原版教科书、学术专著、期刊论文、学术讲座、课堂教学实况等，主要学习的学术论文常用组成部分包括：定义、公式、图表、系统、引用、分类、流程等
级别4	该级别是专业学术语篇学习和专业学术论文写作级别。引导学生阅读各种文体的专业学术语篇，收听、收看学术报告、学术讲座等音像材料，教学目标在于知悉和理解最常用学术语类在宏观和微观语言层面特征，具备一定的产出能力，并以此提高阅读和听力理解的效率和准确性。能够驾驭学术语言构建语篇，具备撰写文献综述报告、研究计划、立项申请报告、实验报告、学术论文写作的基本能力。能够听懂较长篇幅的学术报告；能清楚表达自己的研究兴趣和学习计划	阅读和音像材料主要选自原版学术期刊论文、研究报告、研究项目书、学术讲座、学术报告等，主要学习不同文体学术语篇（如文献综述、研究计划、研究报告、学术论文等）的交流目的、交流策略、写作技巧，以及各个文体学术语篇的各个结构部分（如引言、研究方法、结果与讨论、结论、摘要等）的交流目的、交流策略、写作技巧等

（三）教学策略设计

"学术用途英语"课程教学设计着力提升创新性和挑战度，打造以学生为中心的任务型、实践性大学英语课堂教学新模式，改变传统单纯进行语言训练的教学理念，以内容教学为原则，以实践教学为导向，利用大量高质量真实语料输入，创造培养交际能力和学习兴趣的氛围，促进真实思想和信息交流。

课堂教学强化互动性、实践性，以获取和交流学术信息为目标，围绕学生实际语言"使用"进行各种任务设计，通过各种形式的讨论、展示，以互助式教学、探究式教学、启发式教学等引导学生总结、分析、思考、评价所读和所听的内容，发表观点，展示学术研究成果，进行信息交流和思想碰撞，最大限度发挥课堂教学功能，将发展学术交流能力的原则贯穿课堂教学各种活动和教学环节。同时设置任务的难度随着课堂的深入不断提升，对学生构成越来越大的挑战，但是一个主题下的每个实践活动都建立在前面活动的基础上，通过不断的累积渐进式地进行，学生在充满挑战的各种任务中逐步提升交流能力，建立交流自信。

课堂上还创新性地开展各种接近真实的模拟学术活动，如特立论坛、模拟项目申报、海报展示周等，学生模拟国际学术会议等学术交流场景，结合自己的专业学习方向、科研活动、"大创"项目等，设计和开展各种模拟学术活动。活动的议题选取、流程确定、主持、颁发证书等各个环节都由学生独立完成，不断创建接近真实交流场景的各种学术交流活动的机会，持续提升学生的实际学术交流能力，同时培养和提高学生思考辨析、科学研究、团队合作等综合能力和素养。

（四）教学评价设计

"学术用途英语"课程创新评价方式，构建课堂讨论、实践任务、作业、考试等多元化过程性评估体系，以及笔试、口试、学术论文撰写、科技文献阅读、个人学术展示等分层次、多样化考核模式，强化对学生综合能力的全面考查和促进，并与学生专业学习、科研活动相结合，全程管理和检验课程效果。

课程考核注重过程评价、综合能力考查以及语言实际应用能力。课程成绩评定中平时成绩（占比40%）涵盖学生听力测试、阅读测试、写作任务、课堂口头展示等各个环节的完成情况，注重对学生综合能力的全面考查和促进。学习一级和二级两个级别的学生，期末测试分为笔试和口试两部分，笔试（占比40%）涉及听、读、写的综合考查，口试（占比20%）中考生对抽取的学术话题进行个人观点陈述，考查学生的语言应用能力。学习三级和四级的学生则要求学生把课程学习内容与专业阅读和科研项目紧密结合，每月提交专业文献阅读笔记（占比10%），结合专业课程用英文撰写实验报告，撰写"大学生科研创新项目"申请报告和研究报告、"大学生数学建模竞赛"项目研究论文等（占比30%），并在期末对所撰写论文做个人口头展示（占比20%）。

课程的评价方式和方法设计，一方面促进了教师和学生对教学全过程自己的教学及学习情况的掌握，同时学生能够提升刻苦学习、持续努力的获得感和幸福感，另一方面也能够对学生的实际学术交流能力有全面、客观和真实的评价，并侧面促进学生专业学习和科学研究的动力与效果。

二、教学效果

课程自开设以来，学生的交流能力、学术素养都得到提升。

（一）学术交流能力提升

学生能够结合自己的专业学习和兴趣，独立查找、筛选、综述学术文献，提出研究问题和研究方案，撰写实验报告、项目申请、研究论文，并做口头展示。多名学生结合"大创"项目、导师研究项目等开展研究并撰写论文，已在其专业领域的国外学术期刊发表。

（二）学生学术素养提升

课程将学术道德、学术素养等教育内容充分融入英语教学，培养了学生的学术品德和学术素养。学生能够根据自己的研究主题，在导师指导下开展学术研究，并有良好的学术诚信意识和科学研究态度，能够撰写符合学术规范的学术论文。实践教学中多种教学方法运用和课堂互动，培养了学生的思辨能力和学术自信。

三、结语

新的历史时期的国家科技领军人才培养战略对高等教育人才培养和课程建设都提出了新的需求和要求，使国际化背景下科技领军人才的国际交流能力培养成为必须。"学术用途英语"在课程建设理念、课程内容、教学方法、评价方式等方面做了一定的尝试，取得了一定的效果。随着教育技术的不断提升，如何更好地应用教育技术，进行线上学习资源建设，研发针对学术英语学习的智能化评测技术，应用语料库等工具更好地开展对学术语篇和学生习作等进行研究等方面，都还有很多新的值得思考和研究的问题。

● 参考文献

[1] 初旭新, 宗刚. 我国研究生教育国际化培养的现状与对策 [J]. 研究生教育研究, 2015, 29 (5) : 18-26.

[2] 朱吉梅. 非外语专业本科生国际交流能力的现状与对策 [J]. 内蒙古师范大学学报 (教育科学版) , 2015, 28 (6) : 138, 140.

[3] 许研. "一带一路"背景下研究生国际交流能力提升的学习动机研究 [J]. 教育教学论坛, 2019, 32: 83-84.

[4] 束定芳. 大学英语教学与国际化人才培养 [J]. 外国语 (上海外国语大学学报) , 2020, 43 (5) : 8-20.

[5] RICHARDS J C. Changes Intro Student's book: English for International Communication [M]. Cambridge: Cambridge University Press, 2005.

[6] 肖雁, 李民. 新中国成立以来我国大学英语教育的演变与发展:阶段、特征及当下面临的主要问题 [J]. 外语教学, 2022, 43 (1) : 69-75.

[7] 郭丽杰, 金月. 论大学英语教学改革后大学英语教学现状反思和解决途径 [J]. 高教学刊, 2017, 8: 123-124.

[8] 刘香萍. 大学英语教学的异化: 成因及对策 [J]. 西安外国语大学学报, 2021 (3) : 63-67.

[9] 蔡基刚. 科学素养视角下的高校创新人才培养: 公共英语课程改革研究 [J]. 北京第二外国语学院学报, 2021, 280 (2) : 3-14.

The Cultivation of International Academic Communication Ability of Leading Talents in Science and Technology: Taking the Course "English for Academic Purposes" as an Example

LIU Fang

(School of Foreign Languages, Beijing Institute of Technology, Beijing 100081, China)

Abstract: Solid international academic communication ability has become a must for our country's leading scientific and technological talents under the context of internationalization. Traditional college foreign language teaching is difficult to meet the demand in terms of teaching concepts, teaching objectives, and teaching modes. The "English for Academic Purposes" course is designed and established by connecting the national talent cultivation strategy and the university's subject characteristics, building up the high-level teaching content, creating a "student-centered" task-based and practical teaching mode, improving the challenge of classroom teaching, and innovating evaluation and assessment approaches. The course has proved to be effective in improving students' academic communication ability and can provide experience for the curriculum construction in improving the international academic communication ability of the future leading scientific and technological talents.

Key words: International Academic Communication Ability; Leading Scientific and Technological Talents; Teaching Concept; Teaching Mode

"计算机科学与程序设计"分类分级教学体系研究

吴浩[1], 陈朔鹰[2]

(1.北京理工大学 信息与电子学院,北京 100081; 2.北京理工大学 计算机学院,北京 100081)

摘 要:针对目前大学计算机教育中的"计算机科学与程序设计"类课程教学实践存在的突出问题,面向拔尖创新人才的培养,深入研究并建构了"计算机科学与程序设计"课程分类分级教学体系。该分类分级教学体系以分类培养、因材施教为切入点,依据学生的自身条件和专业需求,实施科学的课程分类分级,准确定位课程分类分级教学目标,结合网络辅助教学平台采用线上线下混合式教学手段,充分将课程的教与学有机融合;同时以提升学生专业问题解决能力和创新能力为导向,引入项目驱动式教学方法,并建立了形成性课程考核评价体系。教学实践表明,引入分类分级教学模式后,课程的教学质量与学生满意度明显提升,对于大学计算机教育其他课程的教学改革具有一定的借鉴意义。

关键字:计算机科学与程序设计;教学改革;分类分级教学;线上线下混合式教学;项目驱动

引言

徐特立学院是北京理工大学培养拔尖创新人才的重要基地和改革试验区。徐特立英才班采用本硕博贯通式人才培养模式,旨在培养推动中华民族伟大复兴、在重大科学发现和重大科学与工程问题决策中起决定作用的领军领导人才。英才班实施大类招生,学生经过一年的宽口径基础课程的学习,在二年级进行专业确认。专业确认方向涵盖了北京理工大学绝大部分工科专业，包括智能机电系统、智能制造与智能车辆、自动化、光电信息与智能感测、电子信息工程、集成电路、网络空间安全、计算机科学与技术、材料科学与工程、化工与制药、生物医学工程、数学与统计学类、应用物理学、信息管理与信息系统等。

"计算机科学与程序设计"课程是徐特立英才班专业确认绝大部分专业方向以及北京理工大学诸多理工科专业重要的专业基础课程，而且也是专业和班级覆盖面较广的课程之一，已经成为北京理工大学的重点课程之一。鉴于该课程知识体系覆盖面广、实践编程应用性强、面向专业众多、学生层次多样的教学特点，必须针对课程教学模式与教学方法不断探索，进行课程教学改革，以提升课程的教学质量和教学效果。

一、"计算机科学与程序设计"课程教学实践问题分析

"计算机科学与程序设计"是一门知识覆盖面广、实践编程应用性强、学习难度大的课程。虽然，参照国内外先进的教育教学模式和大学计算机教育的特点，已经对该课程的教育教学进行了一系列的探索与改革，但是，目前在教学实践中还存在如下一些突出问题值得关注。

首先，在教学方法方面，目前大学计算机编程类课程的教学仍然普遍采用以教师为中心的教学方法。在教学过程中大部分时间是以教师讲授为主，教师在课堂内努力将知识点清晰、详细地传授给学生，却忽略了学生的认知反应，无法有效激发学生的学习热情与积极性。学生被动接受知识，主观能动性差，独立学习能力、实践编程能力和创新能力不能得到高层次的提升[1]。

其次，在学生素质方面，学生的学习能力和计算机基础参差不齐。受到地区经济、教学质量及教育理念等方面差异的影响，教育强省和重点中学的学生信息技术基础相对较好，而教育落后地区和普通中学的学生信息技术基础较为薄弱。例如，通过网络问卷调查发现，徐特立学院2021级新生中，有18名学生在中学阶段参加过"全国青少年信息学奥林匹克竞赛"，并在国家

和省市赛区取得过较好的成绩。2022级新生中更是有32名学生在中学接受过系统化的信息学奥赛辅导，并取得了一定的成绩。然而与此形成鲜明对比的是，绝大多数学生在中学阶段没有学习过任何计算机高级编程语言。如果简单地将学习能力和学习基础不同的学生置于同一个课堂中学习，采用相同或相近的教学目标和教学方法授课，必然会引起学习能力弱、学习基础差的学生"吃不完"，而学习能力强、学习基础好的学生"吃不够"的现象。学生的两极分化将日益严重，学生的学习热情和积极性也会受到抑制，学习潜能和创新能力不能得到充分的激发，教学效果欠佳。

再次，在教材建设方面，课程采用统一的教材无法满足不同层次、不同专业方向学生学习的个性化需求。在不进行分类分级教学的情况下，所有学习"计算机程序设计（C语言）"课程的学生，不分专业，不分层次，统一采用同一套教材及相应的实验指导教材。教材中统一的知识点、例题与习题无法适应学生的专业方向和学习水平的差异性，导致学生使用教材与实际需求脱节，不利于学生课程知识体系的构建和实践编程能力的提升。

最后，在教学探索方面，单纯地采用分层教学方式也存在明显的问题。简单的分层教学仅仅是针对学生的不同层次设置不同的教学班，教学班之间仅仅是在教学内容的难度、教学进度等方面有所区别。而没有充分考虑学生以个人情况为基础、专业发展为目的的进阶学习需求，也就更谈不上拔尖创新人才的培养了。因此有必要将分层教学与分类教学相结合，构建面向不同专业类别、不同知识层次的分类分级教学体系。

基于上述教学实践问题的分析，本文将分类分级教学模式引入"计算机科学与程序设计"课程。根据学生的知识基础、学习能力和专业方向等方面的差异实施分类分级教学，将知识和能力层次相近、专业发展类别相同的学生组织在同一个教学班中学习，综合学生的客观需求，制定教学目标和教学内容，以实现分类培养、因材施教。同时，充分发挥大学网络教学平台的辅助作用，通过网络平台辅助分类分级教学，构建线上线下开放式、多元化的自主学习空间，以提升课程的教学效果和质量，促进创新型人才的培养。

二、"计算机科学与程序设计"分类分级教学模式的深入思考

（一）分类分级教学是进一步深化大学计算机教育教学改革的需要

深化大学计算机教育教学改革的根本目标是提升教学质量，提高教学效果，服务专业培养目标。而分类分级教学要求针对学生的个体差异和不同专业培养的实际需求，在教学目标和教学内容上进行分类设计、分级执行，使之更加有利于创新型人才培养的实际需要。分类分级教学真正体现了以学生发展为中心，因材施教，尊重学生的主观意愿和客观条件选择课程的类别和级别，为每一位学生的可持续性发展奠定成长基础。因而，分类分级教学在激发学生学习热情和学习潜能方面具有得天独厚的优势，对于进一步深化大学计算机教育教学改革具有极其重要的意义。

（二）分类分级教学是大学计算机教育知识体系不断发展的需要

随着计算机技术的飞速发展，从国际大学生程序设计竞赛的蓬勃开展，到计算思维的成熟推广，特别是近十年来对计算机科学技术达成的共识，都推动着大学计算机教育知识体系的不断进步与发展，同时也促进了大学计算机教育的教学内容与教学手段的高层次提升：加强不同计算机科学分支间的相互融合与渗透，对课程内容进行符合技术发展的重组；突出计算思维思想方法，淡化语法语义的基础性训练，加强计算机应用编程能力的培养；尊重个体差异，面向专业方向，探索因材施教的新方法、新模式已经成为大学计算机教育教学改革的重要方向，同时也是大学计算机教育知识体系不断发展与进步的客观需要。

（三）分类分级教学是不断提升大学计算机教育教学质量的需要

聚焦于拔尖创新人才的培养，提高大学计算机教育教学质量的核心要素就是培养学生的计算思维能力，提升学生使用计算机解决专业实践问题和创

新驱动问题的能力。因此，积极探索以学生为中心，构建适应学生个体情况，有利于满足学生个性化学习需求、激发学生自主学习积极性的分类分级教学模式，对于提高大学计算机教育系列课程的教学质量不仅十分必要，而且意义深远，成效显著。

（四）分类分级教学是人才培养导向适应国家社会需求的需要

拔尖创新人才培养的目的是服务于国家的发展与社会的进步。大学计算机教育不应仅仅局限于书本知识的传授，也不应局限于学生构建计算机科学知识体系的完备性，而是应当充分考虑社会和国家对不同类别、不同专业、不同层次人才的实际需求。以社会需求为导向，以服务于国家建设为目的，分门别类、有的放矢地培养各类拔尖创新人才，是评价人才培养质量的重要准则，也是建设世界一流大学的重要根基。

三、"计算机科学与程序设计"分类分级教学改革原则与思路

（一）分类分级教学改革基本原则

徐特立学院"计算机科学与程序设计"课程教学改革的基本原则是：以人为本，以学生为主体，基于个体差异，尊重个人选择，面向分流专业培养的需要进行分类分级教学，提高学生计算机实践编程能力和计算思维能力，促进拔尖创新型人才的培养，真正做到分类培养、因材施教，保证"计算机科学与程序设计"课程教学质量的可持续提升。

（二）分类分级教学改革总体思路

徐特立学院以培养拔尖创新型人才为导向，强基础、宽口径，学生专业分流覆盖面广，学生信息技术基础水平参差不齐，这对"计算机科学与程序设计"课程的教学提出了更高的要求。"计算机科学与程序设计"课程教学改革的总体思路是：按照学科专业发展的不同需求制定教学分类，基于学生的知识基础和学习能力差异实行分级教学，即以科学的分类分级为基础制

定不同专业类别、不同知识层次的教学目标和教学计划，采用不同的教学手段，讲授不同的教学内容，使用不同的教材教案，实现分类培养，因材施教。

四、"计算机科学与程序设计"分类分级教学体系设计

（一）"计算机科学与程序设计"分类分级教学体系架构

为贯彻"以人为本、因材施教、分类培养、分级教学"的教育原则，基于分类分级教学模式，针对我校徐特立学院的人才培养理念，同时充分考虑学生多元化的学习需求和计算机基础水平，确定了徐特立学院"计算机科学与程序设计"课程分类分级教学体系，涵盖了两大类课程和三级教学目标。具体分类分级实施办法为：

第一类，计算机科学与程序设计（C++）

第二类，计算机科学与程序设计（C语言）

其中，计算机科学与程序设计（C语言）进一步分为A、B两个教学层级。

A层级C语言课程面向具备一定的计算机基础知识和一定的计算机操作能力，但没有学习过或没有深入学习过计算机高级编程语言的学生。该层级直接讲授C语言程序设计知识，聚焦于C语言编程能力和创新能力的晋级提升。

B层级C语言课程针对计算机基础薄弱的学生，在学习C语言程序设计知识前，先进行16学时的大学信息技术基础知识的学习，夯实计算机基础能力，然后再以利用C语言编程解决一般性问题为目标学习C语言知识。

"计算机科学与程序设计"分类分级教学体系的总体框架如图1所示。

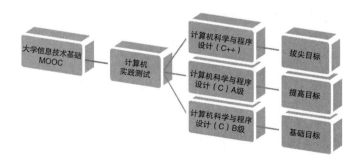

图1 分类分级教学课程体系总体框架

以大学计算机基础课程教学基本要求为依据，制定不同类别、不同层次"计算机科学与程序设计"课程的培养目标和教学大纲，要求在教学目标、教学内容、教学方法和教学手段等方面应有所区别。

计算机科学与程序设计（C++）教学班力求讲深，突出拔尖创新。课程目标把知识、能力、创新有机融合，授课内容强调广度和深度，培养学生解决复杂问题的综合能力、计算思维和创新思维，以综合性项目开发为教学切入点，引导学生深度分析、大胆质疑、勤于探索、勇于创新[2]。

计算机科学与程序设计（C语言）A级教学班力求讲精，实现提高目标。针对面向过程的程序设计语言C语言，为具备初步计算机能力的学生提供学习计算机编程、提升编程水平的平台。并以项目驱动式教学和计算思维训练为依托，引导学生进行探究式与个性化学习。同时，及时将计算机科技发展前沿成果引入课程教学内容，提升学生计算机科学综合素养。

计算机科学与程序设计（C语言）B级教学班为力求讲细，强调巩固基础知识和基本编程能力。课程内容注重夯实基础，兼顾应用性知识，加大课程线上线下作业量和测验频度，促进学生增加学习投入，使学生牢固掌握计算机基础知识和基本的计算机编程能力。

徐特立学院的"计算机科学与程序设计"课程两类三级教学体系，真正做到以人为本、因材施教，构建多层次、立体化的拔尖创新人才培养模式。

（二）"计算机科学与程序设计"分类分级教学体系建设目标

1. 以人为本、因材施教，实施科学的分类分级

在分类分级教学模式中，进行科学的分类分级是首要基础。大一新生在正式入学前的暑假会收到学院发送的《大学新生入学学习指南》，学生按照该指南要求在北京理工大学"延河 乐学"网络学习平台上自主学习"大学信息技术基础MOOC"，并完成相应的练习和测验。新生正式报到后的2～3天内，针对徐特立学院全体大一新生在计算机实验教学中心机房集中举行计算机和编程能力上机测试。计算机和编程能力测试涵盖了计算机基础知识的测试（20道单项选择题）和C语言编程基础测试（3道C语言编程题目）。在充分

告知学生各类各级课程教学内容、教学目标以及分流标准的基础上，依据学生的考试情况，并结合学生的个人意愿，选拔出C++语言授课班级。参加"计算机科学与程序设计（C++）"课程学习的学生基本要求是"较好地掌握了计算机基础知识，且具备C语言初步编程能力"，体现在计算机和编程能力测试中就是能够正确完成大部分计算机基础知识测试题目，并至少完全正确地（通过所有测试用例）编程实现一道C语言编程题目。徐特立学院2021级大一新生经过测试，共选拔出34名具有良好计算机基础和C语言编程基础的学生组成了"计算机科学与程序设计（C++）"教学班。在"以人为本，充分尊重学生意愿"的原则前提下，学生在试学一周后，如果不能适应C++语言的教学环境，可提出申请调整至"计算机科学与程序设计（C语言）A级"教学班继续学习。最终，徐特立学院2021级大一学生共有32人参加了"计算机科学与程序设计（C++）"课程的学习。剩余学生则根据其计算机和编程能力测试的最终成绩，分类为"计算机科学与程序设计（C语言）A级"和"计算机科学与程序设计（C语言）B级"两类教学班。对于已经很好地掌握了计算机基础知识，而不具备C语言初步编程能力的学生，参加"计算机科学与程序设计（C语言）A级"课程的学习。而通过考试反映出其没有很好地掌握计算机基础知识的学生，则学习"计算机科学与程序设计（C语言）B级"课程。同时，为切实落实分类分级教学目标，课程教研组按照学生人数动态调整两类教学班的数量，以适应学生的实际学习需求。

2. 准确定位分类分级教学目标

教学目标是分类分级教学的重要组成部分，在教学过程中起到了导向作用。基于"计算机科学与程序设计"课程"基础、提高、拔尖"总体教学目标，针对学生计算机知识水平、学习能力及学科专业需求的差异，制定科学的、不同类别、不同层级的教学目标。"计算机科学与程序设计"课程分类分级教学体系及目标如表1所示。

表1 "计算机科学与程序设计"分类分级教学体系

学期	课程分类分级名称	学分/学时	性质	教学对象	教学目标	教学模式	考核标准
1	计算机科学与程序设计（C++）	4/64	必修	较好地掌握了计算机基础知识，且具备C语言初步编程能力的学生	学习面向对象编程语言C++语言，使学生熟练掌握面向对象编程思想和基本方法，熟练掌握使用C++语言和面向对象的基本方法解决实际编程问题，学会阅读C++语言编写的程序。培养良好的上机编程能力和程序调试技能。重点培养学生计算思维能力、创新能力和团队合作能力。为进一步学习其他后续课程奠定坚实的基础	课堂教学+SPOC+项目驱动教学	平时成绩20%+项目成绩30%+期末上机考试成绩50%
1	计算机科学与程序设计（C语言）A级	3/48	必修	很好地掌握了计算机基础知识，而不具备C语言初步编程能力的学生	培养学生的逻辑思维能力、抽象能力和计算思维能力，以及较高的计算机程序设计能力，使学生获得C语言基础、条件、循环、函数、结构体、指针、文件等方面的知识，使学生能够熟练地阅读和运用结构化程序设计方法设计、编写、调试和运行C语言程序。培养学生程序设计、开发与测试能力，应用计算思维方法分析和解决问题的能力，以及团队合作精神，为学习后续课程和进一步获得程序设计知识等奠定基础	课堂教学+MOOC+项目驱动教学	大学信息技术基础MOOC 10%+平时成绩（含项目成绩）40%+期末上机考试成绩50%
1	计算机科学与程序设计（C语言）B级	4/64	必修	没有很好地掌握计算机基础知识的学生	夯实计算机基础知识，培养学生的逻辑思维能力、抽象能力和计算思维能力，以及一般的C语言程序设计能力，使学生学会阅读C语言编写的应用程序，掌握结构化程序设计的基本方法和用计算机解决实际问题的基本步骤，掌握程序调试的基本方法。培养学生严谨的思维方式和良好的程序设计风格，为进一步学习其他后续课程打下良好的基础	课堂教学+MOOC	计算机基础10%+平时成绩20%+期末上机考试成绩70%

3. 网络辅助教学模式下教与学的充分结合

"计算机科学与程序设计"课程分类分级教学采用"课堂教学+网络平台辅助教学+项目开发实践"的线上线下混合式教学模式，是分类分级教学模式与网络辅助教学平台相互融合的教学模式。依托北京理工大学"延河 乐学"网络教学平台，以丰富的网络教学资源，良好的互动性，突破时间、空间因素的限制，弥补传统课堂教育教学方式单一的不足，引导学生线上线下自主学习、高效学习。网络辅助教学模式充分利用网络辅助教学平台丰富的资源和手段，使线上线下教学同步进行、相互支撑、相互辅助，实现教与学的充分结合。网络辅助教学模式一方面涵盖了以"教"为主体的课堂教学，另一方面也强化了以"学"为主体的网络空间学习。网络辅助教学模式下教与学的结合充分实现了建构主义教育理论下教师的主导地位和学生的主体地位，有利于课程知识体系的完美构建与能力的提升[3]。在网络辅助教学模式下，关键要素是基于网络辅助平台的课程资源建设，特别是适应网络环境的实验、练习和课程综合项目的设计与安排，构建真正的以学生为主体的网络课程空间。

4. 面向拔尖创新型人才培养的项目驱动式教学模式

以培养拔尖创新型人才为目标，结合计算机编程能力的实践性要求，在"计算机科学与程序设计"分类分级教学体系中引入了项目驱动式教学方法。项目驱动式教学方法是一种以学生为中心的探究式教学方法，完全符合分类分级教学模式的"以学生为中心，因材施教"的教学目标。项目驱动式教学法以综合性编程项目开发为驱动，采用一个完整的开发项目贯穿整个教学过程[4]，以项目为中心将教学知识点串联起来，学生在教师的指导下，采取讨论、研究、探索的方式，独立或分组完成项目开发的全过程。在项目开发的过程中，在教师和同学的帮助下，学生通过实践应用课堂所学习的知识点，完成课程知识体系的主动构建。项目驱动式教学方法可以提升学生的学习兴趣和积极性，有目的地引导学生将学习的知识运用到实际项目开发中，满足学生创新学习、自主学习的需求。同时，项目驱动式教学方法以创新能力的培养和团队合作能力的训练为基础，既能有效提升学生的编程能力，又能培养学生利用所学知识解决实际问题的能力[5]。

5. 科学的课程考核评价体系的构建

课程的考核评价方法是课程体系建设的重要方面，科学的考核评价方法是顺利实施"计算机科学与程序设计"分类分级教学的重要保障。考核评价方法应综合体现全面、客观评价课程教学质量的要求和拔尖创新型人才培养的需求。"计算机科学与程序设计"课程是一门应用操作性极强的课程，课程的考核评价方法应面向编程与应用能力的综合评价，同时侧重对学生学习过程和学习效果的全面评价。基于"计算机科学与程序设计"课程的线上线下混合式分类分级教学模式，构建了课程分类分级考核评价体系。实行教学大纲和考试大纲的分类分级，突出"四个结合"：过程性评价与终结性评价相结合，线上考试与线下考核相结合，课内考核与课外考核相结合，基础知识考核与编程能力考核相结合[6]。科学、全面、客观、公正的多元化考核评价体系，能激励学生注重实际应用编程能力和创新能力的培养。

6. 适应分类分级教学要求的师资队伍建设

为实现拔尖创新型人才培养的目标，持续提升"计算机科学与程序设计"课程的教学质量，加强课程的教学团队建设是关键。分类分级教学体系要求组建相应课程教学团队。教学团队实行课长负责制，课长由具有长期计算机基础和程序设计教学经验的骨干教师担任。教学团队分工合作，针对各类各级课程的特点选择或编著适合的教材，制定各类各级课程的教学大纲、考试大纲、教学进度安排及教案等课程资料。定期开展教学研究活动，组织授课教师集体备课和研讨，并鼓励教师积极参与各类业务竞赛和横向交流，提高教师的专业水平和教学能力[6]。

五、总结

徐特立学院"计算机科学与程序设计"课程分类分级教学体系涵盖了大学计算机教育的两大类课程和三级教学目标，符合徐特立学院生源情况和培养拔尖创新型人才的要求。分类分级教学改变了传统教学过程中的"统一教学目标、统一教学大纲、统一教学方法、统一考核方式"的教学模式所导致的学生学习兴趣低下、学习成绩两极分化严重、学生实践编程能力和创新能力不足的教学困境。以学生为中心、因材施教为原则的"计算机科学与程序设计"分类分级教学体系，在提高学生学习兴趣和学习积极性、教师授课效率、学生综合素质和创新能力、课程教学质量等方面都具有积极的意义，同时也为大学计算机教育系列课程的教学改革提供了有益的尝试。

参考文献

[1] 姚丽莎, 李春梅, 张怡文.分层项目驱动案例教学模式的C++程序设计课程改革[J].科技视界, 2018 (25)：133-134; 147.

[2] 王允, 庄林.以学生发展为中心, 因材施教分类培养——武汉大学化学与分子科学学院探索专业核心课分级教学[J].大学化学, 2021, 36 (05)：150-153.

[3] 石文兵, 李敬兆.大学计算机基础课程网络辅助分级分类教学模式研究[J].黄冈师范学院学报, 2012, 32 (06)：72-74.

[4] 丁春芳.项目驱动教学法在《面向对象程序设计》教学中的应用[J].信息与电脑（理论版）, 2010 (10)：206.

[5] 姚丽莎, 余云.项目驱动教学在数据结构课程教学中的应用研究[J].赤峰学院学报（自然科学版）, 2017, 33 (03)：33-35.

[6] 张金梅.应用型本科《大学英语》分类分级教学改革研究[J].海外英语, 2021 (04)：156-157.

Study on "Computer Science and Programming" Course Classification and Grading Teaching System

WU Hao[1], CHEN Shuoying[2]

(1. School of Information and Electronics, Beijing Institute of Technology, Beijing 100081, China; 2. School of Computer Science and Technology, Beijing Institute of Technology, Beijing 100081, China)

Abstract: According to the noticeable problems existing in the teaching practice of computer education for undergraduates, and aiming at the cultivation of top-notch innovative talents, this paper deeply studies and constructs the Classification and Grading Teaching System of "Computer Science and Programming". The teaching system takes classified cultivation and individualized teaching as the breakthrough point, implements scientific course classifying and grading according to the natural conditions and major requirements of students. It accurately sets course classification and grading teaching objectives, adopts online and offline hybrid teaching methods to fully integrate teaching and learning by using the network assisted teaching platform. In addition, the system uses project-driven teaching method to improve students' ability to solve problems and innovate, and establishes formative curriculum assessment system. Teaching practice shows that after adopting the classification and grading teaching system, the teaching quality and student satisfaction are improved obviously, and it can be used as a useful reference for the teaching reform of other courses in computer education for undergraduate.

Keywords: Computer science and programming; Teaching reform; Classified and graded teaching; Online and offline mixed teaching; Project-driven

强工科背景下化学强基人才培养的探索与思考

支俊格[1]，陶军[1]，赵昊[2]，张锋[1]，张加涛[1]

（1.北京理工大学 化学与化工学院，北京 100081；2.北京理工大学，徐特立学院，北京 100081）

摘　要：北京理工大学坚持"顶尖工科、优质理科、精品文科、新兴医工"的建设方针着力推动学科建设。在优势工科背景下，北京理工大学的化学专业"强基计划"突出基础学科的支撑引领作用，强调理工融合、学科交叉培养，聚焦于新材料、先进制造和国家安全等国家重大战略需求关键领域，培养具有国防背景与特色的化学学科创新拔尖人才。北京理工大学的化学"强基计划"选拔有志向、有兴趣、有天赋的青年学生，培养他们具有深厚家国情怀、优秀文化素养、坚实数理基础、精深化学理论、优异实践能力，具有国际视野、创新意识、理工融合、热爱化学，能在化学、新材料及相关学科的关键领域从事研究开发的创新拔尖领军人才。本文阐述了在北京理工大学强工科背景下，化学专业"强基计划"在育人目标、培养特色、课程体系、创新科研训练以及培养模式等方面的探索与思考，为化学专业"强基计划"的深入实施、拔尖人才培养提供理论和实践依据。

关键词：化学专业"强基计划"；理工融合；科教融合；培养模式；基础学科拔尖人才培养

引言

2020年年初，教育部公布了《在部分高校开展基础学科招生改革试点工作的意见》，在部分高校开展基础学科招生改革试点（也称"强基计划"）[1]。"强基计划"主要选拔培养有志于服务国家重大战略需求且综合素质优秀或基础学科拔尖的学生，聚焦高端芯片与软件、智能科技、新材料、先进制造和国家安全等关键领域，以及国家人才紧缺的人文社会科学领域。据此，"强基计划"更着眼于国家对战略人才的需要，瞄准攻克"卡脖子"的关键核心技术，加强基础学科拔尖创新人才选拔培养，积极探索多维度考核评价模式，逐步建立起基础学科拔尖创新人才选拔培养的有效机制，为国家重大战略领域输送后备人才[1-2]。各试点高校结合自身的培养特色，积极开展"强基计划"人才培养的探索工作[2-5]。北京理工大学2021年承办了教育部化学专业教学指导委员会举办的第一届化学专业"强基计划"人才培养研讨会。化学专业"强基计划"招生的26所高校在"强基计划"遴选与管理机制、培养方案与培养特色、拔尖创新人才培养模式等方面积极进行探索与实践。

北京理工大学入选首批国家"强基计划"培养试点高校，学校集中优质办学资源，注重理工融合，为"强基计划"学生配备一流师资队伍、一流学习条件和一流学术环境，构建了价值塑造、知识运用、实践创新"三位一体"的培养模式。北京理工大学的化学专业"强基计划"作为全国首批试点专业，在学校强工科背景与支撑下，立足化学学科前沿，聚焦新材料、先进制造、国家安全等国家重大战略需求，结合学科重大科研任务和重点行业的关键技术，以培养综合素质优秀、具有创新意识、强化理工融合的化学化工、新材料及相关学科国家重大战略领域后备人才的培养为根本任务，突出自身培养特色，积极探索并建立"强基计划"拔尖创新人才培养新模式。

一、明确育人目标，科学制定拔尖人才培养方案

（一）科学制定培养方案，强化课程整体设计，理工融合特色培养

根据教育部"强基计划"选拔培养有志于服务国家重大战略需求且综合素质优秀或基础学科拔尖学生的指导思想，作为首批入选的化学专业"强基计划"，专业责任教授及"强基计划"工作组成员，在充分调研综合类和理工类高校化学专业创新人才培养方案与模式的基础上，结合北京理工大学的办学定位，面向国家/国防化学，尤其是高能量物质的国家重大战略需求，结

合我校化学类学科的国防特色,加强理工融合,科学制定个性化培养方案,建设跨学科课程体系,构建"底宽顶尖"的金字塔型知识结构。

化学专业"强基计划"以立德树人为根本,立足化学学科前沿,聚焦新材料、先进制造、国家安全等国家重大战略需求,培养具有家国情怀、优良文化素养、坚实数理基础、精深化学理论、优异实践能力,具有国际视野、创新意识、理工融合,能在化学、新材料及相关学科领域从事研究开发、教育的拔尖领军人才。基于此,专业培养方案中设置了从知识体系学习到实践能力训练,再到创新意识培养的理论与实践结合、基础与前沿结合、科研与创新结合的全方位立体式课程体系,既包括了化学基础课程、核心课程、国防特色课程,基础实验、综合实验、创新实验,也包括了学科前沿讲座、科研创新实践,从价值塑造、知识运用、实践创新"三位一体"全面培养学生,夯实基础学科能力素养。知识体系与能力培养关系如图1所示。

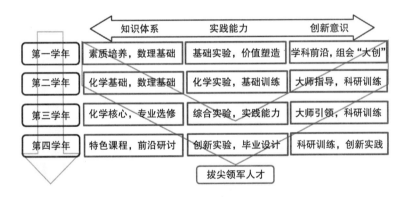

图1 知识体系与能力培养关系

(二)优化课程知识体系,设置特色专业课程,凸显学科国防特色

化学专业"强基计划"培养方案共设置149学分,其中,化学专业课程82学分,包含基础课、专业课、理论和实践课程,学分少,教学内容多,因此在课程建设中,不仅优化课程知识体系、重塑课程教学内容,还设有课下学时,给学生更多自主学习的时间,同时设置有机化学和物理化学的课程研讨课,强化基础知识的学习与掌握。结合北京理工大学化学学科的科研领域

及研究前沿，设置了生物化学、簇合物化学、纳米科学与技术以及化学学科前沿研讨课等；结合学校的办学特色，设置特色专业课程，如高能量物质化学、含能材料分析与表征、爆炸物的有机化学基础等，为国家/国防化学，尤其是高能量物质的国家重大战略需求的研究领域培养后备力量。

"强基计划"注重个性化培养，为学生建设一对一的培养方案。为此，在高年级设置了化学学科科研领域前沿进展的讨论课、专业选修课、本硕博衔接的全英文课程，并尊重个人发展意愿，学生可以选修专业课，也可以跨专业、跨学科选修化工与制药、材料与能源、先进制造、国家安全等学科专业的课程，支持和鼓励学生选修优势工科专业基础课和核心课程，对学生进行个性化培养，打造跨理工融合的人才培养模式，培养国家重大战略领域的后备人才。

（三）制订科研训练计划，循序渐进助力创新人才培养

化学专业"强基计划"全方位培养学生的科学文化素养、数理基础、化学理论学习，以及实践能力，同时制订具体的创新实践能力培养计划。科研训练自入校开始，贯穿整个本科阶段四年的学习，如图2所示。

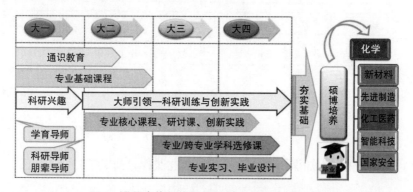

图2　课程先修逻辑关系及科研训练计划安排

结合部分专业导论和学科前沿讲座课程，科研训练计划分阶段进行：第一阶段，学生根据自己的知识与初步兴趣，选择参加3~5个科研导师团队的组会，了解科学研究的真谛，结合大学生创新训练计划项目的申报，寻找自己有兴趣的研究领域和课题方向，第一学年完成。第二阶段，结合第三学期

初的化学前沿讲座,双选确定科研导师,随后在科研导师的指导下开始进行科学研究的探索,逐步培养创新意识,在第二学年进行。第三阶段,具体实施科研训练计划,即结合第5、7学期的"创新化学实践I、II"及毕业设计,在科研导师指导下,学生独立进行科学研究、独立思考、独立设计方案、独立完成项目并进行总结汇报,并组织学生参加大学生化学竞赛中的新实验设计赛以及"挑战杯""互联网+"等综合型竞赛,主旨是培养学生的自主科研能力及创新实践能力,在第三、四学年完成。科研训练计划及实施办法如图3所示。

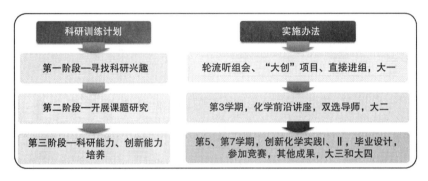

图3 科研训练计划及实施办法

在第四学年末,结合毕业设计答辩,学生总结大学本科四年的科研成果,并向由科研导师团队成员组成的考核小组进行汇报,考核小组根据学生的科研训练及取得的创新成果,将给予学生0~3的荣誉学分。

二、创新培养机制,探索创新人才培养新模式

(一)书院学院协同育人,建立年度考核和动态调整机制

北京理工大学自2018年开始探索大类招生大类培养,实施书院制管理模式。"强基计划"按照专业进行综合素质面试考核,按照专业录取,录取的学生则进入特立书院,进行书院、学院协同育人。特立书院负责学生管理与素质培养,化学学科负责学生的专业培养,包括制定培养方案、课程建设、科研训练等;同时在人文素养与价值塑造、学生年度考核和动态管理方面则

建立起书院/学院协同培养机制。

书院和学院协同建立了年度考核制度和动态调整机制。书院和学院组成工作组制定了学生综合评价办法，以及包括思想品德、课业水平、科技创新与学术潜能、文体素养等的学术能力综合评价指标点；书院和学院协同实施每学年的学生学术能力综合素质的评价工作，并依据综合评价结果进行动态管理，不适合在"强基计划"学习的同学动态调整至化学专业，并在相关专业选拔热爱化学的优秀学生进行补充。目前，书院和学院协同推进，已经顺利完成对2020级化学专业"强基计划"学生的两次综合评价和2021级学生的一次综合评价，动态选拔和分流学生6人。结合每位学生的总结及汇报，专家组都会给出针对性意见和建议，同时评价结果也会反馈给学生，以指导学生更好地规划后面的课程学习、科研训练、学术交流以及社会实践工作等。

（二）实施"三位一体"导师制，引领科研实践与创新培养

化学专业"强基计划"学生实施科研导师、学育导师、朋辈导师"三位一体"的导师制。科研导师团队由国家级杰出人才组成，学育导师团队由青年骨干教师组成，朋辈导师团队由优秀的博士生或博士后组成；在科学选才基础上，实行科研导师、学育导师与朋辈导师相结合的"三位一体"的导师制，负责学生"一生一档案"的个性化培养，因材施教。

基于理工融合、学科交叉的培养思路，2020级和2021级化学专业"强基计划"学生的科研导师团队由化学、化工、材料、生命、高能量物质等学科专业的院士、"长江学者"、国家杰出青年基金获得者以及"四青人才"组成，其中工科专业的科研导师占比30%。科研导师负责对学生科学研究兴趣的激发引导、科研创新能力的培养与训练，以及理工融合的交叉培养。结合大一期间的轮流听组会制度、大学生创新创业项目以及大二初的"化学前沿讲座"课程等，学生根据自己的科研兴趣双选确定科研导师，并在科研导师的指导下进行科研训练与创新培养。科研导师以自己的学习与科研成果以及从业经历激发学生的使命感、担当意识以及研究兴趣和科学精神。

化学专业"强基计划"独立设班，实行小班教学与课程研讨，每个班

都由国家级杰出人才担任班主任,再由青年骨干教师2～3人组成学育导师团队。如2021级化学专业"强基计划"40人,设2个班,由2名长江学者担任班主任,加强了班级的核心凝聚力,凸显了学科专业导向性。学育导师团队成员对学生课程选修、思想动态、科研训练及学习规划等给予指导,定期与学生进行交流,从思想、学业、生活上关爱学生,掌握学生思想与学习状况并因势引导,指导学生做好大学四年乃至研究生期间的学习与专业发展规划。

在朋辈导师的设置上,也体现了书院/学院协同育人。学生进入大学起,特立书院选拔优秀的高年级学生作为学生的朋辈导师,以同龄人的视角,通过日常交流,在学习、生活、大学生活的规划等方面为新生提供帮助和指导。学生双选确定科研导师后,科研导师会指定本团队中的优秀博士生或博士后作为学生的朋辈导师。朋辈导师会与学生携手一起探索科研的奥秘,在完成一个又一个实验项目的过程、在一次次结合科研前沿的讨论中彼此促进、共同成长。

(三)国防特色与学科专业支撑,科教协同育人持续深入

化学专业"强基计划"人才培养以功能纳米团簇化学、含能化合物化学、光电磁分子、特种化学电源、理论化学等具有鲜明国防特色的研究方向作为科研支撑,依托共建的爆炸科学国家重点实验室、原子分子簇科学教育部重点实验室、教育部高能量物质前沿科学中心等各级重点实验室构筑坚实的科研训练平台,以面向国家战略需求的重大基础科学问题为牵引,设立促进学科交叉、科教融合重点实验室本科生开放基金,结合国家级、北京市级大学生创新项目,化学学科创新实验竞赛和"挑战杯"等综合类竞赛等,指导学生独立完成查阅文献、方案设计、项目申请、课题实施与总结等系统的科研训练,培养学生提出问题、分析问题、解决问题的综合能力,提高创新意识,助力拔尖人才创新能力、综合能力的培养。

此外,培养方案中设置了体现学科交叉和科教融合、结合化学学科研究领域发展前沿的化学前沿研讨课,由科研成果突出、热心教学和人才培养的优秀青年骨干教师为学生授课;设置了由科研成果转化为实验教学项目的

"综合化学实验",由实验教学经验丰富的教师和青年骨干教师组成教学团队;设置以科研训练和创新能力培养为目标的"化学创新实践"课程,结合导师制与科研训练计划,结合面向国家战略需求的重大基础科学问题为牵引的课题研究,由科研导师及朋辈导师共同承担并完成。同时,依托现有国际联合实验室、国际合作育人项目,鼓励并资助学生参加暑期国际访学项目、国际学术会议,以及邀请国际知名专家作学术报告,使学生了解化学学科前沿及研究热点,开阔学生的国际视野。

三、化学强基人才培养成效及培养模式的思考

(一)化学强基人才培养成效

化学专业"强基计划"2020年首批招生,目前2020级的学生已经进入第三学年的学习,经过两次综合评价及动态调整,目前的24名同学在学习专业知识的同时,全部在自己有兴趣的研究领域开始了科研训练。在书院/学院协同育人、科教协同育人模式下,在实行科研导师、学院导师、朋辈导师"三位一体"的导师制的引领与激发下,2020级化学"强基计划"的学生培养已初见成效。该班级获评书院优良学风班,1名同学获评校级优秀学生;在北京市大学生化学竞赛的新实验设计赛中获得特等奖和一等奖各1项,在全国大学生化学竞赛华北赛区新实验设计赛中获得二等奖2项,参加"互联网+"获北京市三等奖1项;一名学生以第二作者身份发表学术论文1篇。2021级化学专业"强基计划"的两个班40名同学已经双选确定了导师,开始了科研训练;有60%的同学在大一学年参加各级"大创"项目或参与化学学科或综合类竞赛,在实践中寻找自己的科研兴趣。

(二)化学强基人才培养模式的思考

化学专业"强基计划"2020级的学生已经进入第三学年的学习,前两个学年按照培养方案单独授课,实行导师制、小班化等培养模式,配备一流师资,提供一流学习条件,创造一流学术环境与氛围,在大类培养背景下探索

了基础学科专业人才的培养路径，人才培养卓有成效，但是还有一些问题需要思考。

（1）"强基计划"学生实施个性化培养，需要科学规划和建立"一生一档案"，建立学生在校期间、研究生期间、毕业后的跟踪调查机制和人才成长数据库。这样，可以根据质量监测和反馈信息不断完善培养方案，改革创新培养模式，持续改进"强基计划"的招生和培养工作。

（2）"强基计划"学生的培养需要畅通成长发展通道，探索本硕博衔接的培养模式，需要结合国家的重大战略需求，结合强工科优势背景，科学建立本硕博衔接机制，使学生在本科阶段夯实化学学科基础知识、培养创新科研能力，在硕博阶段很好地培养学科交叉科研能力。

（3）"强基计划"聚焦国家重大战略需求，着力选拔一批有志向、有兴趣、有天赋的青年学生进行专门培养。人才培养质量与国家需求的契合程度至关重要，需要建立科学的评价机制、质量保障与持续改进机制，结合培养目标，分析培养模式、培养过程中需要革新改进之处，将质量监控评价与持续改进贯穿于人才培养的全流程，为国家重大战略需求精准输送高素质后备人才。

四、结论

自2020年首批"强基计划"招生以来，围绕"选拔培养有志于服务国家重大战略需求且综合素质优秀或基础学科拔尖的学生"的目标，我们结合北京理工大学优势工科的背景，在化学专业"强基计划"学生的培养方案制定、课程体系优化、培养特色的思考与凝练、创新科研训练计划的制订，以及"三位一体"的导师制、年度综合评价及动态调整机制等方面进行了有益的探索与实践，人才培养效果显著，为化学专业"强基计划"拔尖人才培养奠定了很好的基础，也提供了培养模式的经验指导。同时，在人才成长数据库的建设、理工融合的本硕博衔接培养模式、评价反馈机制上进行了积极思考，将会为国家重大战略需求领域精准培养拔尖创新人才提供借鉴作用。

参考文献

[1] 教育部关于在部分高校开展基础学科招生改革试点工作的意见(教学〔2020〕1号),信息索引:360A15-07-2020-0002-1;[2020-01-14];http://www.moe.gov.cn/srcsite/A15/moe_776/s3258/202001/t20200115_415589.html.

[2] 清华、北大等三十六所试点高校陆续发布二〇二一年"强基计划"招生简章——"强基计划":拔尖创新人才培养新路径.[2021-05-06];http://www.moe.gov.cn/jyb_xwfb/s5147/202105/t20210506_529899.html.

[3] 曹宇新."强基计划"人才培养模式的高校政策再制定研究——基于36所试点高校"强基计划"培养方案的文本分析[J].教育理论与实践,2022,42(3):3-7.

[4] 魏霄,王开学,钱雪峰,等.以服务国家重大战略需求为导向的基础学科专业建设探索和实践——上海交通大学化学(强基计划)专业建设初试[J].大学化学,2021,36(11):(1-6).

[5] 霍利军,倪健领."强基计划"背景下高分子化学教学改革与探索[J].化学教育,2021,42(24):17-22.

Exploration and Thinking on the Talents Training for Chemistry Major "Strengthening Basic Disciplines Plan" Under the Background of Strengthening Engineering

ZHI Junge[1], TAO Jun[1], ZHAO Hao[2], ZHANG Feng[1], Zhang Jiatao[1],

(1. School of Chemistry and Chemical Engineering, Beijing Institute of Technology, Beijing 100081, China;
2. XUTELI School, Beijing Institute of Technology Beijing 100081, China)

Abstract: Beijing Institute of Technology (BIT) promote fast discipline construction adhering to the construction policy of "top engineering, high-quality science, high-quality liberal arts, and emerging medical engineering". Under the background of strongthing engineering disciplines, focusing on key areas of national major strategic such as new materials, advanced manufacturing and national security, the chemical major "strengthening basic disciplines plan" of BIT highlights the supporting and leading role of the basic disciplines, emphasizes the integration of science and engineering, interdisciplinary training, and cultivates top innovative talents with national defense background and characteristics. The chemical major "strengthening basic disciplines plan" of BIT selects excellent students with "ambitious, interested and talented", and cultivates them to be innovative leading talents with deep patriotism, excellent cultural literacy, substantial mathematical and physical foundation, profound chemical theory, excellent practical ability, international vision, innovative awareness. Herein, we expounds the exploration and thinking of the chemical major "strengthening basic disciplines plan" in terms of educational objective and cultivation feature, curriculum system, scientific research training and training mode under the background of strong engineering, which provides theoretical and practical basis for the in-depth implementation of chemical major "strengthening basic disciplines plan" and the innovational cultivation of top talents.

Key words: Chemistry major "strengthening basic disciplines plan"; Integration of science and engineering; Integration of science and education; Training mode; Talents training for the basic disciplines

面向拔尖创新人才培养的多元协同工程基础教育范式探究

张雨甜，李梅，李春阳，付铁，冯吉威

（北京理工大学 机械与车辆学院，北京 100081）

摘　要：拔尖创新人才培养是想国家之所想、急国家之所急、应国家之所需的战略性举措。在拔尖创新人才本科阶段的工程基础教育过程中，课内课外的工程实践是其不可或缺的一环，同时也是工程基础教育的发力点和产教融合的切入点。本文针对面向拔尖创新人才培养目标下的工程基础教育，以学生的"学"为中心，从工业生产与真实工程问题视域出发，依托工程训练国家级实验教学示范中心的优质资源，引入基于大平台、大团队的优势教学与科研资源，探究如何设计价值、知识、能力一体化输出的项目制工程实践基础教育课程。以围绕"智能无人+"技术前沿方向所设计开发的科教融合、协同育人工程实践课程为例，提出一种以多元协同的项目制实践课程为核心载体，科学研究与实践教学贯通、工程教育与创新创业教育贯通、第一课堂与第二课堂贯通的拔尖创新人才培养工程基础教育新范式。

关键词：拔尖创新人才；工程实践；工程基础教育；项目式实践教学

引言

战略人才是支撑我国高水平科技自立自强的重要力量。习近平总书记曾在多次论述中强调加快提升自主创新能力，实现高水平科技自立自强，要培养大批拔尖人才与卓越工程师，要充分发挥高水平研究型大学在人才集聚中的重要作用[1]。教育部提出"树立工程教育新理念，优化人才培养全过程"，着力提升学生解决复杂工程问题的能力，加大课程整合力度，推广实施案例教学、项目式教学等研究性教学方法,注重综合性项目训练[2]。新技术、新业态与新模式不断演进,快速推动着教育的全面革新,工程实践教育应该树立怎样的教育理念,又该如何赋能工程教育发展?

邱大洪院士提到"All knowledge comes from practice",他认为,从事科学研究和工程教育,到工程实践中汲取营养和成长锻炼至关重要[3]。邵新宇院士指出:"工程实践训练要体现时代特征,用最领先的理念、最前沿的技术、最先进的应用来支撑人才培养。高水平大学要引领发展,要把科技前沿吸纳到学校,将一些先进技术融入工程训练,颠覆对制造技术的传统认识,体验前沿科技带来的生产力革命[4]。"潘云鹤院士认为,未来发展迫切需要三类工程人才:一是具备技术实践能力及多专业知识交叉应用的技术集成型创新人才;二是具备技术实践能力,能够进行创新设计的产品创新设计人才;三是具备技术实践能力及创业与市场开发能力的工程经营管理人才[5]。

"物有本末,事有终始。"学生在大学阶段的成长与发展具有顺序性、阶段性等特征,工程教育也必须要遵循人才成长规律。日本立命馆大学对于一年级新生教育的关注可以追溯至20世纪60年代实施的"基础演习"(即基础研讨)必修课,该课程以帮助学生获得学习能力、具备专业基础技能为主要目标,通过小团体课程的方式实施,重视发挥学生的自主性、创造性,让学生充分体验并学会发现问题、解决问题的研究路径,主动建构知识体系,获得学习方法,研究方法等[6]。面向拔尖创新人才培养不仅要探索工程实践教育教学新范式,同时也需要面向"00后"大学生的志趣,提供更贴合成长规律、更符合成长心理的工程教育的创新教学模式,发挥实践项目在一年级新生学业领航中的"先手棋"作用,从一年级新生适应大学的学习逻辑、理论与实践相结合的学习方式,以及工程认知与思维习惯抓起,为工程知识体系的构建、工程基础素养的培育和工程能力的提升夯实基础。

当前的低年级的工程实践教育教学,大多聚焦兴趣激发、动手能力和创新思维等,缺乏以学业引领为核心的知识与能力贯通引导。其凸显的短板在于,低年级学生在理论课堂上习得的知识点,在工程实践类实验课堂上的映射明显不足。数理基础、力学基础、设计与制造基础等理论知识知其然,却不知其在工程应用中的所以然。因此，在这类工程实践课程的建设中，本文从工业生产与真实工程问题视域出发，研究理论课程知识目标在工程实践中的能力映射关系，引入学校优质科研与教学资源去设计和开放实践项目，一体推进科学基础、工程能力、系统思维和人文精神的融合培养，这对于拔尖创新人才在基础教育阶段的培养则更显意义重大。

一、问题分析

调研发现，本校一年级学生普遍反映理论课学的内容不知道有什么用、怎么用，以至于提不起学习兴趣。以某次课堂小测的数据为例，电信方向某班（28人）82.14%的学生表示，在学习理论知识不感兴趣而迷茫时，会出现注意力转移到其他方面的情况，学习效果大打折扣。然而，低年级基础教育阶段是奠定数理、逻辑基础的重要时期，也是向专业全面成长过渡的关键"抽穗期"。如图学（图形设计与建模工具）、计算机学（编程开发工具）以及运动学、力学、动力学等基础课，具有知识体系庞杂、知识点细碎的特点，单纯靠理解记忆，枯燥而抽象。

同时，基础教育阶段由于学生水平局限，现阶段的创新实践类教育教学更多地关注动手实践、游戏性、趣味性，多选取商业化、模块化的套件，能够体现和映射所学理论基础课的内容较少，能体现"两性一度"要求的实践项目则更少，从顶层设计系统性输出工程教育资源的实践课程则少之甚少。教育部对"金课"提出所谓"两性一度"的要求，在工程实践中并不意味着要一味地求难、求深或求广。

如何引入学校优势工程教育教学资源，做好面向拔尖创新人才"抽穗期"的工程实践育人工作，值得我们深入研究与思考。特别是作为国家级实验教学示范中心，更应主动扛起这份育人职责，在开放共享的国家级实验教学平台上，让工科生的理论知识在实践中得到具有紧密逻辑映射的应用和强化。

针对上述问题分析，本文将面向拔尖创新人才培养目标下的低年级工程基础教育，围绕"智能无人+"领域中项目制工程基础教育与教学改革展开探讨，探索科学研究与实践教学贯通、工程教育与创新创业教育贯通、第一课堂与第二课堂贯通的拔尖创新人才培养工程基础教育教学路径。

二、面向拔尖创新人才工程综合素质培养的实践教学思考

学生发展理论认为，大学必须解决学生最根本性的学习问题，以便他们达到更深层意义的"学生成功"[7]。高校工程实践训练中心作为本科阶段工程能力塑造的重要平台，应主动求变，积极响应学校人才培养与教育教学改革的号召，探索相匹配的工程教育教学新范式，提供相适应的工程实践类课程，做好学生科技创新、创业尝试的重要工程支撑，为拔尖创新人才培养服务。

（一）遵循人才成长规律，以学生发展理论构建实践课程体系

实践教学作为课堂教学的延伸和补充，主要目的是让学生对所学理论知识有更深入的理解和应用。波兰尼指出，教育如果要想培养学生的知识创新意识、素质和能力，只向他们传递已有的和显性的知识成果和方法是不够的，还必须使他们掌握大量隐性的认识信念、概念、框架、方法与技巧等[8]。而要促进学生隐性知识的获得，仅仅靠课堂学习很难达到，必须强化各类由学生亲身经历的体验性质的活动。

对于21世纪的卓越工程人才培养，特别是拔尖创新人才的工程基础培养，加强工程体验并非传统的从内容上简单地增加操作性环节，增强动手能力，也不是在方法上回到技术导向时代画图、翻查载满公式的手册，而是需要在肯定科学理论的基础上，强调回归工程的实践本质、综合特征和系统整体性[9]。"00后"大学生成长在互联网时代，他们习惯了碎片化获取知识和信息，那么如何通过实践学习的过程，以更适合"00后"大学生以及拔尖人才培养目标的模式，带领同学们自主构建工程知识体系，是本文在研究中所关注的核心问题。多元协调、真实工程导向的实践课程体系设计理念如图1所示。

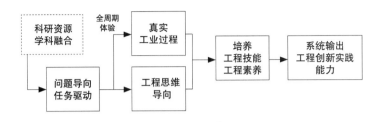

图1 多元协同、真实工程导向的实践课程体系设计理念

因此，在学校优势工科背景的强支撑下，将科研项目、教学目标在工程实践语境下进行集成，整合科研资源与多学科知识，凝练成为问题导向、任务驱动的实践项目，贯穿PBL（problem-based learning）教育理念，围绕智能制造领域—工业智能机器人、海基智能系统领域—水下仿生机器人、陆基智能无人装备—智能无人车辆和陆空多域智能装备等科研方向，激发低年级学生求知兴趣。分别对其进行细粒度分解，成为小、精、专的工程实践项目库，在教学过程中使用《项目制学习任务清单》，在学校工程训练中心的实验室工厂（Lab-Factory）全周期体验真实的工业过程，即真实地从CAD设计到CAM制造的全过程，贯穿工程语境下的思维训练和导引。同时，在实践课程设计之初，将科研项目转化为教学内容设计，保证实践动手能力的锻炼和工程创新能力的训练；还选取如工程中数学问题、结构强度中的力学问题等知识点，紧密映射数学、力学、逻辑学等理论基础，实现一种从实践到理论再到实践的"三明治"学习体验。

（二）核心载体建设，以项目制实践课程赋能拔尖创新人才工程基础教育

工程认知始于实践，工程应用服务于实践，是一种从实践中来又回到实践中去的循环无穷于更高层次的探索性实践[10]。工程教育的核心在于着力塑造以解决复杂工程问题能力为基础的创新型与实践能力型并重的教育理念。项目制实践教学是以学生为主体、教师为主导，以实践项目为载体的协同学习方式。通过将基础学科知识、专业体系知识转化为教学项目，围绕项目组织和展开教学活动，学习者能够直接参与项目全过程，根据项目任务自主构建知识体系，激发学习潜能，达到提高学习主体知识和能力的目标[11-15]。

在智能化、定制化、分散化、合作化、可持续发展的新工业革命背景下，社会的生产和组织方式等均会发生深刻变革，对于新工科专业人才的需求也转化为具有多学科交叉、多专业融合的特征，而现有以"基础知识—专业基础—专业能力"为特征的单一线性化培养方式，不能有效支撑以交叉融合为特征的多元化创新型人才培养需求。

1. 多源协同，着力项目制实践教育教学新型育人团队建设

在项目制课程设置时遵循工程逻辑，依托学校项目制课程虚拟教研室的基层教学组织建设，构建起跨专业模块化项目制工程实践课程教学团队。依托核心课程，融合企业需求，面向竞赛要求，打造三类项目制课程及其相应的工程实践课程。进而建立起基于问题、项目、产品、过程和团队的新工科专业学习新模式，解决多学科知识碎片化导致的交叉融合难度大等问题。携手名师工作室共同构建工程实践育人团队，组建起名师领衔的专业教师、实验技术人员和思政教育辅导员等多源协同的"创新、实践、思政、劳动"新型实践教育教学团队。以点带面，涵育起一种专业教师积极参与、学生自驱求知的实践学习新生态，形成科研资源、理论课堂与实践教学、校企融合深度协同发展的新范式。模块化项目制课程群组构建如图2所示。

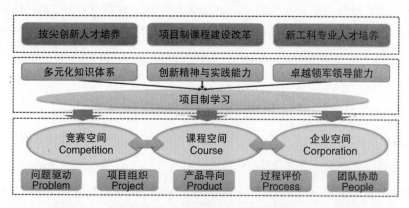

图2 模块化项目制课程群组构建

2. 多维耦合，集成多学科交叉背景设计工程实践教学内容

设置项目模块以大工程视角下"多学科交叉、多专业融合"布局，项目出发点以制造为基础，围绕智能无人主题，涉及多个学科和专业，锻炼学生

综合地运用多门学科的知识、理论、方法和技术的能力。在课程实施过程中，关注制造技术，并将智能化产品进行任务分解，制定实践任务清单，重点强调制造技术在"智能无人+"方向上的应用，通过多种制造工艺结合完成典型环节的设计、加工与制造，使学生更深入地了解制造全流程。以经典的小型智能物流移动平台为例，本文所设计的实践教学内容提纲如图3所示。

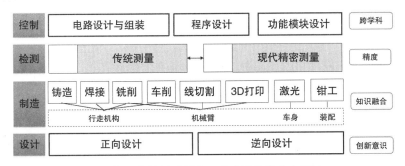

图3　智能物流移动平台工程实践教学内容设计

3. 多元重构，"双师教学法"引领实践课堂教学革命

在教学组织过程中，切实贯彻以学生为中心、以教师为主导。将研究型课程与项目制学习的教与学进行深度融合，由专业教师负责主讲项目所涉及的理论背景，完成知识点梳理，主导教学过程的设计、教学实施以及多主体的教学评价。而以实验技术人员为主的课程导师，则负责项目的模块化分解、项目任务清单制定、项目全过程技术指导与加工辅导等。这种以主讲教师+课程导师的"双师教学法"，将有效地解决项目制课程在组织与实施中遇到的实际难以落地的问题。工程实践类课程教学组织形式与评价标准设计如图4所示。

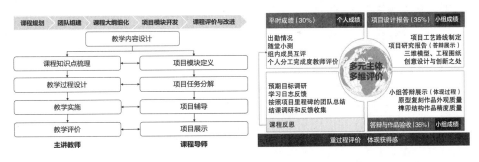

图4　工程实践类课程教学组织形式与评价标准设计

（三）校企协同育人，探索产教深融的在实践平台上的真实工程语境

新形势下拔尖创新人才教育培养需要回答的问题有二，其一是通用能力素养和理论知识架构，即通用知识点习得，其二是其他能力素养，如创新创业能力、跨界融合能力、问题解决能力等，即特有知识点习得，归纳而言就是"知识本位+能力本位"。前一问题可由课程体系及教学内容的构建解决，即高校"内循环"；而后一问题的解决则依赖于更贴近国民经济主战场的真实工程实践育人体系。近年来高校实验条件和工程训练条件虽然得到了极大的改善和补充，但学校的教学实验在教学内容上仍处于稳中求变的状态，不如企业对于市场变化的敏感度更高，对新技术、新设备、新材料、新工艺的响应速度更快。不同于企业真刀真枪的实际生产、技术训练和生产管理，仅依靠工程训练中心的资源远远无法触及产业前沿，也并不能满足拔尖创新人才工程实践教育教学的更高需求。

因此，依托校内工程训练中心的实验室工厂，主动引入企业"外循环"，即产学融合、校企协同，通过内外循环的紧密协同配合，将更有利于共同构建完整的工程育人范式。

1. 整合要素，营造真实工程语境与场景

分层工程实践教育要素矩阵如图5所示，其涵盖了生产和运作系统中涉及的大部分要素，包括四个维度。工程目标维度包含质量、成本、工期、效率、安全、士气；工程单元维度包括人、机、料、法、环；流程维度则包括产品设计、工艺设计、科研试制、生产制造、交付运输、服务保障，涵盖产品全生命环节；第四维则是由工程认知实践、工程基础实践、工程综合实践、工程创新组成的工程实践维度。

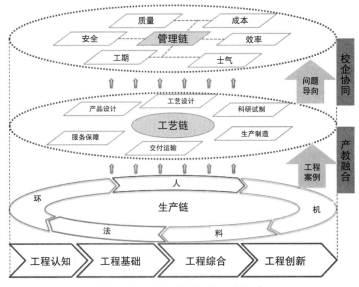

图5 分层工程实践教育要素矩阵

将生产链、工艺链、管理链分层整合后,置于产业链语境当中,让学生清晰地认识到,问题的解决并不是一元方程的求解,而是在系统工程视角下的多目标优化问题求解,从而实现全面工程观的培养和工程能力体系的建构。企业所提供的相应的问题环境,如质量归零报告、工艺创新项目等,凝练出一批学科交叉、问题导向的复杂工程案例资源库,与专业理论知识图谱共同建立起与项目制工程实践课程直接的直观联系,它可以作为项目制工程实践资源建设的核心内容来源路径。

2. 共享互通,建设"两性一度"实践课程

对于工程训练中心缺失的和落后的模块和环节,引入相关企业资源,建立健全长效资源互通机制,利用企业完备的生产线及配套设施资源开展实地课程建设,配合企业导师,以具体应用的产品开发项目制课程。

3. 上贯下通,构建定制化拔尖创新人才的工程基础教育体系与机制

将高校育人机制与企业培养体系相融通接轨,形成课内课外的贯通通道,在学校人才培养特区的政策支持下,引入产业资源,将极大地提升基础教育阶段的工程人才培养效果,形成"订单式、柔性化"的人才协同培养模式。

三、结语

习近平总书记在中央人才工作会议上强调,要努力建设一支爱党报国、敬业奉献、具有突出技术创新能力、善于解决复杂工程问题的工程师队伍[15]。国际竞争的实质是教育和人才的竞争,卓越工程师关乎人才强国、科技强国,应于大工程、大项目、大型号之中厚植爱国情怀,在实际生产过程中锤炼品格,锻炼组织管理、交流沟通、环境适应和团队合作的能力,信息获取和职业发展学习能力,创新性思维和系统性思维的能力。高校应敢于尝试,不断深化和改革合作模式,持续改进,培养出真正有能力服务于国家战略需求的工程人才。

参考文献

[1] 教育部,工业和信息化部,中国工程院.关于加快建设发展新工科实施卓越工程师教育培养计划2.0的意见(教高[2018]3号)[Z].2018.

[2] 郭振威,诸葛致,等.高校卓越工程师工程实践能力的培养研究[J].科技与创新,2021 (08):151-152;155.

[3] 《学位与研究生教育》编辑部.教育部启动卓越工程师产教联合培养行动[J].学位与研究生教育,2022 (04):19.

[4] 邵新宇.工程训练要着力培养大学生的工程观、质量观、系统观[J].高等工程教育研究.2022 (3):1-5.

[5] 潘云鹤.中国的工程创新与人才对策[C].2009国际工程教育大会文集,北京:2009 (10):10-17.

[6] 于帆.日本大学"一年级教育"探析[J].比较教育研究,2018,40 (09):69-74;86.

[7] 金添.美国高校"本科一年级计划"项目分析[J].中国人民大学教育学刊,2016,24 (04):138-150.

[8] 刘国豪.基于隐性知识培育高校创新型人才的途径研究[J].国家教育行政学院学报,2010,(3):42-45.

[9] 孔寒冰, 叶民, 等. 国际视角的工程教育模式创新研究[M].杭州: 浙江大学出版社, 2014: 173.

[10] 孙康宁, 傅水根, 等. 赋予实践教学新使命, 避免工科教育理科化[J].中国大学教学. 2014 (6) : 17-20.

[11] 朱思文."项目制"实践教学在创新人才培养中的探索[J].湖南科技学院学报. 2015 (11) : 91-93.

[12] 李峰, 安雪. 项目制实践教学模式在新文科影视人才培养中的应用[J].教书育人. 2021 (11) : 110-112.

[13] 张瑾, 陈林秀, 白海峰. 以工程教育理念为引领的跨专业教学探索与实践[J].实验室研究与探索. 2019 (9) : 174-177+181.

[14] 杨贵荣, 李亚敏, 等. 基于OBE理念的课程项目制教学探索与实践[J].大学教育. 2020 (10) : 46-50.

[15] 习近平. 深入实施新时代人才强国战略　加快建设世界重要人才中心和创新高地[J].创造, 2022, 30 (04) : 2-4.

Research on the Basic Educational Paradigm of Multiple Collaborative Engineering for Training Top-notch Innovative Talents

ZHANG Yutian, LI Mei, LI Chunyang, FU Tie, FENG Jiwei

(School of Mechanical Engineering, Beijing Institute of Technology, Beijing 100081)

Abstract: The cultivation of top-notch innovative talents is a strategic measure to meet the needs of the country and meet the needs of the nation. Engineering practice in and out of the classroom is an indispensable link in the undergraduate engineering foundation education curriculum for top-notch innovative talents, a point of strength for engineering foundation education, and an entry point for the integration of industry and education. This paper aims at the basic engineering education under the goal of training top innovative talents, centering on students' "learning", starting from the perspective of industrial production and real engineering problems, relying on the high quality resources of national experimental teaching demonstration center of engineering training, introducing the advantages of teaching and scientific research resources based on large platforms and large teams. This paper explores how to design project-based basic education courses in engineering practice with integrated outputs of value, knowledge and competence. Taking the engineering practice course of science and education integration and collaborative education designed and developed around the technological frontier direction of "intelligent unmanned+" as an example, a new paradigm of basic education of top-notch innovative talents cultivation engineering is proposed, which takes the multi-collaborative project practice course as the core carrier, integrates scientific research and practical teaching, engineering education and innovation and entrepreneurship education, and integrates the first and second classrooms.

Key words: Top-notch innovative talents; Engineering practice; Basic engineering education; Problem-based practicing&learning

服务人才培养改革　创新本科生学籍管理制度

陈学瑾

（北京理工大学、教务部，北京 100081）

摘　要：高校学籍管理影响着人才培养质量，是高等学校教学管理和学生管理的重要组成部分。近年来，随着高校学生人数扩招，人才培养模式不断改革创新，学籍异动的数据急剧增加。在教育部2017年颁布的《普通高等学校学生管理规定》（41号令）的精神指导下，北京理工大学完善现有制度文件，制定能够服务全体学生根据自身成长需求和规划完成学业的学籍管理制度。本文根据近10年的学籍数据，对学籍异动（转专业、休学、退学）进行统计分析，并对比兄弟院校相关规章制度，进一步规范学籍管理工作，服务人才培养改革，提高教学管理效率。

关键词：人才培养；学籍管理；学籍异动

引言

高校学籍管理影响着教育教学质量和人才培养质量。它是根据相关规定对学生的入学资格、在校学习情况及毕业资格进行考核、记载、控制和处理的活动，主要包括学籍的取得和注册管理、课程考核和学业成绩管理、纪律与考勤、学籍异动管理和学历与学位证书管理等，是高等学校教学管理和学生管理的重要组成部分。近年来，随着高校学生人数扩招，人才培养模式不断改革创新，学籍异动的数据急剧增加。

2017年教育部颁布的新修订的《普通高等学校学生管理规定》（41号令）是指导和规范高校实施学生管理的重要规章，涉及学生的权利与义务、学籍管理、校园秩序与课外活动、奖励与处分、学生申诉等诸多方面。该规定针对高校教育与管理的新变化，在总结实践经验、现实问题以及司法判例的基础上，修改、补充和完善相关制度，推进高校依法治校，健全学籍管理的制度规范，督促各高校据此修订完善相应的学生管理规章制度。根据41号令文件精神，北京理工大学完善现有制度文件，制定了服务全体学生能够根据自身成长需求和规划完成学业的学籍管理制度，提出体现学校自主权且适合校情的转专业、留降级等学籍管理办法。本文根据近10年的学籍数据，对学籍异动进行统计分析，力求进一步规范学籍管理工作，提高教学管理效率。

一、学籍异动数据的情况分析

2013—2022年，学籍异动处理的数据达到12 000余条，由于身体原因、学业问题等因素导致的转专业、休复学、退学等情况超过1 800人。下面根据近10年转专业、休学和退学三类学籍异动的数据，分析学生学籍变化的情况。

（一）转专业

2013年以来，各个学期不同年级转专业的人数曲线如图1所示，图中共涉及17个学期、9个年级。2013—2017年实行的转专业制度限制学生只可在第二学期末申请转专业，且仅有排名前10%的学生有资格提出转专业申请，因此，这段时间的转专业学生人数较少，并且集中在大二开学初办理。2017年至今，根据学生转专业的需求，转专业制度逐步改革，学生在校期间均可在不同学期（除专业确认学期以外）提出转专业申请，扩大了申请转专业的时间，降低了转专业的门槛值。在制度改革初期，学生普遍认为转专业范围放宽，相对随意提出转专业申请，因此转专业的人数明显增加。但随着大类培养的持续推进，学生可以通过大类培养期间加强专业认知，在大类范围内可自主选择感兴趣的具体专业，且考虑到转专业引发课程补修造成的学业压力等问题，所以近几年，学生提出转专业申请更为理性，申请人数回落，每学期转专业总人数相对平稳。

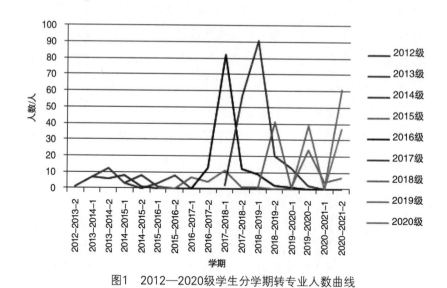

图1 2012—2020级学生分学期转专业人数曲线

（二）休学

学生申请休学的原因主要有参军入伍、疾病、学习困难、出国留学、创业等，如图2所示。我校本科生因疾病休学的人数占总休学人数的比例约为54.1%，因学习困难休学的占比约为20.2%，因出国留学休学的占比约为20.4%。学习困难和疾病（包括心理疾病、普通疾病）是学生休学的主要原因，占休学原因的74.3%。从学期分布来看，学习困难学生均爆发在高年级，如何尽早发现学习困难学生面临的问题，并有效引导其树立学习信心并养成良好学习习惯，值得探讨。

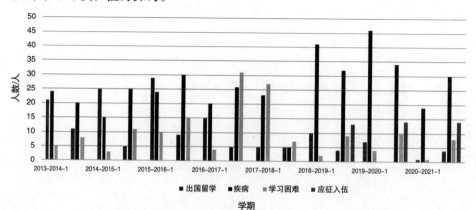

图2 分学期休学情况统计

（三）退学

2010—2019级退学学生的情况统计如图3所示。退学原因主要包含学习困难、出国留学、身体疾病等，其中因学习困难退学的人数占总退学人数的比例约为42.7%，因出国退学的占比约为19.1%，因身体疾病退学的占比约为2.97%。近五年来，导致退学的主要原因更明确指向学习困难。

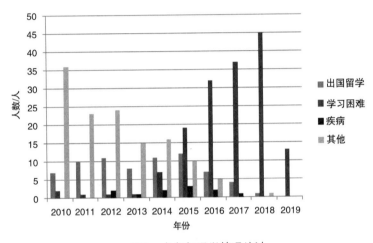

图3 各年级退学情况统计

因学习困难而退学的学生所占退学学生的比例越来越大，多数较为集中地分布在高年级。自身学习能力不够、不喜欢本专业的课程、不适应大学的学习和生活、放松对自身的要求等都会造成学生完成不了大学的学业。因学习困难而退学的年级分布如图4所示。

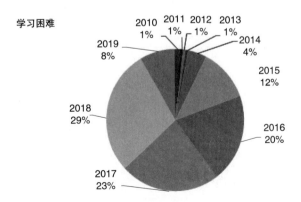

图4 因学习困难而退学的年级分布

二、兄弟院校相关规章制度调研

通过走访座谈、电话交流、网上查阅等方法，对近10所高校的学籍管理方法进行调研，探讨了学籍管理中的经验以及遇到的若干问题。虽然各高校的学籍管理规定都是在41号令指导下制定的，但细节方面的规定有所不同，下面对转专业、休学、降级、学业警示等方面进行分析。

（一）转专业

各高校对转专业处理时间以及转专业面向的年级有所不同，大致可以分为如下几类：

（1）学生可以在一年级或者二年级时按照学校有关规定申请转专业，学校每学年组织一次学生转专业工作。

（2）学生每学期均可申请转专业，要求入学满一年且完成专业分流。

（3）新生入学未满一年或本科三年级以上（含三年级）的，不予转专业。

除此以外，部分高校对转专业的次数也有要求，例如已转过专业者，不能再次申请转专业。为确有专长、转专业后更能发挥其特长的学生提供一次专业二次选择的机会。

（二）休学

各高校对休学处理的流程几乎相同，但是对于休学的时间单位以及复学办理的时间要求不同。

（1）休学时间以年为单位，学生休学次数累计不得超过两次，时间累计不得超过两学年。

（2）休学以学期为单位，一次申请不得超过一学年，最多可申请休学两次，累计休学时间不得超过两年。

41号令中提出了根据情况建立并实行灵活的学习制度，对休学创业的学生，可以单独规定最长学习年限。各高校对创业休学的细节规定有所不同，部分高校分别从创业时间、创业标准以及创业最长时间等方面做了限定。

（三）降级

多数高校均无降级规定，只有少数高校规定：对于每学期获得学分数不能达标者，给予学业警告，学生可申请留降级。学生在校学习期间只能留降级一次。

从调研结果来看，各高校的学籍管理规定有所不同。通过对各高校学籍管理规定的了解，可以更好地帮助我校学籍管理规定的修订以及对新问题（如休学创业等）的处理，为学生个性化培养提供支持。

（四）学业警示

对学生学业情况的监控，一般是通过成绩预警制度完成的，就是在各个时间节点上整合学生修读学分状况，挑选出其中的异样数据加以分析，及时提醒并告知学生可能会产生的严重后果。让学生及时发现自身学习问题，尽快解决，从而减少退学率，有效降低学生的留降级率，提高毕业率。从班级、学院、学校三个层次逐级构建成绩预警体系。

早期的学业警示工作，一般都是学院教学管理老师按照专业培养要求，核对本专业每一位学生的成绩，统计不及格课程，计算其取得的负学分。当负学分累计超过规定阈值，将联系学生进行告知，并开展帮扶工作。不同高校对于学业预警的阈值以及预警方式不大相同：

（1）学生如果在校期间累计不及格课程超10学分（含），则出具退学预警告知书（普通）；如果累计不及格课程超15学分（含），则出具退学预警告知书（严重）。如果出现累计不及格课程大于20学分，则按照退学处理。

（2）自第三学期起，已取得主修专业的学分数平均每学期少于17学分者，给予学业警告，自第五学期起，已取得主修专业的学分数平均每学期小于15学分者，应予退学。

（3）对于学期平均积点（GPA）低于或等于1.7的学生，予以退学警告。学期平均积点（GPA）第二次低于或等于1.7，且至少获得该学期总学分50%的，可申请试读。在试读期或解除试读后再次出现学期平均积点（GPA）低于或等于1.7的，应予退学。

不同高校对于学业预警的清算方式不同，但不管怎样计算，不同年级学生的成绩少则十几门，多则几十门课程，教学管理老师核对成绩的工作量很大，需要核对的时间也很长，手工的核对成绩的模式已经不适应现代教学管理的要求。结合学籍管理系统中的成绩管理和学籍管理模块，将学分统计、学业警示等功能完善，提出建立学生预警机制，改变手工操作管理方式，不仅可以降低核对数据的复杂度，也可以提高工作效率，增加准确性，有助于尽早发现学生学业问题，尽早进行帮扶，从而减少休学率、退学率，也可推进留降级管理办法的进一步实施。

三、学籍管理规定改革

早期学籍管理制度中对学生转专业次数、成绩门槛值有过多的限制，对学业困难的学生缺乏留降级等校内缓冲通道。管理制度的僵化不变，越来越束缚高校对多样化人才个性化成长服务的需要。2017年根据41号令文件精神，学校对自身的学生管理规定进行了修订，增添了对学生升级、跳级、留级、降级等学籍异动的管理内容；将转专业的申请条件放宽到了零门槛。2019年，根据现阶段大学生的特点，我校对学生管理规定再次进行修订，细化了学业警示范围，取消了留级，增加了降级办理时间范围等，并建立了辅修课程、第二学士学位等培养模式。

（一）降低转专业要求

2005年，教育部《普通高等学校学生管理规定》（21号令）规定"学生可以按学校的规定申请转专业。学生转专业由所在学校批准"。自此，转专业政策开始在各大高校普及。2017年，教育部《普通高等学校学生管理规定》（41号令）规定"学生在学习期间对其他专业有兴趣和专长的，可以申请转专业""学校根据社会对人才需求情况的发展变化，需要适当调整专业的，应当允许在读学生转到其他相关专业就读"。转专业政策进一步放宽。

为了响应教育部41号令的要求，充分体现以学生为中心的教育理念，尊重学生的兴趣和专长，我校从2017年开始进一步放宽转专业政策，实行"转出零门槛，转入有要求"的转专业原则，增加转专业次数，学生每学期都可以提出转专业申请；从2019年年底开始，增加专业选择个数，学生最多可填报两个拟转入专业。除此以外，学校在2019年还建立了辅修课程、辅修学位等培养模式。在学有余力的情况下，学生可以申请选择其他感兴趣的专业作为自己的辅修专业，如果能够达到相应的学分要求，将获得学校颁发的辅修专业证书，符合学位授予标准的学生，可获得辅修学位。通过这样的模式，对学生的专业爱好加以正确引导，拓宽学生的专业视野，以争取最大限度地挖掘学生的学习兴趣及专业潜能。

（二）完善复学机制

教育部第41号令《普通高等学校学生管理规定》[1]提出学校应当给予休学创业学生更大的自主性，且应当根据不同情况的学生建立并实行灵活的学习制度，并且对应征入伍的学生的学籍管理提出了要求。

学校从2017年开始加大了休学范围，增加了创业休学，明确了休学创业办理方式以及所需申报材料等。并且为避免休学学生错过复学时间，学生在办理休学时增加"复学须知"告知书，明确具体复学时间以及复学流程。学校每学期期末梳理下一学期应复学学生名单，并由学院提前与学生取得联系，避免因学生疏忽而错过复学时间，失去学籍。

（三）增加降级处理

相当一部分学生并没有真正想理解专业内涵，对自己的学业生涯规划也缺乏清醒的分析。加之新入大学后，部分学生存在各种适应能力不足等问题，容易导致学生学习动力不足，严重时会造成逐年累计挂科科目增多，难以继续学业。部分学生通过休学的方式间接予以缓冲，但常规上一年休学时间内不能在校参加任何教学活动，这种缓冲对于解决学业困难的问题帮助不大，极少数学生最终只能以结业或肄业等形式离开学校。

学校根据41号令的相关规定，学校修订学籍管理规定[2]、学籍管理细则

[3]等，增加了留降级制度，允许获得学业警示的学生提出留降级申请。2019年再次修订学籍管理规定，取消留级，保留降级制度。根据学生学业警示情况的不同，允许学生本人或所属学院提出降级意见，规划降级后的学业进展，规定学生毕业学期不再办理降级处理。这样的改革，为学业状况较差的学生提供了降级制度，使得学生可以重新修读未通过的课程，为后续学习打牢基础。

2017年和2019年两次修订学籍管理规定，结合学校实际，在原则上为学生的个性化成长提供了出路，但在执行过程中，如何对学生进行有效的引导，让学生能理性地看待转专业的自由，能在必要时选择留降级的机会，而不过度占用学校教学资源，在大类培养的模式下，还有大量的管理方法和技巧需要探索。

四、完全学分制展望

随着人才培养改革的持续推进，遵循高等教育办学规律，积极探寻跨越式改革创新路径，完全学分制在高校中全面实施已呈必然趋势。

完全学分制强调以学生为主体，激励学生自主学习，教师因材施教，学校对学生的管理也需要适应完全学分制的要求，包括选课系统的再造，学生学籍管理和重修、辅修等方面的制度等。由于实施完全学分制，打破了传统的班级观念，同一门课程的学生来源于不同的专业和班级，学校对学生的管理难度更大，需要学校在学生管理、教学管理等方面加大投入，定制更加人性化的管理制度，并针对在管理过程中出现的典型问题，及时调整和更新学校的相关管理措施，从而为学生提供更合理的管理和服务。

● 参考文献

[1] 中华人民共和国教育部. 普通高等学校学生管理规定（41号令），(2017-2-4). http://www.moe.gov.cn/srcsite/A02/s5911/moe_621/201702/t20170216_296385.html.

[2] 北京理工大学本科生管理规定（北京理工大学令第133号）(2019)

[3] 北京理工大学本科生学籍管理细则（北理工办发 [2019] 75号）(2019)

Serving the Reform of Talent Training and Innovating the Undergraduate Student Status Management System

CHEN Xuejin

(Department of Undergraduate Academic Affairs, Beijing Institute of Technology, Beijing 100081,China)

Abstract: The management of student status in colleges and universities affects the quality of talent training. It is also an important part of teaching management and student management in higher education. In recent years, with the expansion of the number of students in colleges and universities and the continuous reform and innovation of talent cultivation mode, the number of student registration changes has increased sharply. Guided by the spirit of the Regulations on the Management of Students in General Higher Education Institutions (Decree No. 41), promulgated by the Ministry of Education in 2017, Beijing Institute of Technology has improved the existing institutional documents and developed a student registration management system that serves all students to be able to complete their studies according to their own growth needs and plans. This paper presents a statistical analysis of the student registration changes (change of major, suspension and withdrawal) based on the student registration data in the past 10 years, and compares the relevant regulations of sister institutions, in order to further improve the management of student registration, serve the reform of talent cultivation and improve the efficiency of teaching management.

Key words: Talent training; Student status management; Change of student status

高等教育国际化培养模式的研究与探索
——以徐特立学院/未来精工技术学院为例

朱梦圆，丁雨

（北京理工大学 徐特立学院/未来精工技术学院，北京100081）

摘　要："双一流"建设背景下，对拔尖创新人才国际化培养提出了新要求，同时，《加快和扩大新时代教育对外开放的意见》提出的新时代教育对外开放对高校提出了新要求。本研究针对目前高等教育国际化培养面临的新形势、新挑战进行分析，以北京理工大学徐特立学院/未来精工技术学院拔尖创新人才国际化培养模式的实践和探索为例，提出了优化的建议和改革的举措，期望能给拔尖创新人才国际化培养模式的发展与推行提供参考。

关键词：高等教育；国际化建设；拔尖创新人才培养；跨文化；"双一流"

引言

国际化建设是现阶段各高校在全球化的发展战略下对具有国际胜任力人才培养的主要途径，也是在"人类命运共同体"理念提出后，对具有国际竞争力的拔尖创新人才培养具体实施的重要手段。徐特立学院/未来精工技术学院作为北京理工大学拔尖创新人才培养特区，在国际化建设方面应当明确自身发展的特点与优势，应当充分调动校内、校外资源，搭建平台，构建更加多元化和综合性的新型国际化建设生态系统。

一、高等教育国际化培养面临的新形势

（一）培养拔尖创新人才的需要

在我国开启了全面建设社会主义现代化国家的新征程下，对具有全球视野的高层次国际化人才的需求越来越大。构建拔尖创新人才培养体系，培养一批又一批的拔尖创新人才，是提高国际竞争力、奠定长远发展基础的战略资源，是深化教育评价改革落实落地、推进高校"双一流"建设的迫切需要。

（二）加快"双一流"建设，提升高校办学综合实力的需要

高等教育国际化既是培养拔尖创新人才，加强高等教育综合实力的重要途径，也是一个不断发展和变化的动态过程。国际化培养是"双一流"建设的内在要求，也是引领"双一流"建设向纵深发展的关键因素。《国家中长期教育改革和发展规划纲要（2010—2020年）》《统筹推进世界一流大学和一流学科建设总体方案》[1]提出加强教育国际化，并强调高校教育国际化的目标是全面提升学生的综合素质、科学精神和创业意识、创造能力，培养大批具有国际视野、通晓国际规则、能够参与国际事务和国际竞争的国际化人才，要将"推进国际交流合作，加强与世界一流大学和学术机构的实质性合作，加强国际协同创新，切实提高我国高等教育的国际竞争力和话语权"作为改革任务之一，主动加强同世界各国的互鉴、互容、互通，形成更全方位、更宽领域、更多层次、更加主动的教育对外开放局面，为全球教育治理贡献中国智慧和中国方案。国家"双一流"建设战略的实施，对高校人才培养提出新的要求。高校必须通过人才培养模式的改革创新，切实有效地提升国际化人才的质量和水平，更好地推进"双一流"建设的进程，培养新时代的国际化人才。[2]

（三）回应新时代国家发展，重塑国际化人才培养模式的需要

高等教育国际化是各国发展高等教育服务经济社会发展的共同选择和追

求。2020年6月,《教育部等八部门关于加快和扩大新时代教育对外开放的意见》正式印发。该意见是在中国特色社会主义进入新时代,在全球政治经济格局、我国外部发展环境更加错综复杂的特殊背景下出台的,是教育发展的需要,是国家建设的需要,更是新时代发展的需要。习近平总书记在全国教育大会上指出"要扩大教育开放,同世界一流资源开展高水平合作办学"[3]。高等教育国际化是我国高等教育发展的重要战略和重点方向。提升我国高等教育人才培养的国际竞争力,加快培养具有全球视野的高层次国际化人才,不仅是高校作为人才培养基地和摇篮的根本任务,也是高校在新时代社会主义现代化建设中的使命和担当。

二、国内高等教育国际化培养面临的挑战

(一)国际交流项目系统性与连贯性不足

目前国际交流主要依托学校平台资源,国际交流项目种类繁多,多倾向于通过参加国际会议、合作研究、项目培养等形式来开展学科的国际交流,但这些都是短期的途径,缺乏系统性和连贯性。此外,短期项目本身难度和深度很难在学生参与前准确评估,[4]导致部分项目与参与学生能力不契合,不仅学生参与体验感不强,而且项目对于学生后续学习与参与科研的影响和延伸意义很难探究。

(二)国际化文化属性重视度不高,忽略建设内容的跨文化性

课程体系的国际化根本在于培养目标的国际化,缺乏跨文化交际能力是我国高校学生普遍存在的问题,但部分高校"国际化"的内涵仍仅仅定位在双语教学层面。外语能力课程虽能在交际工具上给学生一定的保障,但是增强跨文化能力、处理国际事务能力,不能仅依赖外语课程,还须单独开设跨国文化认知、涉外礼仪礼节、国际事务等文化素养类课程,从国际视野层面构建学生的国际化意识。教学内容的国际化是将国际前沿和科技新成果引入教学内容,从学生的每一节课入手提升其国际认知。教材形式也须多媒体

化,既有学科基础教材,又有外文辅助教材,还要增加网络媒体资料。[5]

(三)国际化项目分层分类不够清晰,管理制度不完善

在地国际化是指在国内或本土学习环境中,有目的地将国际的、跨文化的维度融入到全体学生正式和非正式的课程中。[6]它注重的是一种环境的影响,区别于海外国际化学生置身于海外环境中的切实体验。[7]现存在对国际交流项目的管理分层不够清晰,对在地国际化项目和海外国际化项目管理未作明确区分,项目的过程跟踪和结果反馈也没有明确的流程规定等问题,因此较难形成管理层面的整体把控,给国际化氛围的形成和整体拔尖创新人才国际化培养贯通性的实施带来挑战。

三、徐特立学院/未来精工技术学院国际化培养模式的实践与探索

在新形势下,国际化模式改革在拔尖创新人才培养中起关键作用。作为北京理工大学拔尖创新人才培养的试验区和特区,徐特立学院/未来精工技术学院面临新一轮科技革命和产业变革对全球格局的巨大挑战,要承担起打造国际人才中心和国际创新高地,探索拔尖创新人才培养模式的重任。秉持"立德铸魂、强基拓新、优教精学、致真求实"的培养理念,徐特立学院/未来精工技术学院的国际化改革紧紧围绕提高拔尖创新人才培养质量,立足培养具有国际视野、全球胜任力、全球领导力的领军领导人才这一任务,不断探索国际化创新人才培养新路径。

(一)打造国际化课程体系,提升国际化水平

一方面,推动"学术用途英语"分级分类教学,增设"学术写作"等全英文教学课程。另一方面,通过引进海外优质教学资源,提升学院高水平课程的建设和课堂教学质量。借助学校平台联系麻省理工学院、剑桥大学知名教授开设"Machine Learning, Modeling, and Simulation Principles""Introduction to Deep Learning: Theory and Application"等国际课程,在促进学生提升英语水平的基

础上，了解学科的前沿和动态，也为学院创造了丰富多元的文化环境和良好活跃的学术氛围，实现了在课程内容、知识体系等多个维度上与国际一流大学对标。

（二）建设国际化联合培养模式，拓宽国际化视野

学院依托学校与国（境）外高校的合作平台，实施"汇贤激励计划之寰宇专项"，构建了长期、中期、短期等多元化的国际化联合培养模式。选送学生赴美国麻省理工学院、英国剑桥大学、牛津大学、西班牙马德里理工大学等知名高校参加短期交流、在地线上暑期课程项目；组织未来精工技术学院学生参加国际航展、交叉—未来学术双源论坛等，提高学生的国际视野与跨文化交流能力。2022年，学院支持144名学生参加海外访学、国际课程、国际竞赛和学术会议，涉及美国、英国、加拿大、俄罗斯等国家和地区13所高校；参与国际竞赛并取得名次4人次；参与国际会议4人次。

四、徐特立学院/未来精工技术学院国际化培养模式思考与建议

（一）整合现有项目，制定国际交流项目报名指南

整合现有平台国际交流项目列表，以各年级培养方案为基础，参照全球顶尖高校相关学科研究生课程设置安排，制定贯穿四年各阶段适用项目选择建议指南，根据学科大类针对不同年级给予相应的贯穿四年学习的规划。从学生的硬性条件、语言能力、领导力、全球胜任力、社会回馈意识等多维度全方面制定活动选报建议指南，[8]从根本上解决现存的缺乏系统性和连贯性的问题。国际化项目规划模型如图1所示。

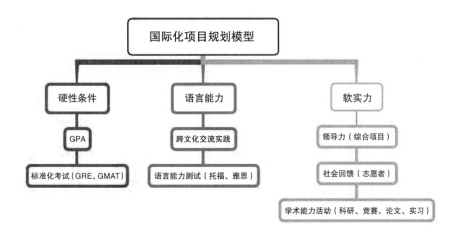

图1 国际化项目规划模型

(二)整合国际资源,充分发挥对外合作优势,打造学院国际化优势

充分发挥学院办学优势,依托校内外中阿智能无人系统"一带一路"国际联合实验室、智能机器人与系统高精尖创新中心等国家级科研实验室,与国外顶尖院校共同搭建高水平科教深度融合的学术共享平台,将国际前沿和科技新成果引入教学内容,从课程内容、教材、相关辅助资料以及配套文化输出内容等多元化的国际化维度资源,提升学生国际认知,培养国际化思维,打造国际人才中心和国际化创新高地。

(三)加强国际化管理制度建设,完善组织保障

针对海外国际化和在地国际化项目分别制定相应管理办法,规范项目过程跟踪办法,制定相应过程反馈要求,明确结果反馈细则;宏观计划年度奖励激励预算,优化相关奖励激励政策实施条款,确定奖励激励发放标准。[9]系统的国际化管理标准,将为打造学院特色国际化建设提供新范式。

因此,应针对在地国际化和海外国际化的形式特点分别制定详细管理规定,完善相关奖励激励办法,明确过程跟踪和结果反馈细则,必要时需成立专业评委会决议通过项目结果认定。

● **参考文献**

[1] 国务院关于印发统筹推进世界一流大学和一流学科建设总体方案的通知[EB/OL].(2015-10-24).http://www.moe.gov.cn/jyb_xxgk/moe_1777/moe_1778/201511/t20151105_217823.html.

[2] 任友群."双一流"战略下高等教育国际化的未来发展[J].中国高等教育,2016,(5):15-17.

[3] 习近平在全国教育大会上强调坚持中国特色社会主义教育发展道路培养德智体美劳全面发展的社会主义建设者和接班人[N].人民日报,2018-09-11.

[4] PHILIP G A, REISBERG L. Global Trends and Future Uncertainties[J]. Change, 2018,(3/4):63-67.

[5] 西蒙·马金森,文雯.大学科研的全球扩张[J].教育研究,2019,(9):95-109.

[6] KNIGHT J. Student Mobility and Internationalization: Trends and Tribulations[J].Research in Comparative and International Education, 2012,(1).

[7] 简·奈特.激流中的高等教育——国际化变革与发展[M].刘东风,陈巧云,译.北京:北京大学出版社,2011.

[8] 房东波,程显英.我国大学国际化战略制定与执行研究——以10所国内大学为例[J].中国高教研究,2013,(1):22-26.

[9] 周密,丁仕潮.高校国际化战略:框架和路径研究[J].中国高教研究,2011,(9):16-19.

Research and Exploration of International Training Model of Higher Education: Taking XUTELI School/ School of Future and Technologies as an Example

ZHU Mengyuan, DING Yu,

(1.XUTELI School/School of Future and Technology, Beijing Institute of Technology, Beijing 100081, China)

Abstract: Under the background of China's double first-class university strategy, new requirements have been put forward for the international training of top-notch innovative talents. By analyzing the current challenges of international training in higher education, this study takes the practice and exploration of internationalization of XUTELI School / School of Future and Technology as an example, and puts forward optimization suggestions and reform measures, hoping to provide reference for the development and implementation of the international training model of top-notch innovative talents.

Key words: Higher education; Internationalization; Cultivation of top-notch innovative talents; Cross-cultural; China's double first-class university strategy

"双一流"建设背景下"强基计划"人才培养模式研究与实践

丁雨,朱兆洋

(北京理工大学 徐特立学院/未来精工技术学院,北京 100081)

摘 要:当前"双一流"建设已进入加速期,在国家重大战略需求的要求与基础学科人才后备人才不足的现状下,"强基计划"的提出为高校培养基础学科拔尖人才提供了前所未有的机遇和挑战。本研究对目前国内高校"强基计划"的实施策略进行分析,阐述了在"双一流"建设背景下,北京理工大学徐特立学院"强基计划"在书院学院协同育人、多元化导师制、选拔与动态分流机制等培养模式方面的探索与实践,同时为基础学科拔尖创新人才培养的深入实施提出思考和建议。

关键词:强基计划;培养模式;基础学科拔尖人才;书院学院协同

引言

当今,新一轮技术革命和国际形势加速演变,综合国力之间的较量空前激烈。基础学科是科技创新、增强文化软实力的源头,是创新型国家建设的先导和后盾。党的二十大报告指出,要坚持教育优先发展、科技自立自强、人才引领驱动战略,加强基础学科、新兴学科、交叉学科建设,全面提高人才自主培养质量,着力造就拔尖创新人才,聚天下英才而用之。2020年,教育部发布《关于在部分高校开展基础学科招生改革试点工作的意见》,在全国39所"双一流"高校开展基础学科招生改革试点(也称"强基计划")[1]。北京理工大学2020年开设强基力学、数学、物理、化学等基础学科专业,2022年新增强基智能无人系统技术专业,并纳入学校人才培养改革特区徐特立学院统筹开展基础学科拔尖人才培养改革。

一、"强基计划"的内涵与背景

"强基计划"是服务国家重大战略，选拔培养基础学科拔尖创新人才的重要举措。在"强基计划"实施之前，我国在基础学科拔尖人才选拔培养上进行了40余年探索。1978年起，为选拔特殊人才，我国陆续实施了高考加分、保送生、自主招生等针对天才、偏才、怪才的招生选拔方式，与普通高考共同形成较为互补的高考招生机制[2]。2005年的"钱学森之问"（为什么我们的学校总是培养不出杰出人才？）引发了高度关注。2009年起，我国开始探索基础学科拔尖人才培养改革，陆续实施了基础学科拔尖学生培养试验计划（"拔尖计划1.0"）、基础学科拔尖学生培养计划2.0（"拔尖计划2.0"），在全国70余所高校全面推进基础理科、医科、文科等20个学科（类）的拔尖人才培养改革，并通过实施"一制三化"（导师制、小班化、个性化、国际化）和"三制改革"（导师制、学分制、书院制），初步形成了基础学科拔尖人才培养的中国方案。

2020年，教育部开始实施"强基计划"，作为招生考试制度改革和拔尖创新人才培养改革的重要组成部分。"强基计划"将招生范围聚焦于基础学科专业，将国家战略需求与"双一流"建设相结合、将经济社会发展与学生发展相结合，体现了社会价值与个人价值的有机统一，形成基础学科拔尖创新人才培养的中国范式，促进我国高等教育内涵式发展。

二、国内"强基计划"实施现状

（一）立足基础学科统筹发展，打破固有治理体系

试点高校从顶层布局上探索优化基础学科发展模式。在招生专业上，瞄准国家战略，主要集中在数学、物理、化学、生物等基础学科，在2022年增设智能无人系统、飞行器动力工程特色学科。在治理体系上，建立荣誉教育、通识教育、专业教育相融合的教学体系。部分试点高校通过整合校内资

源打破学科壁垒,实现资源共建共享,实施荣誉学院与专业学院、书院与专业学院并行的协同培养机制,例如浙江大学"强基计划"学生纳入竺可桢学院实施荣誉培养、清华大学新设五个强基书院统筹推进11个"强基计划"专业、中国人民大学建立明德书院实行3个"强基计划"专业的"学院—书院"的双主体制管理。

(二)聚焦导师成长引领,注重全方位育人

在人才培养环节,试点院校整合导师资源、学术活动、科研平台、国际交流、交叉课程等培养资源,以导师引领为抓手,从多维度激发学生荣誉感和使命感,强化学生创新科研能力。例如,北京大学实施"1+X"导师制,以专业导师和跨学科导师相结合导师团队为核心,通过研讨课、学术讲座、国际交流项目,并依托重大科研项目,为学生提供个性化指导,培养学生学术能力和创新意识,形成全人培养、全面成才的模式。

(三)建立动态评价机制,注重多维度科学考核

试点高校在基础学科学生考核评价上,结合学科特点和发展规律,以培养有志于服务国家重大需求的基础学科拔尖创新人才为目标,建立了阶段化、多维度的人才评价模式。统计发现,有超过50%的试点院校在本科阶段设置3次以上评价,评价内容除学习成绩外,还重点关注学生兴趣志向、学术水平、创新意识、思想品德等多维指标点,强调对学生综合素质的考核。例如,哈尔滨工业大学"强基计划"物理学成立专家组,对学生学习态度、学习能力、学习成绩、学术志向、专业基础、创新潜质、心理素质等七个方面开展年度动态评估,并建立动态分流和选拔机制,未通过动态评估的学生退出"强基计划",同时选拔对基础学科有志向的优秀学生进入"强基计划"。综合考核、科学分流、动态遴选评价机制的构建,强化了人才培养质量保障。

三、徐特立学院"强基计划"的实践与探索

2023年2月21日，习近平总书记在中共中央政治局第三次集体学习时强调，要坚持走基础研究人才自主培养之路，深入实施"强基计划"，发挥高校特别是"双一流"高校基础研究人才培养主力军作用[3]。北京理工大学作为服务国家重大需求的"排头兵"，积极贯彻党的二十大精神，加快"双一流"建设，坚持走基础研究人才自主培养之路。学校于2020年首批入选"强基计划"，先后设立了数学与应用数学、化学、物理学、工程力学、智能无人系统技术五个强基专业，以价值塑造、知识养成、实践能力"三位一体"的培养模式，融合特色理科和优势工科，集中全校优质办学资源，聚焦人才培养特区，深入推进基础学科拔尖创新人才培养。

徐特立学院作为北京理工大学拔尖创新人才培养的特区，在学校资源汇集下，充分发挥学科特色和优势，积极与未来精工班、基础学科拔尖培养计划2.0有效衔接，通过书院制、导师制、本研衔接、科教协同、国际化等人才培养模式，推进教育、科技、人才"三位一体"的学院实践，面向国家重大战略需求，立足基础、前沿与交叉等学科方向，高质量深化拔尖创新人才培养模式的改革，以培养担当民族复兴大任的领军领导人才为目标，突出自身培养理念，探索"强基计划"人才培养新路径。

（一）书院学院协同育人，注重人文素养与价值塑造

"强基计划"学生纳入特立书院实施学院书院协同培养，以"徐特立精神"为文化内核，重点培育学生英才气质和人文素养，立足学生全方面卓越发展，构建以"雏鹰、强翼、丰羽、翱翔"为主体的"鹰翔计划"。一是开展"雏鹰计划"。通过举办"逐梦学苑"新生系列讲座、学育导师见面会等活动，增强新生凝聚力和获得感。二是以德育为主实施"强翼计划"。通过主题班团活动、德育答辩、"汲识·启航"学术讲座等活动强化使命驱动，激发学生学术兴趣。三是以"五育并举"实施"丰羽计划"。通过开展社会实践活动、举办"丰羽学苑"文化沙龙、体育、话剧、配音比赛等强化全人

化培养。四是以学术氛围营造为主实施"翱翔计划",举办年度学术论坛,开展科创学术创新资助,激发学生勇于创新、追求卓越的意志品质。

(二)实施多元导师制,引领科学素养与综合能力培养

深化以学术导师为核心的导师制体系建设。学院为学生配备学术导师和学育导师,通过搭建师生双选平台、整合专业学院导师资源,建成了包括国家级人才、重大项目负责人、教学名师等在内的500余名高层次人才构成的学术导师库。第二学年开始,学院启动"学生—导师"双选工作,学生在导师指导下实施因材施教的个性化培养,并鼓励学生进入导师实验室,开展团队合作式科研项目,并与学科竞赛、"大创"比赛、毕业设计等紧密结合,通过导师引领、学生自主学习、科研平台支撑,共同培养学生"家国情怀与责任担当兼备、科学素养和工程能力互济、创新性和批判性思维并重、追求卓越与团结协作融合"的能力与素质,构建全人化培养,形成育人合力。

(三)完善综合评价与动态选拔机制,优化人才结构

"强基计划"旨在培养一批有志于服务国家重大战略,对基础学科感兴趣、有天赋、能投入的基础学科拔尖人才。科学完善的综合评价与动态进出机制是选拔培养基础学科拔尖创新人才的重要机制保障。徐特立学院协同数学、物理、化学、宇航、机电学院建立了综合评价与选拔机制,重视基础素养、关注学术潜能,按思想品德、课业水平、科技创新与学术潜能、文体素养等五个维度制定评价指标体系。组建专家组进行年度综合评价,根据评价结果对"强基计划"学生实施阶段性动态进出管理,不适合或自愿退出的学生调整至对应专业普通班,并在全校理工科类范围内进行动态选拔,遴选综合能力强、学习兴趣高、发展潜质好的优秀学生进入"强基计划"。目前,已开展2020级和2021级两届"强基计划"学生的综合评价与选拔工作,跟踪学生学业进展情况,动态选拔40名学生,以阶段性、形成性评价关注学生学术能力和综合素质成长,逐步建立在校生跟踪调查机制和人才成长数据库。

四、思考与建议

"强基计划"实施过程中,对治理机构、培养模式、人才选拔等拔尖创新人才培养范式进行了卓有成效的探索,但在进一步提升基础学科拔尖创新人才培养效能方面仍有一些问题需要思考。

(一)加强思想价值引领,厚植爱国主义情怀

"强基计划"立足服务于国家发展基础研究的战略需要,强调学生成长、国家选才、社会公平的有机统一[4]。但是部分学生可能仍以功利性目的参加"强基计划",而非对基础学科感兴趣,这与"强基计划"的培养目标相斥。需在选拔、培养、评价三个环节下真功夫:一是在选拔时将非智力因素和韧情志智等因素纳入考察[5];二是在培养时强调价值塑造和红色浸润,可以将价值观的引导融入第一课堂、第二课堂中,发挥书院学院协调育人优势,通过教师引领、班团活动、讲座调研等形式,引导强基学生在理论和实践中厚植爱国主义情怀,树立崇高远大理想。

(二)建设荣誉课程体系,实施荣誉学位项目

我国基础学科人才课程教育趋同性较强,激励机制不完善[6],无法满足学生个体发展需求,推动学生内驱学习力度不够,增强学生荣誉感作用也不强。需要根据各个学科特点和人才培养规律,探索构建荣誉课程体系,包括挑战性课程、通识课程、科研专项等。鼓励学生根据个人能力和兴趣,通过人文素养和挑战性荣誉课程学习和在导师指导下进行系统学术科研训练,充分挑战自我极限、勇于突破;并探索实施书院荣誉学位项目制度,授予有志于服务国家重大战略需求、基础学科专业基础扎实、综合素质突出、学术创新潜能卓越的学生荣誉学位证书。

(三)注重交叉学科培养,发挥理工融合特色

"强基计划"旨在通过基础学科支撑新型关键领域研究,既培养基础学

科素养，也提升交叉学科认知辨析与创新能力，只有这样才能更好地服务国家战略需求。但目前高校"强基计划"的交叉学科培养力度不足，特色不明显。可通过开设理工科交叉课程与讲座、配备交叉学科导师、组织交叉领域暑期实践活动等，为有志于从事交叉学科基础研究的学生提供个性化发展的成长平台；促进基础学科之间的交叉融合，为有志于探索复杂科学问题的学生提供更广阔的成长空间。

● 参考文献

[1] 中华人民共和国教育部. 教育部关于在部分高校开展基础学科招生改革试点工作的意见 [EB/OL]. (2020-01-04) [2023-04-06]. http://www.moe.gov.cn/srcsite/A15/moe_776/s3258/202001/t20200115_415589.html.

[2] 阎琨, 吴菡. 从自主招生到"强基计划"——基于倡议联盟框架的政策嬗变分析 [J]. 中国高教研究, 2021 (01): 40-47.

[3] 中华人民共和国教育部门户网站. 习近平在中共中央政治局第三次集体学习时强调切实加强基础研究夯实科技自立自强根基 [EB/OL]. (2023-02-22) [2023-04-06]. http://www.moe.gov.cn/jyb_xwfb/s6052/moe_838/202302/t20230222_1046715.html.

[4] 阎琨, 吴菡. "强基计划"实施的动因、优势、挑战及政策优化研究 [J]. 江苏高教, 2021, (03): 59-67.

[5] 张军. 智慧教育视域下的全人化人才培养 [J]. 中国高教研究, 2022, 347 (07): 3-7.

[6] 张晓报. 清华大学本科荣誉学位透视 [J]. 高校教育管理, 2017, 11 (05): 69-74.

Research and Exploration on the Talent Cultivation Mode of Strengthening Basic Disciplines Program Under the Background of China's Double First-class University Strategy

DING Yu ZHU Zhaoyang

(XUTELI School/School of Future and Technology, Beijing Institute of Technology, Beijing 100081, China)

Abstract: The current "China's double first-class university strategy" has entered an accelerated period. Under the current situation of the requirements of the country's major strategic and the lack of reserve talents for basic disciplines, the proposal of the Strengthening Basic Disciplines Program provides unprecedented opportunities and challenges for universities to cultivate top-notch talents in basic disciplines. This study analyzes the implementation strategies of the current Chinese universities' Strengthening Basic Disciplines Program, and expounds the cultivation mode including collaborative education, diversified tutor system, dynamic selection and triage mechanism. At the same time, it puts forward rethoughts and suggestions for the in-depth implementation of the training of top-notch innovative talents in basic disciplines.

Key words: Strengthening Basic Disciplines Program; Training mode; Collaboration between colleges and universities

高校拔尖创新人才培养探索与实践

——以北京理工大学徐特立学院为例

胡波

（北京理工大学　徐特立学院，北京　100081）

摘　要：拔尖创新人才培养是一项艰巨而复杂的工程，不仅关系到人才培养的质量，更与国家及社会的发展密切相关。本文研究国内拔尖创新人才培养现状和优势，以北京理工大学徐特立学院为例，总结在十年探索和实践拔尖创新人才培养过程中"一制三化"模式上采取的举措，分析存在的问题，提出优化策略和措施，为进一步推广和拓展拔尖创新人才培养方式提供参考和探索的思路。

关键词：拔尖创新人才；实验班；徐特立学院

引言

在经济全球化时代，高等教育规模不断扩张，如何培养能引领国家科技突破性发展及未来核心竞争力发展的拔尖创新人才成为各国都面临的议题。"拔尖创新人才培养"是指在科学的教育理论指导下，按照精英人才的培养目标和培养规格，以优质的课程体系、管理制度和评估方式，实施精英人才培养的过程总和[1]。培养拔尖创新人才既是人才强国战略的重大战略任务，也是发展高等教育的重要内容。

相比世界发达国家，我国高等教育在拔尖创新人才培养上的实践探索起步较晚，但这也给予了我们借鉴和飞跃的机遇及可能。我们需要在学习其他国家拔尖创新人才优秀经验的同时，认真研究我国国家现状、人才培养规律,调查研究现行的"拔尖计划"成效,从而进一步完善其政策和措施,为具体实施环节提供参考。我国2009年正式启动基础学科拔尖学生培养试验计划,2019年全面实施"拔尖计划2.0",提出遵循基础学科拔尖创新人才成长规律,建立拔尖人才脱颖而出的新机制,在基础学科拔尖学生培养试验计划前期探索的"一制三化"(导师制、小班化、个性化、国际化)等有效模式基础上,进一步拓展范围、增加数量、提高质量、创新模式,形成拔尖人才培养的中国标准、中国模式和中国方案[2]。

一、拔尖创新人才培养现状和优势

1978年中国科学技术大学开办的"少年班"开启我国拔尖创新人才培养的探索实践,截至目前,相关实践已进行四十多年。从创办中科大少年班到实施教育部"珠峰计划",各试点高校积极开展改革实践,诸多大学建立了实验班、试点班或者特色学院等,逐渐探索出适合我国国情的拔尖创新人才培养模式,在人才培养上发展和呈现出鲜明特色。如清华学堂计算机科学实验班(简称"姚班")专注于"因材施教"特色人才培养模式:针对基础学科教学,姚期智教授专门为"姚班"制定培养方案,编写教学计划,融合世界重点大学计算机教育的先进方法,为学生精心准备专业课程。"姚班"毕业生现在都活跃在各个领域的国际舞台,其中,27%在国内高校继续深造,60%赴美国、新加坡、法国等地读研,13%赴各大著名计算机企业工作。浙江大学竺可桢学院每年从全校新生中选拔优秀学生,单独编班,特殊培养,实施课程内容精、深、通的研究性教学,强化英语、计算机应用能力、数理、人文社科基础的培养,打好扎实的基本理论和基础知识。学院毕业生国内外读研率达90%,其中出国读研率在40%以上,一大批毕业生已在国内外研究领域崭露头角。

要走好人才自主培养之路,高校特别是"双一流"大学要发挥培养基础研究人才主力军作用,全方位谋划基础学科人才培养,建设一批基础学科培养基地,培养高水平复合型人才[3]。北京理工大学是中国共产党创办的第一所理工科大学,八十余年的办学历程,正是传承"延安根、军工魂"红色基因的砥砺奋进历程，见证并记录着党创办和领导中国特色高等教育的生动实践，走出了一条扎根中国大地建设世界一流大学的"红色育人路"[4]。学校2009年在三个学院试点开展培养改革，2013年实施"明精计划"，建立人才培养改革的"先导区"——徐特立学院，也是拔尖创新人才培养基地、大类招生书院制培养试验田。历经10年的探索与实践，徐特立学院秉承"小班化、定制化、国际化、导师制和书院制"培养模式，为优秀人才成长奠定坚实的基础。

徐特立学院已有六届毕业生共计约600人，通过对前几届学生毕业去向跟踪和对学生的调查显示，基于因材施教的小班化培养使学生具有更丰富的学习经历，投入更多时间和精力关注学业、阅读相关专业著作和文献等，参与科学实践训练的积极性和意识也更高。"明精计划"在政策上提供更多的国际化培养、交流互换、学术研讨机会，提高学生国际参与意识与国际竞争能力，拓展国际化视野。促成相对突出培养成果的原因也有多方面：第一，生源优势，学生学习能力相对更强，二次选拔让学生更加努力；第二，教学专注于"以人为本，因材施教"，投入更多优质资源和经费，通过师生共同参与互动，引导学生主动学习、思考和实践，让学生真正"学会学习"；第三，个性化培养和导师制引领更能挖掘学生的科研兴趣和潜力。

二、徐特立学院拔尖创新人才培养举措

在借鉴其他高校拔尖创新人才培养经验的同时，徐特立学院结合学校优势，研究人才培养规律，制定其政策和措施。学院坚持"导师制、严要求、小班化、定制化、国际化"，围绕培养"胸怀壮志、明德精工、创新包容、时代担当"的领军领导人才理念，采用"3+X年"动态学制的本博贯通培养模式，突出理工融合，实施教学改革，采用书院制管理，形成办学特色文化体系[5]。

（一）小班化课程教学

徐特立学院从本硕博贯通培养的角度出发，形成强化数理及科学基础培

养、注重大类学科基础培养、导师指导下的个性化专业培养和注重研究能力培养的培养方案。学院采用大类培养，第一学年不分专业，第二学年学生根据自己的兴趣和特长自主选择大类或专业。在课程设置上，结合拔尖创新人才培养目标和特点，建设数理基础课，学科骨干课、贯通课和高端交叉课组成的课程体系，通识教育类开设"学术写作"、"精工技术导论"、跨学科"专业导论"等课程；在教学内容上，着重培养学生的基本能力和素质，包括书面表达能力、口头交流能力和批判性思维，同时也注意训练学生的学术写作能力，为专业学习打下坚实的基础。在教学方法上，除讲授内容之外，注重教学方法的多样化，注重"小组别"研讨，通过专题研讨会、体验式学习，为学生提供独立进行科学研究的机会。在师资力量上，依托全校师资力量，聘请校内最优秀的教师，或校外名师甚至知名教授或国家级教学名师授课。在教学管理上，设置分级分类教学和个性化选课，根据学生能力提供不同层次课程，建立更为开放、灵活的教学教务管理机制，完善厚基础、宽口径的人才培养模式。

（二）全方位导师

人才培养过程中必须坚持以学生为中心的教育理念。拔尖创新型人才培养则根据学生不同的学习需求、利益诉求、兴趣爱好及文化背景，在注重全面发展的基础上，强调个性的自由发展，积极探索富有创造性、创新性和个性化的人才培养模式，在这其中导师有着重要作用。徐特立学院加强要素融合、协同培养，建立书院、学院协同育人机制，为学生配置全方位导师，包括生活导师、学育导师和学术导师。导师制在师生之间建立了一种"导学"关系，更好地贯彻全员育人、全过程育人、全方位育人的现代教育理念，适应素质教育的要求和人才培养目标的转变。

徐特立学院汇聚学术造诣深厚、德才兼备的教授专家组成学术导师队伍，将导师制贯穿于每位学生成长成才全过程。第一学年，通过开展"专业导论"系列课程、学科专业体验月、"汲识·启航"系列讲座等形式多样的活动帮助学生了解学科内涵，明确专业方向，激发科研兴趣。第二学年，确认导师后,基于学生兴趣和潜质开展个性化培养,学术导师结合学生所学专业培养目标,帮助其端正学习态度、激发学习热情,形成有效的学习方法和合理的知识结构。第三、四学年,进入导师科研团队接受熏陶,聚焦科研方向。在学术导师的指导下,通过学术研究、学科竞赛、项目制实践活动等,拓宽科学视野,全面提高学术及科研能力,为本硕博贯通培养筑牢基础。

(三)科研实践训练

拔尖创新人才培养要强调实践创新、知行合一,促进课程与实践相融、科教与赛创互通、创新品格与能力相长,强化创新精神与素养互促,实现从"重实践训练"到"强创新驱动",让"国家最大"的使命引领北理工学子"成大才、担大任"[6]。

徐特立学院依托国家级科研平台及未来产业科技园,推进产学研等各类人才培养要素深度融合,大力营造具有国际水准、国内一流的基础学科人才培养生态,为学生提供丰富的科研项目和科研训练机会。学院还向学生开放学校国家重点实验室、国家实验教学示范中心等学术资源。鼓励学生开展前瞻性研究,遴选并资助以本科生团队为核心、具有独立创新精神的高水平创新课题。每年开设学术讲座超过100场,通过沙龙、讲座、学术会议等高水平学术活动搭建沙龙文化体系,让学生成为"学术主人",开展"自主拓展,高低互助,教学互动"的学术活动。此外,徐特立学院充分激励学生参与数学建模、物理建模等国际竞赛,大力支持学生参与科研机构、知名企业一线科研实践或参加国际学术会议,跟随学者从事前沿研究或开展海外毕业设计。

(四)国际化培养

国际化培养是拔尖人才培养努力的方向之一。国际学术交流、联合培养、海外深造为学生高层次求学深造、提升科学文化素养、开阔海外视野提供了更多的机会和平台。荣誉学院特有的经费支持和平台为此提供了强有力的后盾。

徐特立学院积极搭建海外交流平台，为学生参与国际竞争打好基础。聘请国际知名大学教授开设国际课程，通过访学、暑期学校、科研项目等方式，将学生送到国外大学学习和交流。徐特立学院学生先后前往加州大学伯克利分校，英国牛津大学、剑桥大学等进行交流学习或科研实习，近距离地深入了解他国文化和学术前沿，切身感受国际学校的教学方式，领略不同的校园文化和学习氛围，激发思维，拓宽视野，丰富学识。疫情期间还探索在地国际化建设模式，引进国外高校教学资源，搭建国际教学交流平台。学院在相关的制度上给予专项支持，设立汇贤奖学金制度，激励学生参与学习计划。

三、拔尖创新人才培养优化方式

徐特立学院培养改革成效有目共睹，受多重因素制约，也面临不少困难，为深入进行拔尖创新人才培养改革，仍需持续完善和优化。

（一）思政教育融入拔尖创新人才培养

2021年，习近平总书记曾说"'大思政课'我们要善用之"。"大思政课"指传统意义上的思政课进一步开阔课程视野、创新课堂形式，形成的对传统思政课的升级改造，它提供了一种全新的思政课堂新形态，倡导思政课走出教室、走向国情社情一线，在关照现实中阐释真理的力量[7]。

坚持把立德树人作为中心环节，把思想政治工作贯穿教育教学全过程，大力推动课程思政，充分发挥每门课程的育人功能。通过开展体验式、参与式、浸润式思政课教学，帮助学生树立社会责任感，在探索理论问题与研究实践训练中，鼓励学生追求远大理想，培养学生家国情怀和担当意识。通过课内和课外多种途径，提高学生的思想政治、专业业务、文化教育和心理身体多方面素质，使学生成为全面发展的人。

（二）建设荣誉课程体系，优化过程评价

课程学习直接影响学生的参与感、体验感和获得感。将课程教学和学习

评价进行优化设计能够有效提升荣誉教育的吸引力，从而激发学生学习积极性。建设强调交叉融合创新和国际领导力导向的荣誉课程体系，破除课程组合拼盘，让课程类别更加精细，明确不同类型课程的要求，增加课程类型和数量，为学生提供充分的选课自主权，满足个性化发展需求。构建荣誉课程质量标准，实行课程准入和退出机制，全面保障课程质量，打造高质量精品荣誉课程体系。

优化过程性、形成性学习评价。综合教师反馈成效与学生自评体验，弱化以期末考试为主的考核方式，综合采用多种方式，由结果评价为主逐步转变为过程和结果评价相结合。同时，建立以目标能力达成度为评价标准的多维评价机制，考查学生专业认识、学科素养、综合能力和发展潜力等多项内容。并根据学科特点和未来发展方向，科学设置分层分类的评价体系，实现学习评价的科学性、导向性、激励性功能，提高学生学业发展的自由度。

（三）改进服务和管理，打造结构化师资团队

坚实师资队伍，为学生获得更优质的学习经历和体验提供有力支持。国际一流、交叉学科融合、产学研结合以及领航学生成长的师资团队，共同助力推动学生在学业发展与个人成长中获得优质的知识学习、能力培养和价值塑造。

改进教师服务与管理。优化各类拔尖创新人才培养教学模式教师的聘任、服务与支持，遴选具备高水平专业能力，且热爱和擅长教学的教师；鼓励教师充分参与学生的学业与科研指导，同时为教师提供全方位支持，包括身份认可、教学嘉奖和晋升激励，保证教师教学与科研二者平衡。加强学术大师深入一线，建立高标准产学研结合师资队伍。力邀行业顶尖专家领衔设计培养方案，高水平学者深入参与一线教学，做好高端学者与一线教师的传帮带工作。通过人才计划等，以专职或兼聘等多种方式，提高校外科研机构、学术组织以及企业等外部专家学者所占师资的比重，加强校外专家对学生的紧密指导，为学生营造一个天然的学科交叉、科教融合、产教融合的培养环境。此外，为管理团队提供长期的系统化培训，提高行政老师、辅导员

管理学生事务、服务学生发展的业务能力与专业化水平。

（四）改进规章制度，构建保障支持体系

保障支持体系是提升拔尖创新人才培养的必要条件。改进规章制度，优化管理流程，加大多渠道的资源投入，构建开放共享的资源支持，为教育教学活动的顺利开展提供坚实保障，也为学生差异性成长和自由探索提供全方位支持。

完善教学管理模式、导师制、国际化等相关制度，提高管理规范性，提供制度保障。充分考虑拔尖创新人才培养的特殊性，根据学科和专业以及年级的不同，设置分类管理模式，打造专属化的管理模式。集结多渠道的资源投入，建立开放共享的保障支持体系。打造多方开放性资源合作体系，与校外科研机构、外部企业共享科研资源，开放实验室、仪器设备、场地设施，推进联合研究和知识共享。在资金支持、研究项目方面召集公众力量，依靠协同联动的外部合作网络，汇集全社会资源，合力开展深入研究和技术攻关，形成国家、高校、企业、社会等多方互补的资源投入体系。

● 参考文献

[1] 白春章，陈其荣，张慧洁. 拔尖创新人才成长规律与培养模式研究述评[J]. 教育研究，2012，33（12）：147-151.

[2] 教育部等六部门关于实施基础学科拔尖学生培养计划2.0的意见[EB/OL]（2018-10-08）[2023-03-31]. http://www.moe.gov.cn/srcsite/A08/s7056/201810/t20181017_351895.html.

[3] 张军. 高校如何写好科技自立自强的人才答卷[N/OL]. 光明日报，2022-03-20[2023-03-31]. https://epaper.gmw.cn/gmrb/html/2022-03/20/nw.D110000gmrb_20220320_2-07.htm.

[4] 赵长禄. 坚定走好中国特色高等教育"红色育人路"[N/OL]. 学习时报，2021-08-23[2023-03-31]. https://paper.cntheory.com/html/2021-08/23/nw.D110000xxsb_20210823_2-A1.htm.

[5] 徐特立学院网站 [OL]. https://xuteli.bit.edu.cn/xtlxy/xygkx/index.htm.

[6] 张军. 智慧教育视域下的全人化人才培养 [J]. 中国高教研究, 2022, 347 (07): 3-7.

[7] 赵长禄. 论如何善用"大思政课" [N/OL]. 中国青年报, 2022-03-22 [2023-03-31]. http://zqb.cyol.com/html/2022-03/22/nw.D110000zgqnb_20220322_1-09.htm.

Exploration and Practice of the Cultivation Mode of Top-notch Innovative Talents in Higher Education Institutions: A Case Study of XUTELI School of Beijing Institute of Technology

HU Bo

(XUTELI School, Beijing Institute of Technology, Beijing 100081, China)

Abstract: The cultivation of top-notch innovative talents is one kind of challenging and demanding task. It will determine the outcome and play an significant role in the development of the whole nation and society. This paper study the cases from other institutions and discuss the contributing factors. Then takes XUTELI School of Beijing Institute of Technology as an example to summarize the actions taken in ten years' experiences, such as small-class cultivation, personalized tutoring, academic focused research and international communication. To popularize it, suggestions on constant optimization are put forward.

Key words: Top-notch innovative talents; Experimental class; XUTELI School

信息类拔尖创新人才贯通培养模式探索与实践

陶然[1]，辛怡[2]，吕蒙[1]，丁泽刚[1]，刘泉华[1]

（1. 北京理工大学　信息与电子学院，北京　100081；2. 北京理工大学　生命学院，北京　100081）

摘　要：大国科技博弈的核心之一是信息技术，开展信息类拔尖创新人才培养已成为我国解决信息领域"卡脖子"问题的重要途径之一。面向国家重大需求，研究信息类宽口径拔尖创新人才贯通培养模式，打造多元优质育人资源体系，链接"学—训—战"全链条培养通道，实行"导向型，全过程"贯穿评价机制，对培养成效和存在问题实现动态跟踪，有效保障信息类拔尖人才培养质量。培养资源、成长路径和评价机制的全方位贯通能够有效地处理好"专"与"博"的关系，为学生建构"底宽顶尖"的金字塔型知识结构，优化本博贯通培养路径。突破创新模式，有意识地发现、培养更多具有战略科学家潜质的新生代力量，促使拔尖创新人才培养体制更加完善，助力领跑全球的信息类拔尖创新人才培养的中国模式快速形成。

关键词：信息类；拔尖创新人才培养；本博贯通

引言

当今世界正经历百年未有之大变局，新一轮科技革命和产业变革深入发展，信息技术成为新创新高地，深刻影响着全球经济、利益、安全等格局。拔尖创新人才培养是党和国家在新时代对高等教育提出的战略性任务，也是建设高等教育强国的战略选择，关系到国家核心竞争力的提升。在新时代背景下，信息类拔尖创新人才是逐步实现民族振兴、赢得国际信息领域竞争主动的决定性战略资源之一。我国对拔尖创新人才培养进行了长期探索，最早始于20世纪70年代末80年代初中国科学技术大学的少年班。自2009年我国"拔尖计划1.0"（"珠峰计划"）实施以来，"拔尖计划"已经成为创新试验田、后备人才库和改革领跑者[1]。随后，从"基础学科拔尖学生培养计划2.0"到"强基计划"，相关政策支持体系不断完善[2]。2021年9月27日中央召开人才工作会议，习近平总书记进一步强调，深入实施新时代人才强国战略，加快建设世界重要人才中心和创新高地，拔尖创新人才的培养又将跨入新的历史阶段。

教育信息化的推进对信息化创新人才需求愈来愈强烈，信息技术学科拔尖人才培养是教育信息化创新人才产出的有效途径[3]。国内教育学者关于拔尖人才培养展开广泛研究，从选拔方式[4]、挑战及政策优化[5]和实施效果评价[6]等方面进行了深入探讨。本文在揭示拔尖创新人才培养依据、分析前期拔尖创新人才培养实践的基础上，继续执行贯通融合式培养理念，结合国家对人才培养的新要求，继续挖掘人才培养中的矛盾和缺陷，并提出了信息类宽口径拔尖创新人才贯通培养模式，从多元优质育人资源体系构建，"学—训—战"全链条培养通道打造和"导向型，全过程"贯穿评价建立，为新时代我国信息类拔尖创新人才培养体系改革与创新提供实践经验。

一、新时代信息类拔尖人才贯通培养存在的主要问题

信息科学在新工科人才知识结构中占据重要地位，而本科生是高素质专门人才培养的最大群体。导师团队长期围绕以本科为核心的教学培养理念，率先提出"信号与信息处理+X"型高水平人才培养模式，强化信息基础与各学科交叉，"X"现已覆盖数、理、军、智、医等领域，培养了一批具有"全球视野、系统思维、协同创新、知识衍生"能力、能适应领域快速发展和知识革新挑战的拔尖创新人才。基于以上经验，团队继续执行贯通融合式培养理念，结合国家对人才培养的新要求，继续挖掘人才培养中的矛盾和缺陷，发现目前的人才培养模式还不能完全适应新时代社会发展的多样化需求，并且不能完美匹配学生未来发展规划，其不足之处主要体现在以下几个方面。

1. 本博贯通培养教学方式和培育资源多元性不足

本科教学多以老师为主，以强化理论基础为主要目的进行；研究生教学多以学生为主，以提高自主创新能力为主要目的进行。因培养目的不同，导致教学方式贯通性不足且两阶段资源配置差异较大，最终导致本科生成长过程中会有断点产生，无法快速适应研究生阶段的学习。由于本科知识体系与未来研究内容匹配不够，致使在研究生阶段学生需要花费大量时间了解和学习相关背景与知识，从而引起上手慢、上手难的问题。此外，导师团队资源在红色资源、重大项目、高端平台、实践基地、国际合作、导师团队资源等方面所发挥的教育功能松散且缺乏系统性，资源多维异质化不足且缺乏全方位高效融合。

2. 基础理论教学和实践培养模式链条贯通性不足

在本科生教育阶段，通常着重强调理论知识的学习，对其实践能力的培养重视度不足。理论课堂中的教学多以教授理论基础知识为主，缺少对理论知识应用的前置引导；实验课堂中的教学多以实现简单模板化的实验结果为主，缺少对创新能力的培养。此外，学生参与创新实践的机会少，拘泥于理论知识，不利于整体知识结构的构建，无法充分激发创新潜能。拔尖创新人才培养全链条应贯通"课堂学习—工程训练—实战成长"，现有培养模式链条完整性不足，各阶段衔接不够高效，育人效率低，未实现个性化的知识按需接入，无法满足信息类拔尖创新人才培养的需求。

3. 贯通培养模式下对学生的评价体系不够完善

目前，教师多以上课讲授基础知识为主要教学方式，学生多以通过期末考试为学习的主要目的，这导致学生的兴趣和创造力无法得到良好培养，缺乏清晰的成长目标和自驱动力，甚至学习和研究的积极性被磨灭。此外，学生接收知识的途径受时间、空间、方式的限制，导致学生和老师之间交流匮乏，并且阻碍不同学院和专业之间的沟通，不利于学术观点的碰撞和知识的贯通融合。在当前破"五唯"背景下，对本科生学习效果的评价改革不够深入，对学生学习效果的监测评价维度不够，欠缺科学的观测方式及快速动态调整机制，无法有效反映和推动学生培养中的改革创新。

二、信息类宽口径拔尖创新人才贯通培养模式

徐特立英才班坚持"导师制、严要求、小班化、定制化、国际化"拔尖创新人才培养新机制,采用"3+X年"动态学制的本博贯通培养模式。在此基础上,面向信息大类专业拔尖创新人才培养,持续深化综合改革,提升拔尖创新人才培养水平一直是工作的重点。对于本科拔尖创新人才培养,其通识教育也很重要,因此拔尖人才是培养专业限定人才还是宽口径拔尖人才值得探索。如图1所示,本研究对信息类宽口径拔尖创新人才贯通培养模式展开探索研究,打造多元优质育人资源体系,链接"学—训—战"全链条培养通道,实行"导向型,全过程"贯穿评价机制,以有效保障信息类拔尖人才培养质量。

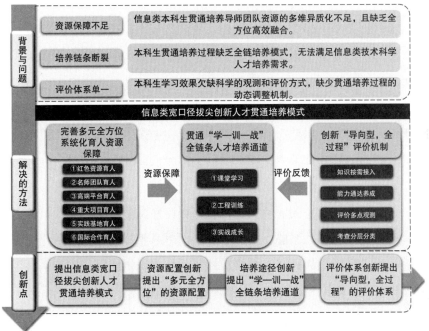

图1 信息类宽口径拔尖创新人才贯通培养困境、优化与实践

(一)多元优质育人资源体系

面向解决本博贯通培养教学方式和培育资源多元性不足问题,优化知识

获取结构，积极构建多元优质育人资源体系，保障信息类宽口径拔尖创新人才贯通培养的资源合理配置。第一，教师将参与国防科研建设的经验和使命感融入对学生的培育和引导，以"军工魂"贯穿立德树人的每个环节，将"四史"（党史、新中国史、改革开放史、社会主义发展史）、校史、信息学科专业史融入课程思政和学术研讨，精准思政，厚植家国情怀和"四个自信"，培养学生扎根行业、科技强国的时代担当和使命信念。第二，汇聚以院士、杰出人才为核心的高层次导师队伍，以黄大年式教师团队为引领，以榜样力量和优质师资引导学生稳步进入研究领域。打造精品教材、一流课程，通过名师导学、团队合育，实现因材施教、分类卓越。遵循以一流团队培养一流学生的指导思想，以名师和精英教师为主力，在课程教学内容改革方面以技术发展为导向更新教学内容。第三，依托省部级重点实验室、实验教学示范中心、高等学校学科创新引智基地等高端平台，为学生开展高起点的创新提供高精尖的研究保障。利用丰富的学术合作伙伴和学缘关系，为本科生开展多种丰富的学术活动，开阔学生视野。第四，聚焦高校育人与国家战略需求，以国家及基金委创新研究群体和重大仪器、"973"/"173"和国家重大重点项目为牵引创设教学情境，将重要研究成果进课堂、进导学，激励学生关注前沿、勇担使命，揭示机理，突破瓶颈，推动交叉。将参与科研项目前置于本科培养过程中，明晰当前技术发展所面临的困难，在导师的指导下学习自主地解决问题和突破瓶颈的有效途径，极大地锻炼提炼问题、挖掘思路、泛化研究方法的能力，提升科研视野和站位，消除本博培养断点。第五，利用国际合作关系建立交流平台，向本科生提供开拓国际化视野的学习机会，引入国际化的师资、教材、课程、研究和讲座等，支持本科生开展国际交流与合作，扩大了学生的学术视野和技术眼界。

（二）"学—训—战"全链条人才培养通道

面向信息类拔尖创新人才培养需求，利用多元资源作为保障，打造"学—训—战"全链条培养通道。遵从"以资保学、以学促训、以训迎战"的"目标导向式"正向本博贯通培养方式，建立"以战定训、以训导学、以学优资"的"需求反馈式"逆向教育资源配置机制，在以学生为本的基础上利用多元资源贯通培养路径，打破阶段壁垒。

在课堂学习中，学生根据感兴趣研究方向进行有针对性的理论知识学习。导师团队通过教学名师授课、思政融入课堂、科研成果进课堂、国际学术交流等方式在课堂上帮助学生夯实理论基础，拓宽学术视野，为后续科研工作的开展打下坚实的基础。

在工程训练中，学生根据课堂学习的内容并结合未来规划进行自主实践。团队利用高端人才指导、红色科研牵引、项目引领、重点实验室支持、外派研究院学习、国际联合培养等方式融会贯通资源体系，为学生提供高精尖的系统与技术支撑，培养其卓越的工程实践能力，为后续工程实战做好充分的准备。

在实战成长中，学生充分利用在课堂学习和工程训练中获得的理论和实践能力进行有组织的科研。团队利用国家级、省部级创新团队带领学生进行协同攻坚，利用红色资源培育学生"不忘初心，牢记使命"的时代担当和使命信念，利用面向国家重大战略需求的项目引导学生攻克"卡脖子"难题，利用实践创新基地为学生提供实战扎根地，从而帮助学生持续在祖国的信息事业中发光发热。

（三）"导向型，全过程"育人评价机制

构建"导向型，全过程"评价体系，使用贯穿式评价方式，持续跟踪调整本科生培养的"课堂学习—工程训练—实战成长"各阶段。在本博贯通培养过程中，利用全方位评价方式，深入评估培养阶段性进程。将导师评价、同学评价和自我评价等评价方式与经验教师分析、人工智能分析、综合评价报告分析等分析方式结合，对学生的课堂表现、学科成绩、日常表现、工程能力、科研能力、其他表现等各个方面进行全方位深入细致的评价。根据各方面的评价报告，结合达成度评分，分析学生优势和短板，并剖析造成短板的原因。依据学生情况对教育资源配置进行个性化动态调整分配，实现优势保持，短板补齐。

一方面，导师团队将以信息类宽口径拔尖创新人才贯通培养目标作为引导，突破学科界限，融通多元资源，借助"大团队、大项目、大平台"前置保障学生本博贯通培养全链条的连续性和完整性，并充分激发学生自主性，对其理论和实践能力进行全方位培养与强化；同时利用达成度对学生培养的各阶段进行全方位评价，揭示育人短板，并据此按需对资源进行动态优化，从而为培养学生具备拔尖创新能力保驾护航。另一方面，学生在"课堂学习—工程训练—实战成长"各阶段可根据自己研究兴趣和未来规划借助团队提供的多元资源进行有选择的自主学习与实践，并根据团队提供的评价报告和达成度评分对自己的学习方式进行调整优化，从而推动建立知识"按需接入"、能力"通达养成"的自主交互式学习模式。

三、培养成效

导师团队指导本科生参加跨学科多领域国际和国家级竞赛并获丰硕成果。获电子类学科竞赛奖208项（国家级奖53项）、数学建模竞赛奖45项（国际/国家级16项）、物理学科竞赛奖44项（国家级7项），其中斩获美国大学生数学建模竞赛特等奖，中国高校计算机大赛—人工智能创意赛一等奖，国家人口与健康科学数据共享平台"共享杯"大学生科技资源共享服务创新大赛一等奖等。

培养了一批以学术为志向的生力军。指导本科生在本科期间发表论文12篇，其中2016级本科生吴正良获得国际会议ICMIP最佳论文1篇。团队培养的2014级本硕连读学生魏恺轩，获2020年人工智能国际顶级会议ICML最佳论文奖，被评为2021年全球AI华人新星。指导本科生开展"大创"50余项（国家级1项、北京市级2项），其中在第七届中国国际"互联网+"大学生创新创业大赛北京赛区获二等奖，获评北京地区优秀创业团队。培养学生获北京市普通高校优秀本科毕业设计论文奖、"北京市优秀毕业生"称号、2020年百度奖学金（奖金20万元，全球共10名）、徐特立奖学金（北京理工大学最高荣誉奖学金）等。

四、结论

本研究致力于解决本科生贯通培养中"资源不聚合、链路不通达、评价不多元"的问题,历经改革探索实践,打造了多元优质育人资源体系,链接了"学—训—战"全链条培养通道,实施了"导向型,全过程"贯穿评价机制,形成了融合通达、螺旋上升的本科生卓越成长生态,创造了信息类宽口径拔尖创新人才贯通培养的"北理模式"。

● 参考文献

[1] 新版拔尖计划实现了哪些"升级"[N].光明日报,2021-02-06.

[2] 中华人民共和国教育部.教育部等六部门发布《关于实施基础学科拔尖学生培养计划2.0的意见》[EB/OL].2018-10-08[2018-10-17].http://www.moe.gov.cn/srcsite/A08/s7056/201810/t20181017_351895.html.

[3] 徐显龙,许洁,党渤斐.信息技术学科拔尖人才选拔与培养的现状、问题与建议[J].中国电化教育,2022,(05):107-114.

[4] 唐家玮,李晗龙.我国拔尖创新人才选拔方式研究——基于"珠峰计划"与"自主招生"的并轨构想[J].国家教育行政学院学报,2011,(9):8-12.

[5] 阎琨,吴菡."强基计划"实施的动因、优势、挑战及政策优化研究[J].江苏高教,2021,(3):59-67.

[6] 李硕豪,李文平.我国"基础学科拔尖学生培养试验计划"实施效果评价——基于对该计划首届500名毕业生去向的分析[J].高等教育研究,2014,35(7):51-61.

Exploration and Practice of the Through Training Mode for Top-notch Innovative Information Talents

TAO Ran [1], XIN Yi [2], LV Meng [1], DING Zegang [1], LIU Quanhua [1]

(1. School of Information and Electronics, Beijing Institute of Technology, Beijing 100081, China;

2. School of Life Science, Beijing Institute of Technology, Beijing 100081, China)

Abstract: One of the cores of the science and technology game of great power is information technology. Developing the training of top-notch innovative talents in information has become one of the important ways to solve the "neck" problem in the information field in China. Facing the major needs of the country, we will study the "wide caliber" top-notch innovative talents' through training mode, create a diversified high-quality education resource system, link the "learning-training-practice" full chain training channel, implement the "guided, whole process" throughout the evaluation mechanism, dynamically track the training results and existing problems, and effectively ensure the quality of "information" top-notch talents training. The comprehensive integration of training resources, growth path and evaluation mechanism can effectively handle the relationship between "specialty" and "erudition", build a pyramid shaped knowledge structure of "bottom wide and top" for students, and optimize the training path of this erudition. Break through the innovation model, consciously discover and cultivate more new generation forces with the potential of strategic scientists, promote the optimization of the training system of top-notch innovative talents, and help the Chinese model of "leading" the world in the training of top information innovative talents to form rapidly.

Key words: Information specialty; Cultivation of top-notch innovative talents; Undergraduate doctor through training

基于智能机器人的拔尖创新人才培养模式探索

李长胜,张伟民,李辉,田野,陈学超,段星光

(北京理工大学 机电学院,北京 100081)

摘　要:培养高素质的拔尖创新人才是高水平大学的历史使命,也是建设科技强国的迫切要求。本文介绍了国内外拔尖创新人才培养模式的现状,结合拔尖创新人才培养内涵与目标,提出了以智能机器人作为载体的拔尖创新人才培养方案,构建"一个培养目标""三种核心能力""六种创新手段"的拔尖创新人才实践能力培养模式,并以"学生收获"作为对培养效果的评价手段,依托课程平台开展了拔尖创新人才培养实践,为拔尖创新人才的培养模式改革提供参考。

关键词:拔尖创新人才;人才培养;教学改革;智能机器人

引言

拔尖创新人才是在品德、知识、创新能力等方面表现突出,并被社会承认的具有强烈创新意识和国际竞争意识的精英人才[1]。探索建立拔尖创新人才培养的有效机制,促进拔尖创新人才脱颖而出,是建设创新型国家、实现中华民族伟大复兴的历史要求,也是当前对教育改革的迫切要求[2]。习近平总书记指出,要培养造就一大批具有国际水平的战略科技人才、科技领军人才、青年科技人才和高水平创新团队[3]。为培养拔尖创新人才,近年来在国家层面组织实施了一系列计划,如大学生创新性实验计划,促进高校探索并建立以问题为核心的教学模式,倡导以学生为主体的本科人才培养和研究型教学人才改革,调动学生学习的积极性、创造性和主动性,激发学生的创新思维和创新意识[4]。各高校结合本校的实际情况,也采取了自主招生、二次选拔等方

式，建立了创新拔尖学生培养机制[5]。能否培养出拔尖创新人才，已经是衡量一所大学办学水平的重要标志[6]。

欧美发达国家的教育紧密结合国家经济和社会发展需要，制定多样性人才考核标准，实行多学科交叉培养。我国现阶段创新人才培养状况仍然难以满足新工科背景下国家和社会建设发展的需要，主要存在培养体系缺乏前沿性和交叉性、学生创新意识薄弱、科技创新平台不完善和创新培养机制不健全等问题，特别是缺乏与学生素质、特点、能力、取向相结合的面向拔尖创新人才实践能力的个性化培养方案和培养环境设计。加快拔尖创新人才的培养模式改革成为亟待解决的现实课题[7]。

智能机器人作为多学科交叉、理论与实践相结合的典型代表，是培养拔尖创新人才实践能力的重要载体。以智能制造为代表的新一轮科技和产业革命正在迅速发展，为我国新经济、新产业、新业态发展结构调整与转型升级提供必要条件。机器人作为智能制造的核心已成为全球高度关注的热点，其研发、制造、应用是衡量一个国家科技创新和高端制造业水平的重要标志。智能机器人技术是涉及机械工程、自动化、电子信息工程等多方向的综合性交叉学科，具有理论与实践密切结合的特点，对于培养学生坚实宽广的基础理论与系统深入的学科知识，拓宽学生国际视野，培养学生动手实践能力，促进学生综合创新能力的提升，具有重要的支撑作用，是一种典型的载体。

一、拔尖创新人才培养内涵与目标

拔尖创新人才培养的核心内涵是创建以人为本、个性发展、开放融合的高水平培养体系[8]。高校肩负着两种责任：一是发现拔尖创新人才；二是为拔尖创新人才提供优越条件。考虑以上两方面因素，我们提出以面向拔尖人才创新实践能力为目标，以学科建设为牵引，构建与核心能力建设相匹配的实践教学培养模式。机械电子工程学科人才培养过程中，前期已通过侧重机器人方向综合实践能力培养的课程，进行了有益的尝试。面向拔尖创新人才的实践能力培养，需要认真梳理拔尖人才实践创新能力的构成是什么，具体体现为哪些核心能力，要建立起这些核心能力需要通过什么创新手段、创新环节和创新的方法，打破常规，探索以学生的兴趣、特点、基础等个性化特征，有针对性地建立个性化实践培养模块，形成支撑起核心能力建立的培养模式。

二、拔尖创新人才培养方案

本文以智能机器人为切入点，面向拔尖创新人才，把握实践创新能力的内涵，提出以核心能力建设为目标的拔尖人才培养模式，建立创新创业能力、组织协调能力、表达展示能力为核心能力的培养模式，并且分析各种能力的实践创新能力培养内涵，以不同的培养环节和手段有针对性地建立起各模块的主要培养手段，支撑核心能力建设，构建"一个培养目标"（拔尖人才实践创新能力培养）、"三种核心能力"（创新创业能力、组织协调能力、表达展示能力）、"六种创新手段"（大师面对面、自主择题、分组实施、良性竞争、过程汇报、结题总结）的拔尖创新人才实践能力培养模式，并以"学生收获"（创新的课题成果、"大创"竞赛获奖、发表论文专利）作为对培养效果的评价手段，如图1所示。

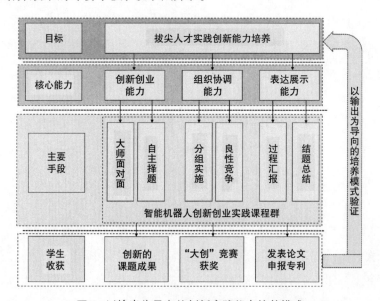

图1 以输出为导向的创新实践能力培养模式

（一）创新创业能力培养

开展创新创业指导培训系列活动，通过与机器人领域院士、领域专家、知名学者和企业精英等大师的面对面交流，使学生准确把握前沿热点方向、开阔视野、提高科研洞察力，激发学生创新创业的兴趣；结合现有的创新类实践课程，为学生提供自主选择科研课题平台；提供智能机器人制作、实验、仿真、调试、测试等全流程科研训练。

（二）组织协调能力培养

通过建立科研创新平台，为学生提供交流合作的机会，让学生亲自体会和感受，是锻炼学生组织协作能力的有效途径。在学生开展科研课题的训练过程中，可以实行分组合作的方式，并采用组长负责制。组长负责总体规划任务，组员负责具体研发任务。组长负责与组员之间的任务划分、组织管理和沟通协调，使学生在项目研发过程中锻炼团队协作能力。

（三）表达展示能力培养

优秀的表达展示能力有助于综合能力的培养与提高，是一个全面型人才必备的重要技能。能够自然顺利地展示自己的科研成果，对于拔尖创新人才尤为重要。学校传统的教育模式缺乏对学生表达展示能力的训练，也缺乏客观要求和测评，亟须借助科研训练中的立项申请、研究方案讨论、研究过程汇报、学术论文撰写、学术成果总结等方式，将复杂、大量、差异化的信息整合为具有清晰逻辑、参考价值的知识展示训练。

三、拔尖创新人才培养实践

依托"创新创业实践—机电系统综合实践"课程平台，通过"项目教学法"的方式开展拔尖创新人才培养实践。综合前期取得效果与评价方法，建立以"学生收获"为导向的评价验证方法，形成对学生的综合创新能力、拔尖创新人才的定性和定量评价。

该课程是面向本科生的专业课程，共计64学时，2个学分。课程内容为指导学生设计一套智能机器人系统，包括智能机器人系统的总体方案、机构设计、运动仿真、器件选型、软件编程、设计与制造、综合联调与测试，以及最后的总结答辩。参与课程的学生被分为8~10个小组，每个小组6~10人，由1名组长和多名组员组成。最终成绩满分为100分，其中，PPT制作、讲演、个人工作成绩占10分，平时讨论、协作精神及课堂纪律占40分，论文（包括撰写格式，工作内容、分析、总结）占50分。

课程的目的在于使学生掌握智能机器人系统设计、加工与调试的整个过程，调动学生的主观能动性，激发学生创新思维，使学生掌握机电装置设计与研发过程中的基本工具、基本测试装置的原理与使用方法，培养学生创新设计能力，理解机电系统中机构制作与调试，电气系统制作与调试，基础软件编写，系统集成、测试及优化方法与创新。

通过课程中智能机器人系统的全流程设计，学生将以往离散化、碎片化的理论知识有机结合，并应用于实践，提高了对机械电子工程学科整体性认识，提高了学习兴趣。在对智能机器人系统总体方案设计、机构设计的过程中，锻炼了学生的知识运用能力；通过机器人的设计与制造、综合联调与测试，提高了学生分析解决问题能力、资料查询能力；课程以小组的形式开展，组长和组员共同完成项目，期间组织的多次答辩，提高学生的领导能力、团队合作能力和创新实践能力的同时，有助于锻炼学生的写作和演讲能力。在课程实施阶段，邀请科创经验丰富的教师及学长讲解辅导，拓宽了学生的视野。课程的最终成绩分配方式为学生在实践创新方面的全方位发展提供了约束与保障。

该课程将实践和研究融入教学环节，以项目为平台，学生为主要参与者，充分发挥了教师的引导作用，对拔尖创新人才能力的培养起到了积极的促进作用。

四、结论

本文提出以培养面向创新人才实践能力为总目标，建立创新创业能力、组织协调能力和表达展示能力为核心能力，以个性化创新培养环节为手段的实践创新能力培养模式，设计了拔尖创新人才培养方案，并结合智能机器人系统设计课程，通过典型课程平台开展拔尖创新人才培养模式的实践探索，为拔尖创新人才的培养模式改革提供了参考。

参考文献

[1] 陈希. 按照党的教育方针培养拔尖创新人才 [J]. 中国高等教育, 2002 (23)：7-9.

[2] 杜玉波. 探索拔尖创新人才培养新机制 [J]. 中国高等教育, 2014 (02)：4-6.

[3] 习近平. 在中国共产党第十九次全国代表大会上的报告 [R]. 北京：新华通讯社, 2017.

[4] 梁明强, 李俊云, 李廷勇, 等. "大学生创新性实验计划"的实施现状与问题分析 [J]. 中国地质教育, 2017, 26 (03)：75-79.

[5] 吴爱华, 侯永峰, 陈精锋, 等. 深入实施"拔尖计划"探索拔尖创新人才培养机制 [J]. 中国大学教学, 2014 (03)：4-8.

[6] 张家梁, 舒畅, 陈家新. 高校拔尖创新人才的培养措施探讨——以机械工程专业为例 [J]. 纺织服装教育, 2019, 34 (03)：197-199.

[7] 魏筱诗, 俞佳妃, 茅慧玲, 等. 拔尖创新人才培养模式改革与探讨——以浙江农林大学新动科人才培养为例 [J]. 饲料博览, 2021 (05)：52-55.

[8] 杨凯, 杨世关, 李惊涛. 一流学科建设中拔尖创新人才培养路径研究 [J]. 北京教育（高教）, 2019 (01)：50-53.

Research on the Cultivation Mode of Top-notch Innovative Talents Based on Intelligent Robot

LI Changsheng, ZHANG Weimin, LI Hui, TIAN Ye, CHEN Xuechao, DUAN Xinguang

(School of Mechatronical Engineering, Beijing Institute of Technology, Beijing 100081, China)

Abstract: It is the historical mission of high-level universities to cultivate high-quality top-notch innovative talents, and it is also an urgent requirement for building a scientific and technological power. This paper introduces the current situation of the cultivation mode of top-notch innovative talents at home and abroad at the present stage. Combining the connotation and objectives of the cultivation of top-notch innovative talents, this paper puts forward the cultivation scheme of top-notch innovative talents with intelligent robots as the carrier, constructs the cultivation mode of practical ability of top-notch innovative talents with "one cultivation objective", "three core capabilities", and "six innovative means", and takes "student harvest" as the evaluation means of the cultivation effect, Relying on the curriculum platform, we carried out the training practice of top-notch innovative talents, providing reference for the reform of the training mode of top-notch innovative talents.

Key words: Top-notch innovative talents; Talent cultivation; Reform in education; Intelligent robot

车辆工程专业"智能无人+"拔尖人才培养教学模式探索与实践

张旭东,邹渊,黄彪,李忠新,白玲

(北京理工大学 机械与车辆学院,北京 100081)

摘 要:研究团队探索了基于"智能无人+"技术的"重实验、重应用"教学模式,创新并实践了"低年级—高年级"渐进式教学、"书院制—学院制"协同式育人、"校内—校企—军民"三位一体教育新型教学理念,开展了教学评价体系改革,激发了学生自主学习的意识和热情,培养了创新精神,推动了我校面向实验教学改革与创新的发展进步,对相关实践领域其他课程的教学体系改革具有一定的借鉴作用。

关键词:智能无人平台;开放实验;教学模式

引言

当前我国车辆行业的高速发展和产业格局的加速升级对汽车工程人才培养提出了新的要求[1-2]。随着人工智能技术迅速兴起,传统交通行业产生了重大变革,智能驾驶成为未来汽车行业的发展趋势[3-4]。汽车产业新旧动能加速转换,汽车"新四化"正在重塑产业格局,造车新老势力的竞争加剧,软件定义汽车的新业态已愈发明显[5-6]。在这样的行业大背景下,行业对于新型汽车工程师人才及其所掌握技能的要求也发生了较大程度的变化,对车辆工程教学体制改革提出了新要求,不仅要求在教学内容上增添符合当下需求的智能车辆相关内容、软件相关内容,更是对面向"学研产用"的学生创新实践能力培养体系提出了新任务。

我校地面机动装备实验教学中心发挥国家级实验教学示范中心的辐射作

用，面向"智能无人+"平台课程体系改革，以培养学生创新设计能力为出发点，整合实验室现有教学资源，并联合国内领先的无人平台传感及规划控制科技公司，成立了地面无人车辆智能感知与控制校企联合实验室。打造开放实验导向的柔性化"智能无人+"实验条件，探索开放课程体系及运行机制，创立渐进式教学、"书院—学院"协同育人、"校内—校企—军民"三位一体现代化新型教学理念，改革传统以卷面考试为导向的拔尖人才评价方式，着力培养学生开展以问题为导向、用实验实践解决问题的学习能力，并鼓励学生通过"互联网+"大学生创新创业大赛、校内"世纪杯"创新大赛将实验能力转化为落地应用的科技成果，激发学生的创新创业热情。

一、现行大机械类课程教学体系弊端

教学体系是教学过程的知识基本结构、教学内容设计、教学方法设计、教学过程设计和教学结果评价组成的统一的整体，科学的教学体系是实现培养目标的载体，是保障和提高教学质量的关键[7-9]。当前，我校大机械类课程现行课程教学体系存在一定弊端，主要表现在以下几方面。

一是知识体系碎片化、分散化，需要探索贯穿式培养教学体系。当前本科生的知识培养体系比较分散，各类课程之间比较独立，知识体系弱耦合，不同年级课程之间的前后联系不强，难以形成系统化的知识链条。针对这种情况，需要建立前后课程的联系，形成较完整的教学体系。主要方式就是建立由浅入深的课程体系，在低年级和高年级分别开课，前后呼应。

二是课程学习和创新实践断层，需要统筹书院、学院联合培养。当前教学中，课程学习仅限于课堂，学生在学习课程之后无法很好地学以致用，而高年级学生在参加各类创新实践比赛时，主要以自由探索为主，缺少已经掌握的理论和技术支撑。针对这种情况，需要统筹书院、学院联合培养，对低年级的课程教学和高年级的创新实践有机结合。

三是教学内容和产业应用割裂，需要加强校内、校企和军民协同。当前人才培养模式往往单纯依托校内有限资源，所使用的设备大都是面向教学的演示性装置，只能供学生进行浅层次了解，无法深入探究和进行创新实践，无法与当前产业需求挂钩，无法与更高层次的研究生/博士生培养挂钩。针对这种情况，需要加强校内资源整合利用，创新校企合作教学模式，强化军民协同培养体系，最大限度为学生提供各类教学资源。

因此亟须针对现行传统教学体系的弊端，结合"智能无人+"系列课程的教学特点，在充分考虑我校教学体系改革实践实情的基础上，对现行教学体系进行优化探索。

二、多元协同教学模式理念

针对现行传统教学体系存在的弊端，"智能无人+"系列课程以"面向新车辆、打造新范式、呈现新技术"为理念（图1），强化不同年级之间的课程联系，贯彻书院、学院协同育人理念，充分利用校内、校企和军工单位的各类资源，创新"问题导向、项目驱动、竞赛孵化"的多元协同教学新模式，构建"兴趣—乐趣—志趣—志向"递进式人才培养全过程，重点突出渐进式教学、"书院—学院"协同育人、"校内—校企—军民"三位一体教育三方面内容。

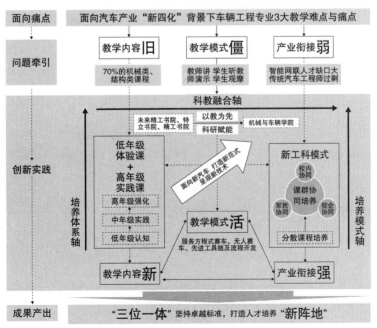

图1　"智能无人+"系列课程人才培养教学理念设计全过程

（一）创新"低年级—高年级"渐进式教学新形式

以"知其然→知其所以然"为教学总思路，创新"低年级—高年级"渐进式教学新形式，打造卓越人才培育新高地。

低年级侧重知识传授和实践环节体验式参与。通过教授无人课程相关的基础理论知识，使学生对无人驾驶技术有基本的了解和认识。通过开展内容完整的全流程无人驾驶实验，强化课程的操作性与创新性，提高学生在课程学习中的参与性，培养学生对无人驾驶技术的兴趣。通过实行多人分组实验，以及课时占比达到一半的实践环节，突出课程实践的团队协作，提高学生的参与度。

高年级侧重实践创新与志趣培养。课程教学和实践内容偏向学生自主编程，培养学生的创新能力和实践能力。鼓励学生借助课程所学知识参与各类创新创业比赛，提高学生的工程应用能力。结合学校军工特色背景进行思政课堂建设，培养学生精工报国的志向和家国情怀。

（二）践行"书院—学院"协同式育人新模式

践行"书院—学院"协同育人新模式，夯实基础学科专业教学，促进教学科研交叉融合，走科教融合之路，培养面向国际前沿和国家急需的拔尖创新人才。

加强书院教学环节和学院创新培养的衔接：以学育研，书院低年级教学夯实知识基础；以研促学，学院高年级实践提高创新能力。将原来分散的知识传授和发散的创新实践，转变为系统的教学体系和贯彻的创新培养，进而打造启蒙式、多环节、一体式的人才培养过程，面向系统性真实科研问题，宽口径培养体现高阶性、创新性和挑战度。

（三）打造"校内—校企—军民"三位一体教育新体系

立足我校"延安根"，培养"军工魂"，创立"校内—校企—军民"三位一体协同教育体系，培养具有家国情怀的大科学家、大企业家。

实践教学强调校内协同。借助电动车辆国家工程研究中心、电动车辆

2011协同创新中心、新能源车辆及运用111引智基地三个国家级科研平台，工程训练中心、地面机动装备实验教学中心两个国家级实验教学示范中心，全面整合校内教学实践资源，为课程教学提供充实的实验基础。

创新创业强调校企合作。先后和全球领先的移动机器人系统供应商松灵机器人，国内顶尖激光雷达供应商速腾聚创、镭神智能等公司开展合作，打造地面无人车辆智能感知与控制校企联合实验室。改善原来实验设施陈旧落后于时代的弊端，直接使用当前业界最先进的技术设备，将人才培养直接提高到培养业界所需人才的水平。

人才培养强调军民协同。我校和北京北方车辆集团有限公司、中国北方车辆研究所、装甲兵工程学院等单位密切联系、深入合作，鼓励学生参与"跨越险阻"等军工无人车比赛，从思想层面培育学生军工报国的志向。

以上述三大新型教学理念为思路，设计"智能无人+"系列化课程教学大纲及教学内容，有针对性地解决传统教学体系的弊端，提高课程在新时代智能无人化车辆大背景下的前瞻性和实用性。

三、创新教学考核实践

传统教学方式多通过老师主动授课、学生被动接收的方式开展，并且多以卷面考试作为学生能力评价的唯一标准，该方式较适用于传统数学、物理等理论性较强的课程。而"智能无人+"课程是一门典型的融合数据结构、机器学习、计算机视觉、操作系统、数据可视化、机械结构创新等多交叉学科的实践导向课程，传统卷面考试不足以对学生编程、实车调试等关键知识掌握能力进行合理客观的评价，也不利于学生发散性、创造性地设计"智能无人+"的新型实用场景，一定程度上将约束学生想象力、创造力的发挥。因此"智能无人+"系列课程打破传统以卷面考试为主要方式的应试教育模式，将实验、实践、竞赛、创新等融入教学评价及考核的全过程，既激发学生对课程参与的积极性，同时确保考核评价的公平、公正、客观，真正做到让学生成为课程学习的主人。

在课程开始，教学团队准备了5辆自制实验车供学生在课程的全过程进行调试和实践，5辆车的底盘构型实现了对当前主流"智能无人+"应用平台的全覆盖，包括差速转向构型的SCOUT 2.0轮式车、差速转向的履带式移动平台BUNKER、阿克曼转向的HUNTER轮式车、四轮差速驱动的SCOUT MINI以及麦克纳姆轮构型的SCOUT MINI（OMNI）。所用车辆在原车基础上增加了算法控制接口、自动化轨迹记录及综合智能电子化评分程序。不同车辆具有差异化的动力学控制特性、通过性及灵活性，学生需要根据不同无人平台构型的特点，在课程实验时有针对性地设计相应的控制算法。为了保证课程的教学质量及试验资源对学生的全覆盖，课程的学生容量设定在25~30人，以5~6人为一组，每组选定1辆车在小组内共享共用，通过小组化方式增强学生间的互动性。为了增加课程的竞争性和趣味性，选车采取"先完成、先选车"的竞选模式，即在课程初期，指导学生在控制端电脑上安装课程依赖的操作系统Ubuntu和机器人控制系统ROS，率先完成系统安装的小组将获得优先选车权，小组及其成员可以根据对不同构型车辆的动力学理论掌握情况，选择自己最擅长或最喜欢构型的无人平台车辆开展后续实验课程。

课程过程中采用"理论+实践"同步教学演练模式进行，即在每一次理论课后，均设计配套了对应的实验实践教学环节和讨论环节，使学生能够在掌握理论后迅速将所学知识应用到无人平台的控制实践中。全课程共计64学时，课堂讲授、课堂实验、课下投入、课下研讨四大板块实现1∶1∶1∶1的教学课时分配，充分保障学生的实验时间，鼓励学生通过组间交流的方式深化理论、发现问题、解决问题。在课程进行的关键节点，将分别设置路径跟踪、路径规划、车辆控制三大任务的仿真实验考核环节，要求学生在选定的车辆上完成相应的考核任务，并提交实验报告，对实践环节中存在的问题以及解决问题的方法进行全过程记录。

课程结束时，将设计"面向真实应用场景的无人平台一体化环境感知、路径规划及控制"综合性考查试验，对学生在本课程学习的所有技能在实际场景下进行全方位考查，考查题目要求学生结合所选择的无人平台类型，开发与之动力学构型相匹配的控制算法，并在实车开展效果验证。面向的场景分为民用和军用两大类型。民用场景多面向校园物流、防疫物资输送等紧跟时代需求的应用方式；军用场景多面向城市巷道作战、未知作战环境等前沿研究领域。要求学生结合多样化的任务需求，综合考虑无人平台控制的经济性、稳定性、越障性、任务完成效率等多方面因素，保证任务的顺利达成。通过丰富多样的考核形式，启发学生充分思考无人平台在实际场景中可能面临的问题与挑战，并鼓励学生运用创造性思维解决实际问题，从而完成知识"从实践中来，到实践中去"的完整闭环。

四、践行教学体系成果

在上述新型教学理念的指导以及教学考查方式的改革下，前期课程"基于ROS的无人移动平台软件开发实践"取得了一系列丰硕的成果。学生利用所学知识，自己发现问题、解决问题，在学习实践过程中能获得满足感和成就感，极大地调动了学生主动学习和创新实践的积极性。

通过课程，学生创新能力显著提升，成效颇丰。参与课程学习的学生分别斩获中国国际"互联网+"大学生创新创业大赛国赛二等奖1项、北京赛区银奖2项，北京地区高校大学生优秀创业团队评选一等奖（北京市全市第3名，北京理工大学第1名），北京理工大学"世纪杯"学生创业竞赛金奖等系列奖项。

另外，课程还获得了校内外同行的高度评价。国内多所高校前来交流学习，教学课程即将在其他高校进一步普及和开课。吉林大学、重庆大学等高校对课程均给予高度评价："完善的实践教学体系以及先进的教学模式令人印象深刻，实验设备充足，并且有具有丰富实践经验的指导老师。""课程小组开发了系列工程设计项目和综合性实验内容，完备的实验条件以及优秀的老师为培养学生的实践动手能力，解决复杂工程问题的能力，以及再创新创业使竞赛中取得优异的成绩都提供了有力的支撑。"我校机械与车辆学院官网对课程的开展情况进行了大力宣传，课程的进行情况还在知乎等平台广泛传播。

五、结语

研究团队以"智能无人+"课程体系改革为契机，构建了开放式实验导向的新型教育教学体系和考核运行机制，针对多层次年纪的差异化知识储备，有针对性地进行课程的内容设计；依托我校"书院—学院"协同育人方式，打造"兴趣—乐趣 志趣—志向"递进式人才培养全过程，通过"校内—校企—军民"三位一体教育新体系为学生的动手实践创造有利的实验及工程应用条件。课程鼓励学生体验并融入到实验教学活动中，激发其自主学习的意识和热情，培养其创新精神，提高其实践能力，同时推动学校实验教学改革与创新不断发展进步。

参考文献

[1] 金永花.新发展机遇期我国新能源汽车产业链水平提升研究[J].经济纵横，2022 (1)：8.

[2] 吴文建，黎藜，邹莉娜.碳中和背景下我国新能源汽车发展竞争力的空间差异评价[J].企业经济，2022, 41 (3)：12.

[3] 陈山枝.蜂窝车联网（C-V2X）及其赋能智能网联汽车发展的辩思与建议[J].电信科学，2022, 38 (7)：17.

[4] 刘宗巍，朱光钰，郝瀚，等.支撑交通治理升级的智能汽车科技创新发展战略[J].科技管理研究，2022, 42 (8)：8.

[5] 孟天闯，李佳幸，黄晋，等.软件定义汽车技术体系的研究[J].汽车工程，2021, 43 (4)：10.

[6] 张海波，荆昆仑，刘开健，等.车联网中一种基于软件定义网络与移动边缘计算的卸载策略[J].电子与信息学报，2020, 42 (3)：8.

[7] 冯远航，陈涛，财音青格乐，等.新工科背景下生物工程五层次实践教学体系的构建[J].生物工程学报，2020, 36 (5)：5.

[8] 朱妍妍，李忠新，吕唯唯.基于3D打印技术的开放实验教学模式探索与实践[J].实验技术与管理，2017, 34 (7)：4.

[9] 朱桂萍，林今，孙宏斌，等.面向能源互联网的电气工程本科教学体系改革与实践[J].中国电机工程学报，2020, 40 (13)：9.

Exploration and Practice for Top-notch Talent Development Based on "Intelligent Unmanned +" Technology for Vehicle Engineering

Zhang Xudong, Zou Yuan, Huang Biao, Li Zhongxin, Bai Ling

(School of Mechanical Engineering, Beijing Institute of Technology, Beijing 100081,China)

Abstract: The teaching mode emphasizing experiment and practice based on the "intelligent unmanned +" technology is explored. New teaching concept and teaching modes including "low grade to high grade" progressive teaching, "academy system & college system" collaborative education, "university, military and civilian company" trinity education are innovated and practiced. Experiment-oriented teaching evaluation system is developed. The new teaching mode stimulated the consciousness and enthusiasm of students' independent learning, and cultivated the innovative spirit. It has promoted the development and progress of the open experimental teaching reform and innovation in our university, and has a certain reference role for the teaching system reform of other courses in relevant practice fields.

Key word: Intelligent unmanned platform; Open experiment; Teaching model

拔尖创新人才培养探索与实践
徐特立学院成立十周年教育教学改革论文集

6G智能通信创新型人才培养探索

高镇

（北京理工大学　前沿交叉科学研究院，北京 100081）

摘　要：伴随着6G技术演进和产业升级的国际竞争，我国在6G网络的战略部署面临着严峻的挑战。创新是6G研究的基点，而人才培养是创新的基石。为深入对6G的需求研究，做长期的颠覆性原创技术研究，必须将新一代6G无线通信人才培养进行前瞻性布局。以"6G智能通信信号处理"课程为依托，本文探索如何将最新的通信网络技术方法引入本科高年级学生的知识体系，如何汲取前沿通信技术的观点让本科生理解经典课程内容，如何真正调动起教与学的积极性，实现产学研协同育人。基于"6G智能通信信号处理"课程体系设计，让学生在本科教学阶段获得移动通信的前沿理论知识并体验丰富编程实践环节，为后续研究生阶段进行创新型科学研究，培养具有前瞻性、批判性、颠覆性思维的科学家奠定基础，有助于我国在未来6G研究探索发展中立于不败之地。

关键词：6G智能通信；人才培养；育人模式；产学研协同；课程体系设计；思政教育

引言

自20世纪80年代以来，全球移动通信基本每十年会诞生一代新的移动通信技术。从1987年的中国进入1G时代，到2020年中国迈入5G时代，中国的移动通信信息技术见证了从追赶到引领的历程，也见证了我国移动通信教育事业的长足发展[1]。

作为当前最先进的商用移动宽带传输技术，5G是构建各种信息技与多个垂直产业技术无缝融合的通道,大大扩展了移动通信应用的广度与深度[2-3]。从2020年起,5G无线通信网络开始了全球范围内的商业化部署。鉴于移动通信商用一代、研发一代的特点,目前面向未来的6G移动通信关键技术已经开始了如火如荼的研究。尤其是随着元宇宙、全息通信、低轨卫星互联网等新型多媒体业务的迅猛发展,现有的5G网络并不能很好满足未来无线多媒体业务的爆炸式增长流量需求[1]。因此,全球针对6G前沿技术的研发战略布局已全面展开。

关于6G移动通信的一个广泛共识是,6G将在5G的三大应用场景基础上融入人工智能(Artificial Intelligence,AI)及感知(Sensing)要素,并构建包括超高速率传输、超高可靠低延迟通信、超大规模连接、内生智能及通信感知一体化在内的多个典型应用场景[1]。经过20年的追赶,我国的5G商用化进程已经走在全球移动通信发展的第一梯队,这对我国科技和经济发展来说是难得的机遇。伴随着6G技术演进和产业升级的国际竞争,我国在6G网络的战略部署也面临着严峻的挑战,因此如何继续保持我们在移动通信的领先地位、持续巩固中国在新一代信息通信领域主导话语权尤为重要。

我国高度重视6G发展,"十四五"规划纲要明确提出要"前瞻布局6G网络技术储备"。目前,6G仍处于愿景需求及概念形成阶段,相关6G移动通信关键技术方向及具体实施方案仍在探索中。毋庸置疑的是,创新是6G移动通信研究的基点,而人才培养是创新的基石。为深入对6G移动通信需求的研究,做面向6G通信的颠覆性原创技术研究,必须前瞻性布局培养面向新一代6G移动通信的创新型人才。与此同时,我们也观察到,未来6G移动通信技术发展路线将包括更多学科前沿交叉,尤其是和AI技术的融合,具体包括内生AI的网络优化、基于AI的通信信号处理、基于AI的通感一体化、可重构智能超表面技术等[4]。这些前沿通信技术与AI的交叉融合对培养面向未来6G移动通信的创新型研究人才提出了更高要求。

总之,作为高新技术及国家战略产业,6G移动通信技术的理论突破和相关知识产权布局决定了国家在未来信息技术发展中的话语权和主导权,只有培养好新一代移动通信领域的高科技人才,才能使得我国在未来信息技术发展中巩固并持续立于不败之地。

一、移动通信课程体系架构现状及问题分析

（一）现状分析

目前本科电子信息工程专业在通信方面的必修课程主要为"数字通信原理"，相关专业选修课涵盖"信息论与编码""通信网理论基础""数据通信基础""数字通信网"等。其中，"数字通信原理"主要介绍了通信的基本原理和基本方法；"通信网理论基础"基于排队论、图论和网络可靠性理论等介绍了通信网内在的理论规律；"数据通信基础"介绍了数据通信系统、网络协议等概念；"信息论与编码"介绍了信息传输和信息处理的基础理论；"数字通信网"介绍了通信网的工作原理、体系结构、关键技术、分类、现状与发展趋势。

然而，以上课程并没有触及4G移动通信的MIMO-OFDM等关键技术，而5G移动通信的Massive MIMO等关键技术更未被提及。为此，学生在后续本科毕业论文设计阶段以及研究生继续深造阶段缺少相关的知识储备和研究背景。此外，以上课程大部分是理论学习环节，在仿真验证和硬件实践等方面有所欠缺。因此，为了培养面向未来6G智能通信的创新型人才，相关课程体系架构不仅要有更加完善的理论教学体系，更要有相应配套的仿真验证和硬件实践环节，使得学生的能力得到综合全面的锻炼提升。

（二）主要问题

基于上述现状的分析，我们得出目前通信专业本科教学内容主要存在的问题。

（1）传统通信专业教学内容并没有有效覆盖新一代移动通信发展的前沿技术体系，如4G移动通信关键技术MIMO-OFDM等，5G移动通信的Massive MIMO技术、非正交多址接入技术等，6G移动通信潜在关键技术（如可重构智能超表面、通感一体化等）。不完善的通信课程体系无法有效适应培养新一

代移动通信领域的高科技人才。同时，目前专业课教学上采用的教材内容与通信前沿技术存在较大脱节，学生无法从传统知识理解平滑过渡到学科前沿领域的运用。

（2）传统通信专业教学并未充分包含编程实践能力的培养，教学模式过于传统且缺乏互动，理论学习时间过多，缺少足够的实践时间，不利于学生对所学通信专业知识加以应用。以"数字通信原理"课程为例，编程仿真习题主要采用MATLAB语言而非时下应用更加广泛的Python语言，仿真内容主要是复现频移调制、相移调制、幅度调制等比较陈旧的1G移动通信技术，而未涉及MIMO-OFDM等较为前沿的通信技术。

因此，如何将最新的通信网络技术方法引入本科高年级学生的知识体系，如何汲取前沿通信技术的观点让本科生理解经典课程内容，如何真正激发教与学的积极性并充分发挥学生主观能动性，如何通过编程仿真和硬件实践，实现产学研协同育人，是目前培养6G智能通信创新型人才的瓶颈性难题。

二、依托"6G智能通信信号处理"课程的创新型人才培养探索

针对当前移动通信课程架构体系存在问题，作者以开设的"6G智能通信信号处理"课程为依托，从教材体系规划、理论授课内容、软件编程仿真、硬件工程实践等多个维度和层次，探索培养面向新一代6G移动通信创新型人才的新范式。

（一）新教材的编撰

培养面向6G智能通信的创新型人才离不开优秀的教材。目前"6G智能通信信号处理"课程刚创建，且所涉及的理论知识相对前沿，并无一本教材能将本课题理论体系完全覆盖。为此，短期内本课程将博采多本专著、书籍相关内容的众长，构建教材矩阵体系。未来将撰写本课程的专用教材。

如图1所示，目前本课程的教材矩阵体系包括《5G移动通信空口新技

术》[3]《大规模MIMO通信稀疏信号处理》[2]《智能通信：基于深度学习的物理层设计》[4]《MIMO-OFDM无线通信技术及MATLAB实现》[5]等。教材内容介绍4G、5G、6G等前沿通信技术，并介绍最前沿的AI知识及其在6G无线通信的应用进展。随着课程开展，将基于课程教学经验，提供与课程知识体系配套的习题解答、仿真编程等辅助教材。

图1　本课程采用的教材体系

未来规划的专属教材将与教学改革相结合，将先进的通信技术呈现到课程之中。因此，未来的教材规划包括出版《6G智能MIMO通信：基于人工智能的处理范式》等，并力图将MIMO-OFDM理论知识体系的编程仿真从单纯MATLAB语言转变为MATLAB/Python双引擎。在此基础上创建的新的教学法，将以"继承、发展、创新"为驱动培养学生更加宽广的国际视野。

（二）6G前沿通信理论技术驱动下的新授课内容建设

培养面向6G智能通信的创新型人才离不开科学的授课内容设计。移动通信技术发展日新月异，新技术不断涌现，依托课程将在现有"数字通信原理"等课程的基础上，在内容上延拓，融入现有课程体系没有涉及的4G移动通信核心技术MIMO-OFDM、5G移动通信关键技术Massive MIMO，并结合现有5G商用化标准演进，详述6G技术发展脉络和潜在技术。教授专业知识同时开展思想政治教育，如在介绍我国移动通信事业"1G空白、2G跟随、3G突破、4G同步、5G引领"近40年发展历史中，教育学生学习我国移动通信人不忘初心、勇于担当、奋力追赶的奋斗精神，激发学生的爱国情怀和拼搏精神。

在具体课程内容方面，以"6G智能通信信号处理"课程为依托，创新型通信人才培养的理论授课部分包括基础知识、进阶理论、前沿技术等三部分，如图2所示。其中基础部分主要包括：通信信号与无线信道的表征、OFDM基本原理、信道估计与均衡、多用户信号检测与MIMO理论基础。基础部分适当地剔除了与其他通信基础课程冗余内容，直接从4G核心技术OFDM切入，同时讲述了现有5G技术发展脉络。进阶理论将介绍压缩感知等稀疏信号处理、人工智能信号处理。前沿技术将着重介绍5G关键技术以及6G潜在技术，包括大规模MIMO理论与技术、毫米波/太赫兹通信理论与技术、非正交多址接入理论与技术、机器学习及其在无线通信中的应用、可重构智能表面基本原理与技术、通信感知一体化技术等。所设计的授课内容旨在培养具备更强实践能力、创新能力、国际竞争力的高素质、复合型通信创新人才。

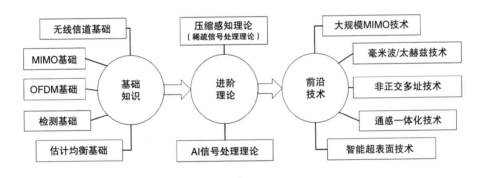

图2　基于前沿通信理论技术的授课内容体系

（三）基于人工智能信号处理的编程仿真设计

培养面向6G智能通信的创新型人才离不开合理的编程仿真习题设计。所依托的"6G智能通信信号处理"课程注重学生编程能力、创新能力的培养。

具体来说，根据4G、5G、6G的关键技术，如图3所示，为本科生设计了一套完整的MATLAB/Python仿真题目，包括MIMO-OFDM无线信道生成、OFDM通信系统的搭建、MIMO系统搭建等。其中MIMO-OFDM无线信道生成将充分考查学生对无线信道的理论理解，区分时间选择性衰落信道和时间不变信道，区分频率选择性衰落信道和频率平坦信道。OFDM通信系统的搭建包括发射端导频的设计、循环前缀设计，信号调制、信道编码以及接收端的同步，基于导频的信道估计，基于相干检测的数据解调，考查传统经典奈奎斯特采样框架和压缩感知/AI信号处理框架下导频设计和信道估计的区别。MIMO通信系统搭建将充分强化学生对MIMO预编码、MIMO多用户信号检测、MIMO信道估计，以及压缩感知和AI技术在MIMO通信应用中的理解。

本编程仿真所涉及的研究方法融入了本领域前沿的思维方式，尤其是创新性地引入AI处理技术，并采用Python语言对MIMO-OFDM通信信号处理进行仿真验证。通过完整的仿真，学生可以验证自己所学的理论知识。这个过程不仅能加深学生对于知识的理解，也能锻炼学生的编程能力，提高学生的学习热情，培养学生科学的思维和创新的能力，为后续的科研打下坚实的基础。

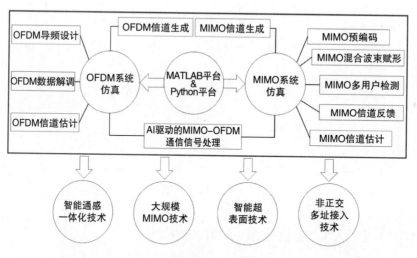

图3 编程仿真课题设计与基础知识、进阶理论、前沿技术之间的关系

（四）基于硬件平台的工程实践能力锻炼

培养面向6G智能通信的创新型人才离不开必要的工程实践环节。所依托的"6G智能通信信号处理"课程注重学生工程实践能力的培养。团队拥有相

关的硬件实践平台（图4），可实现毫米波MIMO高清视频传输教学演示、毫米波MIMO通信感知一体化教学实验。

图4　毫米波MIMO-OFDM通信传输平台

硬件实践平台为学生实践能力的提高提供了有力的支撑。实践活动将理论知识与工程实践相结合，提高了学生的学习热情，培养了学生科学的思维和创新的能力，为学生提供了更加工程化、实践化的教学体验。

（五）以大学生创新创业大赛为抓手，强化产学研协同育人

培养面向6G智能通信的创新型人才离不开竞赛的真枪实战和与顶流通信企业的产学研协同育人。依托"6G智能通信信号处理"课程所提供的硬件平台，可进一步验证探索创新方案。依托相关硬件设备，学生可积极参与各项校级、省部级、国家级以及国际级竞赛，提升综合能力。目前作者已经指导学生获得第八届中国国际"互联网+"大学生创新创业大赛北京理工大学校级初赛银奖、"兆易创新杯"第十七届中国研究生电子设计竞赛华北赛区团队二等奖。在AI智能通信信号处理方面，指导学生获得第二届全国人工智能大赛二等奖、第二届无线通信AI大赛三等奖等（图5）。

图5 依托课程知识体系参与竞赛，获得全国人工智能大赛二等奖等优异成绩

在产学研协同育人方面，作者与华为技术有限公司、海思半导体有限公司等开展产学研合作，在可重构MIMO系统低算力预编码、大规模MIMO系统海量接入技术等方面已展开合作。需要指出的是，在第二届全国人工智能大赛、第二届无线通信AI大赛中，作者带领学生提出了基于AI的信道反馈方案策略，不仅在实际数据测试集合中获得优异性能，也通过和企业的交流将相关理论工作推到实际产品设计。在此过程中，企业可以获得前沿通信理论指导下的先进技术方案，高校可以获得企业痛点并展开有针对性的科研，学生实现高校和企业的协同培养。

"大创"环节和企业产学研合作可使学生充分理解各项技术背后的关键原理与实现方法，扩展学生的科研与行业视野，最终达到培养具有高度理论水平、高技术水平以及行业前瞻视角的复合型人才的目的。与此同时，"互联网+"大学生创新创业大赛、"挑战杯"全国大学生竞赛等专业竞赛的开展，将持续推动我校电子信息相关学科发展。

三、结论

6G移动通信是我国高新技术及国家战略产业，相关理论的突破和知识产权布局决定了国家在下一代信息通信技术浪潮发展的话语权和主导权。因此，培养好新一代移动通信领域的高科技创新型人才，是我国在未来信息技术发展中巩固并持续立于不败之地的先决因素。本文以作者开设的"6G智能通信信号处理"课程为依托，从新教材编撰、新理论知识体系构建、新编程仿真设计、新工程实践环节锻炼、"大创"竞赛及产学研协同育人等多维层次，探索面向6G智能通信的创新型人才培养模式。"6G智能通信信号处理"课程建设有望推动通信、信息、计算机等多学科交叉融合，促进新兴学科发展，有助于徐特立学院、未来精工技术学院培养具有前瞻性、批判性、颠覆性思维的电子信息领域创新领军人才。

● 参考文献

[1] 童文, 朱佩英. 6G: 无线通信新征程 [M]. 北京: 机械工业出版社, 2021.

[2] 高镇. 大规模MIMO通信稀疏信号处理 [M]. 北京: 北京理工大学出版社, 2022.

[3] 杨昉, 刘思聪, 高镇. 5G 移动通信空口新技术 [M]. 北京: 电子工业出版社, 2020.

[4] 金石, 温朝凯. 智能通信: 基于深度学习的物理层设计 [M]. 北京: 科学出版社, 2020.

[5] Yong Soo Cho, 等. MIMO-OFDM无线通信技术及MATLAB实现 [M]. 北京: 电子工业出版社, 2013.

Talent Education Exploration in the Field of 6G Intelligent Communication

GAO Zhen

(Advanced Research Institute of Multidisciplinary Sciences, Beijing Institute of Technology, Beijing 100081, China)

Abstract: With the evolution of 6G technology and the associated competitive industrial upgrading, China's 6G network deployment is facing severe challenges. Innovation is the basis of 6G research, and talent education is the cornerstone of innovation. In order to deepen the research on the 6G requirements and perform long-term research on disruptive technologies, it is necessary to carry out forward-looking layout of the talent education in the field of future 6G wireless communications. Relying on the course "6G Intelligent Communication Signal Processing", this paper explores how to introduce the latest communication network technology methods into the knowledge system of senior undergraduate students, how to absorb the perspective of cutting-edge communication technology so that undergraduate students can understand the classic course content, and how to truly mobilize the enthusiasm of teaching and learning. Based on the course system design of "6G Intelligent Communication Signal Processing", students can obtain cutting-edge theoretical knowledge of mobile communication and experience rich programming practice at the undergraduate teaching stage, laying the foundation for innovative scientific research at the subsequent postgraduate stage and cultivating scientists with forward-looking, critical and disruptive thinking, so that China will be invincible in the future 6G research and development.

Key words: 6G intelligent communication; Talent education; Educational models; Industry-university-research collaboration; Curriculum system design; Ideological and political education

基于高质量党建引领下的小学中学大学长链条拔尖创新人才培养机制研究与实践

——以徐特立学院第五党支部和北京景山学校教师党支部共建为例

相华[1,2]，张斌平[3]

（1.北京理工大学 机械与车辆学院 北京 100081；2.北京理工大学 地面机动装备国家级实验教学示范中心 北京 100081；3.北京景山学校 北京 100144）

摘　要：办好中国的事情，关键在党。本文结合北京理工大学徐特立学院与北京景山学校的情况，以徐特立学院第五党支部和北京景山学校教师党支部共建为例，对基于高质量党建引领下的小学中学大学长链条拔尖创新人才培养机制进行研究与实践，取得了不错的效果，并提出未来展望。

关键词：党建引领；支部共建；长链条；贯通培养

引言

习近平总书记指出"进一步加强和改进新形势下高校党的建设，是坚持社会主义办学方向、促进高校改革发展、培养社会主义合格建设者和可靠接班人的根本政治保证"[1]，为我们在新形势下充分发挥好高校党建育人功能提供了重要的理论遵循和行动指南。人才培养是个人进步、社会发展、国家复兴的核心与关键。国家"十四五"规划和2035年远景目标纲要指出，把提升国民素质放在突出重要位置，构建高质量的教育体系，提升人的全面发展能力。为深入贯彻落实习近平新时代中国特色社会主义思想，徐特立学院第五党支部以"不忘初心,牢记使命"、党史学习教育等主题教育活动为契机,围绕为高校培养可靠"接班人"这一根本任务,与北京景山学校教师党支部开展共建活动,探索"党建+"拔尖创新人才培养机制,增强基层党组织的凝聚力、战斗力和创造力,强化责任担当。

一、徐特立学院党建引领介绍

北京理工大学徐特立学院正式成立于2013年,以学校延安时期老院长,我国杰出的革命家、教育家徐特立先生命名,致力于拔尖创新人才培养,是北京理工大学人才培养的特区。徐特立学院之前在北京理工大学机关党委的指导下开展党建工作,2021年,正式成立徐特立学院党委,下属5个学生党支部和1个教师党支部。2022年,随着徐特立学院人数的不断增加,徐特立学院党委成立15个学生党支部和1个教师党支部。在学校党建工作引领和徐特立学院党委直接指导下,徐特立学院第五党支部以立德树人为根本任务,坚持以问题为导向,统筹谋划、分类逐步推进,与北京景山学校教师党支部一道探索党建与小学中学大学长链条拔尖创新人才培养深度融合新思路,构建"党建+朋辈引导、党建+学生创新创业、党建+社会实践教育、党建+服务社会"的"党建+"人才培养体系。

二、当前需要解决的相关问题

(1)长期以来,学生党建与素质教育、专业发展、人才培养、服务地方等方面契合度较低,不同阶段教育机构的党政工作往往存在较大的差异性,具体表现为:多数"双肩挑"行政领导和学生党员干部往往是重业务、轻党建;党政工作两张皮,二者很难真正形成合力,基层党组织战斗堡垒作用未能充分发挥。

(2)部分大学生党员由于缺乏学习的主动性,对"两学一做"教育活动认识不足,思想境界不够高,党员意识也比较单薄,因此容易被社会不良文化影响。

(3)大学生党员在当前的信息化时代,能够很快接触到党中央和各级党组织传达的最新精神和指示，但是部分党员对这些新的知识和理论的理解只是停留在表面，在学生党建、专业学习、社会工作和公益活动等方面也表现得不够积极。

（4）部分党员由于缺乏主观能动性，虽然也参加党支部组织的各种活动，但是对会议内容和传达的精神没有用心学习。

（5）从2020年起，北京市开始实施新高考政策。但新高考政策实施以后，北京高校普遍面临生源差异化程度增大、生源学科基础薄弱、高端人才难以选拔、综合素质评价信息难以使用等问题。目前北京市基础教育和高等教育衔接体系容易引起其体系内人才培养适配性、多样性和连贯性的不足。因此，如何实现教育的连贯性和人的长链条贯通培养是北京市急需解决的教育科学问题。

三、"党建+"拔尖创新人才培养机制

（一）党建+朋辈引导

习近平总书记指出，教育兴则国家兴，教育强则国家强。高等教育是一个国家发展水平和发展潜力的重要标志。今天，党和国家事业发展对高等教育的需要，对科学知识和优秀人才的需要，比以往任何时候都更为迫切[2]。朋辈引领是一种由思想品德、价值观念、综合能力等方面较为突出的同辈群体担任引领者，针对同龄人成长过程中的各类问题做出应对并实现引导功能的重要教育方式。青年的理想信念关乎国家的未来前进方向和发展态势，当代中国青年的理想信念关乎中国特色社会主义事业兴衰成败、后继有人。在互联网、大数据等信息技术高度发达的时代背景下，意识形态领域的斗争更加复杂尖锐，境内外反华势力的西化分化图谋更为隐蔽多变。发挥大学生党员的政治引领作用，就是要旗帜鲜明地讲政治，在大是大非面前保持清醒、站稳立场，展示坚固的政治定力和坚定的理想信念。发挥大学生党员的先锋模范作用，跟中小学生一起，拥护党的领导核心地位，坚定对中国共产党的信任；通过共同参加相关活动，体悟中国共产党带领中国人民经过百年奋斗取

得的伟大成就,坚定实现中华民族伟大复兴中国梦的信心。"学校犹水也,师生犹鱼也,其行动犹游泳也。大鱼前导,小鱼尾随,是从游也。从游既久,其濡染观摩之效自不求而至,不为而成。"学校应致力于建设良好的导学思政模式,全方位发挥朋辈导师的示范作用,聚焦提高本科生培养质量,在实践中探索出"思想引领、学业同行、生活陪伴"的新型三维导学思政关系。

(二)党建+学生创新创业

当今世界正经历百年未有之大变局,中国高等教育事业的发展面临着新机遇和新挑战,同时也成为实现中华民族伟大复兴的关键要义。这就要求新时代高校党建工作必须回答好"为谁培养人、培养什么人、怎样培养人"[3]的教育根本问题。敢闯敢创的时代精神和开拓创新的实践能力是新时代人才培养的核心要求。那么该如何在高质量党建引领下进行大学生带动中小学生创新创业能力培养?

一是加强大学生党支部建设,切实发挥学生党员、入党积极分子的先锋模范带头作用,带领更多中小学生加入团队,积极参与各级各类大学生创新创业项目;组建"创新创业导师团队",团队指导老师由学生党员干部和党员骨干教师担任,指导中小学生创新创业项目、"挑战杯"项目、学科竞赛活动等,结合专业打造特色项目,形成基于高质量党建引领下的小学中学大学长链条创新人才培养长效机制。

二是建立大中小学生联合创新创业实践育人基地。根据新时代立德树人的相关要求,以联合创新创业实践育人基地等平台为载体,活动辐射大中小学生不同年龄群体,从而实现党建引领下的创新创业教育与实践。此外高校的二级学院党委联合中小学与企事业、社区、农村等基层党组织建立合作关系,依托项目分类建设创新创业实践基地,实现双方双赢;以乡村振兴为契机,引导大中小学生立志投身乡村,开展实地调研,结合自身专业优势,为乡村振兴贡献力量。通过党建引领,培养大学生带动中小学生投身乡村振兴、关注时代、关注社会的家国情怀,提升大中小学生的实践能力,增强勇担时代责任的使命感。

（三）党建 + 社会实践教育

高质量党建引领基础教育和高等教育思政课社会实践教学，落实主体责任，贯彻执行思政课教学改革任务，将思政课实践教学与社会调查、志愿服务、公益活动等结合起来，发挥学生党支部、党建研究团队、教学改革团队的作用，结合课程特点开展社会实践教学活动。

一是开展"青年红色筑梦之旅"活动，用红色文化来熏陶学生。发挥党建研究团队的作用，对标志性红色景点及本地红色资源进行细部挖掘，结合课程特点组织学生考察，使红色故事、红色基因、红色记忆等入心、入脑、入行，成为思政课程的重要组成部分。通过实践教学活动，带领青年学生走进革命圣地，重温革命历史、传承红色基因，增强听党话、跟党走的思想和行动自觉，做到真学、真懂、真行动。

二是开展暑期"三下乡"活动、劳动教育活动，用深刻的劳动体验来感染学生。劳动教育是学生成长成才的重要内容，如何让学生在实践活动中增长劳动技能，体会劳动的获得感与幸福感，这是新时代劳动教育培养的重要命题。通过学生党支部与农村基层组织开展合作，建立社会实践教育基地、劳动实践基地等，对农村文化、科技、卫生、产业发展等进行调研，开展形式多样的助农活动，让学生深入田间地头参与劳动，在劳动中受教育、长才干、做贡献。

（四）党建 + 服务社会

开展"敬老服务""公益助学"等志愿服务活动，用公益志愿活动启迪学生。学生党支部可与企事业、社区、中小学基层党组织进行合作，发挥党员示范岗的先锋模范作用，带领学生为特殊对象定期开展服务活动，为中小学开展公益助学活动等。依托志愿服务活动培育相关项目，培养学生的责任感，引导其关注社会特殊群体，关心国家的养老和教育事业，在志愿服务活动中去体验奉献、友爱、互助，形成向上向善、诚信互助的良好品格。

（五）对基于高质量党建引领下的小学中学大学长链条创新人才培养机制进行理论研究

加强小学中学大学高质量党建协同发展，广泛开展党支部引领下的小学中学大学长链条拔尖创新人才培养的调研和实践。结合北京理工大学徐特立学院本硕博拔尖创新人才培养的模式以及北京景山学校的基础教育贯通培养的改革举措，开展边远地区的教育试点工作。以基础教育和高等教育理论为指导，以党支部活动和团支部活动为抓手，大学生到中学开展朋辈助学。

对国内外关于"美国大学预修课程"[4]和日本高中教育与高等教育衔接政策的研究资料进行收集与整理。梳理美日基础教育与高等教育衔接的历史演进，分析美国和日本教育贯通与衔接政策现实状况，提炼美国和日本不同阶段教育贯通的价值意蕴。运用文献研究法，收集中国基础教育与高等教育衔接相关研究的文献资料和政策文本，对古今中国教育贯通进行历史推演，分析中国教育衔接的现状和存在问题。结合历史研究法，根据不同时期教育贯通人才培养政策不同特点，将中美日三国基础教育与高等教育贯通相关历史发展的萌发期、发展期、成型期和改革期进行历史演变逻辑的探究。通过案例研究法，对日本中学教育与大学教育衔接政策和美国大学预修课程，分别进行深入探析，发掘美日教育衔接的普遍性特征和特色。

将中国教育贯通和日本教育衔接进行对比，依据构建的分析标准，总结两国不同教育阶段衔接政策的共性与不同之处，分析日本中学教育与大学教育衔接政策的启示，结合中国新高考背景和科技自立自强的时代背景，为中国基础教育与高等教育贯通人才培养的未来发展提供可借鉴的理论支持和政策建议。针对教育贯通与衔接落实的体现——高中先修课程体系，比较美国大学预修课程的发展状况和特有优势，分析美国大学预修课程的成功原因。通过比较中美两国不同的国情和社会背景，从中国特色社会主义教育的立场出发，对我国高中的课程设置、大学先修课的开设与运行、存在问题和解决措施提供积极有益的启发，对标中国特色社会主义教育的根本要求，提出一套合理的中国基础教育与高等教育贯通人才培养的相关方案。

四、"党建 +"拔尖创新人才培养成效

（一）学生党员的朋辈引领和自我成长

"少年强则国强，少年智则国智。"徐特立学院第五党支部坚持学术引领，感悟科学精神。让中小学生走进大学校园，探访知名实验室，开启追梦之旅；为其开办徐特立科学营，体验大学生活，探寻前沿科技，树立科学志向；确立一对一朋辈导师，培养科创意识，激发探索兴趣；周末定时云端相见，学业指导，思维碰撞。大学生党员在引导中小学生学习科学文化知识的同时，自身也得到了很好的锻炼。

（二）相互激励，科创竞赛培养创新思维

徐特立学院第五党支部依托景山学校徐特立实验班，由大学生党员担任一对一朋辈导师，围绕人工智能、通信技术、航空航天、智能制造等10个课题立项，周末定时云端相见，科创指导150余次，完成项目开题、中期、结题汇报3次，形成项目报告汇编3册。

徐特立学院第五党支部党员在辅导高中生的同时，不断锤炼自身科研能力，提升专业素养。2022年，党支部党员科创活动和竞赛参与率达到100%，全员均参与了科创竞赛活动，总项目数达到106项。有近70%的党员有至少一项科创活动或竞赛获得相关奖项。共获得国际级奖项2项，国家级奖项6项，省级奖项6项，校级奖项20项。

（三）社会实践，将青春奉献给祖国各地

徐特立学院第五党支部党员，把所学转化为所用，深入全国各地开展社会实践活动。2022年，党支部党员参与社会实践123人次，参与率达92%。其中吴骁等多名党员担任学院重点实践团团长和主要组织者，获评社会实践优秀个人，获北京市级、校级、院级优秀社会实践奖项10项，收获社会各界媒体、学校和学院公众号宣传报道30篇。与多方共建山东省临沂市沂水县沂蒙

精神、宁夏回族自治区永宁县闽宁镇乡村振兴等学生社会实践基地，成果显著。

（四）奉献爱心，筹建徐特立图书角

徐特立学院和北京景山学校共建，倾心打造徐特立实验班。徐特立实验班是实施人才贯通培养的实验项目，是共建创新人才培养基地。徐特立实验班的建立促进了基础教育与高等教育接轨，形成教育发展共同体。为了更好地传承徐特立精神，双方计划筹建徐特立图书角等，学习徐特立精忠无我的爱国精神、实事求是的科学精神、与时俱进的革新精神、艰苦朴素的奋斗精神和终身勤笃的治学精神[5]。

（五）基于高质量党建引领下的长链条创新人才培养机制研究成果显著

徐特立学院第五党支部和北京景山学校教师党支部深入调研，对传承红色基因和人才贯通培养等系统开展研究。围绕基于高质量党建引领下的小学中学大学长链条拔尖创新人才培养机制主题，开展国家社科、教育部、工信部、北京市及北理工党建等项目申报6次，成功申报课题3项。徐特立学院第五党支部与北京景山学校教师党支部共建活动荣获2021年北京高校"红色1+1"示范活动三等奖，徐特立学院第五党支部党建项目荣获北京理工大学2021—2022年度学生党建"金品牌"示范项目。

五、未来展望

（一）丰富新形势下的活动形式

考虑疫情影响、政策变化等多方面因素，基于高质量党建引领下的长链条拔尖创新人才培养机制实践面临新形势，活动形式亟待创新。目前科技启蒙教育、红色精神宣讲和社会实践活动开展形式以线上线下结合为主。在今后项目开展的新形势下，未来应进一步做好相关活动方案策划和应急预案工作，加强与实践地和共建方的沟通联系，在活动顺利开展的前提下严格保证

实践效果，服务实际，推进机制，完善构建理论体系。

依托实践基地和共建平台，开展更多创新活动，发挥党员先进性和高校学生的能动性。如徐特立舞台剧，以青年喜闻乐见的精神传播形式，让红色精神深入人心。在实现形式上，未来可以利用北京理工大学的智慧教室、VR设备等为活动开展、实地参访和线上交流做好环境准备，充分利用科学技术优势，彰显具有北理工特色的党建品牌项目。

（二）构建新阶段下的学生党建理论指引

自2021年5月徐特立学院党委成立以来，徐特立学院党建发展进入新阶段。随着学院人员规模增大，支部数量增多，支部党员数量随之呈上升趋势，新阶段下的党建引领的活动开展形式也有了更多可能性和提升空间。未来，各党支部将充分把握发展空间和机遇，在学院发展新形势下，继续推动高质量党建引领下的红色精神普及、科普启蒙工作，做到青年服务国家，助力地方发展。徐特立学院党支部既有横向建设，亦有纵向建设。未来要注重高年级与低年级学生联合互动，多支部发挥协同优势开展活动；依托近年来学院党委、党支部在各地布局的大学生实践基地，发挥学校和地方两个积极性，积极探索并搭建起"北理工+"的长链条培养创新拔尖人才，实现活动共享、平台共享，进而巩固完善成果理论体系，推动党建发展。

（三）扩大新时期的党支部共建范围与深度

2022年10月，党的二十大在北京胜利召开，习近平总书记在二十大报告中指出"全党要把青年工作作为战略性工作来抓[6]"。在科教兴国、人才强国、创新驱动发展战略、系统部署等的指引下，党支部将充分发挥学生党建主体优势，进一步拓宽共建单位的布局，在更大范围发挥作用，扩大影响力。未来，将进一步扩展合作共建范围，与景山学校等北京中小学深化合作，与延安、沂水等革命老区进一步联合，开展更加深入和体系化的红色精神研究与实践，服务地方发展，构建完善高质量党建引领下的科教与人才培养体系，推动项目成果向纵深发展。

参考文献

[1] 韦志平. 学习贯彻十七届四中全会精神进一步加强和改进新形势下党的建设 [J]. 传承, 2010, 99 (27): 34-35+77.

[2] 习近平. 在北京大学师生座谈会上的讲话 [M]. 北京: 人民出版社, 2018.

[3] 习近平在中国人民大学考察时强调: 坚持党的领导传承红色基因扎根中国大地, 走出一条建设中国特色世界一流大学新路 [N] 人民日报, 2022-04-26.

[4] 王振存, 林宁. 美国大学先修课程的理念、优势、局限及启示 [J]. 课程. 教材. 教法, 2016, 36 (09): 114-120.

[5] 李学全, 梁堂华, 伍春辉. "特立精神"及其传统文化渊源探析 [J]. 湖南第一师范学院学报, 2020, 20 (01): 14-19.

[6] 李美玲. 习近平总书记关于新时代青年工作的重要论述研究 [J]. 湘潭大学学报 (哲学社会科学版), 2023, 47 (01): 118-126.

拔尖创新人才培养探索与实践
徐特立学院成立十周年教育教学改革论文集

Research and Practice on the Cultivation Mechanism of Top-notch Innovative Talents in the Long Chain of Primary, Secondary Schools and Universities under the Guidance of High-Quality Party Building

——Take the Party Branch Co-construction of the Fifth Party Branch of XUTELI School and the Teachers' Party Branch of Beijing Jingshan School as an Example

XIANG Hua[1,2], ZHANG Binping[3]

(1. School of Mechanical Engineering, Beijing Institute of Technology, Beijing 100081, China;

2. Ground Mobility National Demonstration Center of Mechanical Engineering for Experimental Education, Beijing Institute of Technology, Beijing 100081, China;

3.Beijing Jingshan School, Beijing 100144, China)

Abstract: The key to running China's affairs well is the Party. Adhering to the guidance of high-quality party building, this paper conducts an investigation and research on the through-training mechanism of top-notch innovative talents at all times at home and abroad. Combining the situation of XUTELI School of Beijing Institute of Technology and Beijing Jingshan School, taking the party branch co-construction of the fifth party branch of XUTELI School and the teachers' party branch of Beijing Jingshan School as an example, the research and practice on the cultivation mechanism of innovative talents in the long chain of primary, secondary schools and universities under the guidance of high-quality party building have achieved good results, and put forward the future outlook.

Key words: Party building leading; Joint administration of party branch; Long chain; Run-through training

新时代高等教育团队教学模式的探索

杨科莹，张景瑞，蔡晗

（北京理工大学　宇航学院，北京 100081）

摘　要：高等教育是向社会培养专业人才的重要环节，承担着国家科技进步和社会发展中人才队伍建设的关键任务，因此高等学府中的教育教学工作一直是关注的重点。回顾过去会发现，在社会发展的不同时期，高等教育都在根据需求不断进行着改革和创新。而面对二十大开启的社会发展新篇章，以及疫情带来的社会变化，高等教育工作更需要积极地顺应时代的潮流，进行适应性改革和变化。一方面，在疫情催生了线上授课方式的背景下，如何结合线上线下探索全线教学模式，从而实现优势互补，提高教学质量是面临的问题。另一方面，在科学技术不断发展，新兴科技热点层出不穷的今天，如何进行专业课程体系的优化，从而在有限的时间内帮助学生建立起合理的知识体系，是高等教育需要思考的问题。本文结合目前存在的突出问题，探索一种科教融合的课程组教学模式，以基础课程为核心，专业课程为枝干，开展全线教学模式，从而充分发挥团队教师的优势和线上教育平台的便利性，不断提高本科教学的质量，助力国家人才队伍的建设。

关键词：教学模式；全线教学；课程组；科教融合；团队教学

引言

在第十四个五年规划发布以来，党和国家不断强调人才建设的重要性。2022年10月举行的党的二十大会议中，也再次明确了科教兴国、人才支撑的重要性。高等教育作为向社会输送优秀人才的最后一个环节，在国家发展和民族复兴的重任中扮演着举足轻重的角色。

自1977年恢复高考制度以来，高等教育已经走过了45个年头。回顾过去会发现，在社会发展的每一个新阶段，高等教育的培养模式也都在不断进行着改革，以顺应时代的潮流。例如近年来，移动互联网的蓬勃发展催生了一批网络课程的建设，这给学生的专业知识学习带来了便利。2020年突如其来的疫情打破了正常的教学秩序，为了响应国家"停课不停学"的号召，高等学府纷纷开设了线上授课的渠道。

除了授课方式的改变以外，课程体系的建设和优化也同样是高等教育中的重中之重。大学始终需要在传授基础知识的同时，和科技进步紧密结合，培养适应时代发展的创新人才。因此，课程体系也在每个不同的时期，结合国家需求、新兴技术、研究热点等不断进行着优化和改进。

目前，高等学府需要根据发展的新思路不断优化教育方式，开展教育改革，在授课模式、课程体系建设等方面不断创新，以适应时代发展的步伐，从而更好地培养国家栋梁之材。

一、传统教学模式的现状与思考

党的二十大报告指出，要进一步"实施科教兴国战略，强化现代化建设人才支撑"的发展工作。未来五年是全面建设社会主义现代化国家开局起步的关键时期，必须坚持科技是第一生产力、人才是第一资源、创新是第一动力，深入实施科教兴国战略、人才强国战略、创新驱动发展战略，开辟发展新领域新赛道，不断塑造发展新动能新优势。人才培养始终是科教兴国、创新发展的基石，因此要深入实施人才强国战略，加快建设国家战略人才力量，把各方面优秀人才集聚到党和人民事业中来[1]。

人才培养始终是高等教育中的关键任务，传统的教学方式主要以线下课堂教学为主，老师通过与学生面对面交流，完成课程内容的讲授，课程的门数与时间均有一定的限度。每门课程从概论到内容的论述是自行独立的，但是课程之间的逻辑联系往往容易被忽视。虽然近年来各个学校在本硕博贯通等培养方案下，对相关课程体系进行了一定的梳理，但从培养方案来看，有些专业仍然存在开设课程交叉、部分内容重复的现象。如何通过合理的减学分、压学时，使学生们在有限的校园学习时间内完成必要的知识体系建设，是目前课程教学中的突出问题。

此外，以互联网为媒介的线上课程在过去两年内呈现明显增长，学生可以在课堂之外很容易地通过网络资源学习专业知识，且能够反复观看不断加深理解和认识，从而达到随时随地学习和提高的效果[2]。线上课程能够充分发挥学生的主观能动性，让一部分学生在感兴趣的领域快速成长起来。但是对于大多数学生来说，线上教学也有一定的客观局限性，比如教师不容易及时观察学生的课堂反应来回馈授课、学生没有课堂环境的约束容易分心不专注，等等。目前，传统线下授课已经不足以满足有自主学习能力学生的需求，线上教学作为强有力的补充手段，如何充分结合线上与线下教学各自的特色，通过"全线教学"达到良好的效果，需要在教学研究中深入思考。

在传统教学模式中，教师以传播书本知识内容为主要目的和方式。然而高等教育的专业性就意味着书本知识往往需要在实际工程、生活等各个方面进行应用[3]。以航空航天领域课程为例，书本知识与实际的航天器还有一定的距离。教学中发现学生在课堂学习过程中对于抽象的模型与数学的描述，理解起来有一定困难。因此课程的设置和教学中应该注重讲解基本理论与工程实际之间的关系，如果能够充分结合工程案例来构建课程体系，通过"做中学，学中做"使理论学习与实际应用相结合，将非常有助于提升教学效果。

总而言之，目前在高等教育的专业课程方面，仍然存在专业课程体系如何合理安排，线上线下教学方式如何互补，理论与工程实践如何有机结合等问题。笔者通过多年的课程教学经验总结，在教学体系内容重构与优化、借助实践项目加深学生对课堂知识的理解，以及线上教学方法等方面开展了一定的教学改革工作，从而不断促进教学质量的提升。

二、科教融合的课程组教学模式探索

为了改进目前传统教学方式中存在的问题，使得学生能够全面掌握专业领域的基础知识，系统性地学习和了解知识体系，本文提出一种"A+X"课程组全线教学体系。以本文作者所在团队承担的航空航天工程专业课程为例，该专业涵盖力学、控制、机械等多个学科的内容，它以运行在大气层以外的空间飞行器作为对象，针对其自身结构与动力学特点以及可采用的姿态控制方法进行研究和阐述。为了形成结构合理的课程组，本团队教师组建了年龄结构优化、学缘构成合理的教学团队，建设了以公共基础课"自动控制原理"和专业基础课"航天器姿态动力学与控制"为核心、X门专业课程为枝干的科教融合的航天器系统专业"2+X"课程组，打造了一个教师优势互补、学生因材施教、授课内涵丰富、科研教学融合的项目制课程组。课程组结构如图1所示。

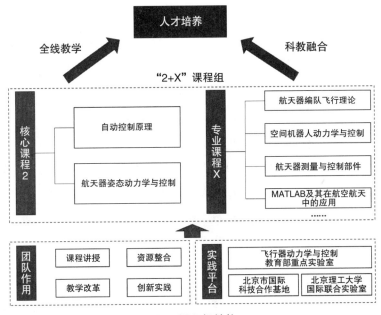

图1　课程组结构

课程组以"自动控制原理"和专业基础课"航天器姿态动力学与控制"为核心，以空间机器人、航天器编队飞行等为应用载体，以航天器轨道和姿态控制任务为抓手。学生能够结合MATLAB等计算工具，掌握基于软件开展航天器动力学与控制研究的方法，提升理论应用于解决工程实际问题的能力。

本课程组具有鲜明的科教融合特色。教师从科研工作中总结学生将来应该具备的本领域理论知识，精心设置专业课程；在前期基础课与专业课的讲授期间，紧密结合自身科研工作中的相关研究内容（航天器姿态/轨道控制、在轨服务、空间碎片等），在讲授理论知识的同时引导学生思考和印证相关应用；后期以本科毕业设计论文为载体，系统地指导学生综合运用书本知识开展创新工作，进行相关实验。目前已有的成果表明，该模式非常有利于激发学生兴趣，并使学生为后续研究生阶段的工作学习打下坚实基础。

三、教学模式的特点和优势

（一）课堂教学基础

本团队所建设的航天器系统专业课程体系主要包括：作为核心的公共基础课"自动控制原理"和专业基础课"航天器姿态动力学与控制"，以及从航天器轨道、姿态、部件、计算机软件等角度精心设计的课程"航天器编队飞行理论""空间机器人动力学与控制""航天器测量与控制部件""MATIAB及其在航空航天中的应用"。

团队教师在授课中，结合自身优势，分别从基础理论（自动控制原理）、实践对象（航天器）、部件结构（空间机器人、测量控制部件）、系统设计（轨道、姿态）等方面进行讲解，并在教学中注意贯通课程组之间几门课程的联系，从而优化航天器动力学与控制的整体教学内容。

（二）科教融合贯通

团队在教学中，始终注重教学与科研相结合、理论与实践相结合，重视引入航天研究院所等工业部门，注重引导学生的自主性与积极性。在相关课程的开展过程中，除了向学生讲授航天器系统的理论知识外，还指导学生动手设计航天器控制相关的地面模拟试验系统，引导学生完成算法设计与硬件开发，加深学生对航天器系统的认识与体会。

团队深入挖掘核心课程在科研工作和学生培养当中的应用，指导本科生和研究生一起研制教学及实验设备，通过实践训练来解决"书本知识与实物的距离问题"。此外，每年从工业部门需求中凝练毕业设计的题目，指导学生在本科毕业设计阶段综合运用所学的知识，解决工程中的实际问题。

（三）线上线下相结合的全线教学方法

秉承着"成效为道、数据为用、交互为体、教学为要"的原则，团队在2020—2022年，结合北京理工大学自有的乐学平台、延河课堂以及线下课堂讲授模式，开展了"航天器姿态动力学与控制"课程的全线教学方法研究，并积累了丰富的视频授课资源，在进一步凝练完善后将择机开展慕课建设，形成"线上开放学习、线下集中研讨""核心基础明确、专业脉络清晰"的全线、成体系教学模式。为了提高教学的质量，具体采用的措施如下。

（1）在线上课程设计中采用"碎""动""分"等方法提升教学效果。"碎"是指将原来的45分钟一节课时间拆成20分钟一段，提高学生的专注度；"动"是指增强线上课程中的互动环节，例如可以经常让学生用弹幕回答思考题，鼓励学生用投稿提问，将弹幕和投稿内容生成词云等；"分"就是分类梳理出课上讲授的核心与基础知识点和课外自学的补充拓展内容，并在线下的课程中进行讨论学习，使线上与线下的教学互为补充。

（2）课程与典型的航天控制事件相结合，利用3D打印、自主研发等手段制作直观的教学模型，整理制作视频材料进行工作原理展示，从而提升并拓展学生对该方向内容的认识。

（3）借助科技新闻，微信公众号热文等辅助材料，增强课程与本领域前沿进展的紧密联系，使课程充满科学性和趣味性。

（4）在课程设计中，以学习者为中心，建构一种课程设计者、提供者与学习者之间的交往对话机制，从而把教师和学生发挥课程实施与评价主体的积极性、创造性放在首位，注重课程主体的价值实现与个性解放。

在线下课堂中，借助目前熟知的"三明治"教学方法，以学生为中心，引导学生主动学习，培养独立解决问题的能力。以"航天器姿态动力学与控制"课程为例，在课堂上通过知识点讲授，学生分组讨论、交流总结等环节，实现学生自主探索的教学效果。例如，在介绍航天器被动姿态稳定控制时，首先向同学们介绍航天器所处空间环境的力学特性，回顾姿态动力学中重要的动量矩原理、线性系统稳定性原理等相关基础理论，进而提出关于航天器在重力梯度作用下是否能实现被动姿态稳定的问题；将学生分成小组针对该问题进行讨论，并且教师参与到小组讨论中，给予适当引导和启发；最后通过课堂交流，回答所提出来的被动姿态稳定问题，教师通过总结和分析加深同学们对该知识点的理解和认识，从而真正实现以学生为主的启发式教学，调动学生的课堂积极性，夯实对专业知识的理解和认识。在该教学模式的培养下，学生能够锻炼主动寻找有深度的问题，以及解决复杂问题的能力，取得较好的学习效果。

（四）团队教师互相支持

在组建教学团队时，注重建设年龄结构、学缘经历、教学经验分布合理的队伍，团队教师均具有博士学位，同时承担着丰满的科研任务，能够把科研资源与教学内容很好地进行结合。由于所承担的课程都围绕航天器这一主干，教师们对所有课程的内容都了解，在课程准备中完全可以互补。对于一门课程中出现与另外课程交叉的部分，可以通过不同侧重来体现本门课程的重点；有些案例也可以供不同课程来结合使用。

团队发挥协作精神，分工建设，在课前导学、课上研学和课后拓展的环节，都有专人负责整理与设计相关资料。团队成员间互相支持，课程组整体上形成了很好的传帮带模式，有利于年轻教师的发展，并具有很好的可拓展延续性，可以继续吸纳优秀的新教师加入本团队开展课程建设。

四、政策建议

在不断深化和改革本科生教学模式的过程中，还需要在以下几方面进一步改进提高。

（1）优化课程体系，筑牢专业基础。在课程组的建设中，通过梳理基础知识的共性，分析课程交叉点与层次递进关系，统筹安排授课内容，优化课程体系。通过课程间的逻辑关系，学生可以更好地理解课程内容，筑牢专业基础。

（2）灵活教学形式，理论联系实际。结合线上教学资源丰富、时间灵活，以及线下方式能够及时反馈、针对性强的特点，开展配套的课程设计工作。同时把科研项目中的需求引入课堂，引导学生理论联系实际，激发学生创新能力。

（3）发挥团队优势，提升教师能力。在课程组建设分工中，结合教师自身特长，形成互补，团队成员相互学习、共同成长，使教师的能力随课程组建设而提升。

参考文献

[1] 高举中国特色社会主义伟大旗帜为全面建设社会主义现代化国家而团结奋斗——习近平同志代表第十九届中央委员会向大会作的报告摘登[N].湖南日报, 2022-10-17.

[2] 吕骁, 颜秋林. 疫情背景下"操作系统"线上教学模式探索与实践研究[J]. 江苏科技信息, 2022, 15: 58-60+65.

[3] 闫建国, 王利娟, 侯占峰, 等. 基于理论与实践深度融合的拖拉机汽车学课程改革与实践[J]. 内蒙古农业大学学报（社会科学版）, 2021, 23(120): 41-45.

拔尖创新人才培养探索与实践
徐特立学院成立十周年教育教学改革论文集

Exploration of Higher Education Cooperation Teaching Pattern in New Stage

YANG Keying, ZHANG Jingrui, CAI Han

(School of Aerospace Engineering, Beijing Institute of Technology, Beijing 100081, China)

Abstract: Higher education is an important part of training professional talents to the society, and it undertakes the key task of talent team construction in the national scientific and technological progress and social development. Therefore, the education and teaching work in institutions of higher learning has always been the focus of attention. Looking back at the past, we can find that in different periods of social development, higher education is constantly reforming and innovating according to the needs. In the face of the new chapter of social development opened by the 20th National Congress of the Communist Party of China and the social changes brought about by the COVID-19 epidemic, higher education needs to actively adapt to the trend of the times and carry out adaptive reforms and changes. On the one hand, under the background that the epidemic has given birth to online teaching methods, how to combine online and offline teaching modes to explore the whole line, so as to achieve complementary advantages and improve teaching quality is worth thinking about. On the other hand, with the continuous development of science and technology and the endless emergence of new scientific and technological hotspots, how to optimize the professional curriculum system to help students establish a reasonable knowledge system in a limited time is a problem that needs to be considered by higher education. In combination with the existing problems, this paper explores a curriculum group teaching mode that integrates science and education. With basic courses as the core and specialized courses as the branches, the whole line teaching mode is carried out, so as to give full play to the advantages of team teachers and the convenience of online education platform. In this way, it is expected to improve the quality of undergraduate teaching, and helps the construction of the national talent team.

Key words: Teaching pattern; Online and face to face teaching; Curriculum group; Integration of science and education; Cooperation teaching

课程建设与改革篇

加强机械工程基础课程创新能力培养的探索实践

赵自强,赵杰亮,张海波,王文中

(北京理工大学 机械与车辆学院,100081)

摘 要:机械工程基础课程是大学机类和近机类专业基础骨干课程,其教学效果的好坏直接关系到学生对机械工程专业学习的兴趣、机械设计能力和创新设计能力基础的培养。本文结合教学实践,提出了在课程设置上采用理论课程与实践课程并重的双轨教学模式,提出以项目小组的形式将机械工程相关实践赛事与课程教学过程相衔接以增强课程内容实践和创新能力培养的新模式,进行以兴趣小组为单元、个性化教育的尝试。

关键词:机械工程基础;教学改革;创新能力;个性化培养

引言

创新是一个民族进步的灵魂,是国家兴旺发达的不竭动力。一个国家的创新能力决定了它在国际竞争中的地位。高等学校是培养创造型人才的摇篮。为适应21世纪的知识经济和高科技的发展需要,各高校必须更新教育思想和转变教育观念,探索高等学校机械工程领域内新的人才培养模式[1]。

机械工程基础(包括机械制图、机械原理、机械设计等课程的基础内容)是大学机类和近机类专业学生的专业基础骨干课程,其教学效果的好坏直接关系到学生对机械相关专业的学习兴趣、基本的设计能力和创新设计能力的培养等。目前国内大多数高校机械工程基础课程一直沿用传统的教学体系,在教学内容编排和教学方法上比较陈旧,已不适应21世纪对创新型人才培养的需求。机械原理教学内容中有些分析方法已相对陈旧,在很大程度上影响了这门课的教学效果和学生的学习积极性,同时也不利于创新型人才的培养,与时代的要求差距明显。机械设计相关教学内容过分注重理论知识的讲解,而对实际的设计问题缺乏应有的重视,也缺乏对学生创新能力的培养。同时机械设计课程更强调零部件的设计,对整机系统的设计和创新设计没有给予足够的重视。而注重实践环节的课程设计多采用传统的减速器项目,离实际产品开发尚有很大差距,因而在学生实践能力及专业技能的培养上收效甚微。

总体上来说,目前机械工程基础课程教学只注重培养学生如何建立基本的设计能力,而缺乏培养学生的创新能力和兴趣。学生在学完相关课程后虽然可以较好地完成与课程配套的习题,甚至可以进行行程式的课程设计,但对于实际零部件的设计仍不能得心应手,对于机械系统的创新设计更是缺乏培养。为此,有必要探索研究机械工程基础课程改革,通过对教学手段、教学方法的改进,将创新设计环节引入课程教学过程中,形成一套独具特色、效果显著的新型机械工程基础课程教学模式,从而提高教学效果,促进学生兴趣和创新能力的培养。很多高校已进行了有意义的尝试[2-7],我们在多年的教学实践中也从课程设置、课程内容及教学模式、实践教学环节及个性化教育等方面进行了深入探索实践。

一、形成有利于创新思维培养的理论与实践双轨课程模式

机械工程基础课程涉及多门课的知识。其中机械原理相关内容主要是通过对常用机构的认识和学习,掌握机构的一般概念、分析方法等;而机械设计相关内容则是通过对通用机械零部件设计理论和方法的了解,掌握机械零部件的一般设计方法和分析方法,使学生具有综合设计传动装置和简单机械的能力,并培养学生正确使用标准、规范和查阅有关机械设计资料的能力等。纵观课程的设置和课程内容可以发现,目前的课程设置主要以既有理论知识的灌输教育为主,缺少对现代先进设计方法的介绍;以强调理论为主,缺少实践教学环节,导致学生感觉内容枯燥;缺乏对学生创新能力的培养。

为了解决课程设置和创新能力培养的关系,我们进行了多年的实践,初

步形成了一种理论和实践课程并重的双轨课程设置模式。如图1所示，在课程设置上既保留了传统的机械制图、原理和设计的教学内容，同时又开设了以课程内容实践为主的选修课程，主要包括平面创意机构设计、机电系统创新与实践等。当学生在学习基本理论的过程中，激发了某些创新思维火花，可以有一个及时实践的平台，较好地解决了理论课程与实践脱离的问题。当学生的想法变为现实时，为理论学习注入了更强的动力；当思想不能变为现实，也会激励学生找原因，分析问题、解决问题和设计能力同样得到很大锻炼。因而学生始终保持创新的热情和动力，也保持了较高的学习兴趣。此外，将机械创新设计大赛等赛事与理论课程和课下实践紧密结合，以项目小组的形式，设计构思自己的作品，根据自己的构思，学生同样带着问题进入理论课程的学习；而在课下实践阶段，同样以项目小组的形式，将创新设计等赛事的构思作品直接作为课下实践的任务。实践证明，这种理论课程与实践课程紧密结合的双轨课程设置模式，有效解决了理论课程的枯燥感，提高了学生的学习兴趣，同时学生也完成了自己构思的作品，达到了实践的目的。理论和实践实现互动，教学效果良好，学生的创新能力得到提升，受到学生的普遍欢迎。

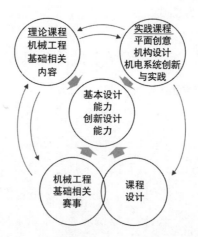

图1 机械工程基础课程设置与创新能力培养的关系

二、发展注重创新能力培养的课堂教学模式

机械工程基础课程的教学内容主要注重抽象的原理、设计方法的讲解，教学实践中学生经常反映课堂内容烦琐而重点不突出；孤立介绍各种机械零件的失效形式和相应的设计方法，缺乏系统性和共性介绍；由于课时的限制，教学环节主要以完成大纲内容为目的，缺少必要的工程背景和应用实例的介绍。创新能力的培养除了必须熟悉机械设计的基础知识，还要培养学生创新思维能力。目前的教学内容和教学模式应该为创新能力的培养和素质教育做出改变，为此，我们在教学实践中从以下几方面进行了探索。

（1）改革教学内容，提高学时利用效率。在理论教学课时减少的情况下，如何提高课时利用率是值得探讨的问题。在教学内容的安排上，对于一般公式的详细推导、图表的使用不在课堂上讲解，而是作为学生的课后自学内容，锻炼其自学能力。取而代之的是在课堂上更注重讲解这些公式、图表的科学和工程背景来源，引导学生发现问题，加强学生的思辨能力；要求学生课后查阅一定数量的相关文献，对问题进行深入的了解。因而提高了学时利用效率，也逐步培养了学生发现问题、分析问题和解决问题的能力，为创新能力的培养奠定了基础。

（2）采用多样化教学模式。机械工程基础课程的知识点都有一定的工程实际背景，然而由于学生缺乏实践感性认识，很多内容对学生而言比较抽象。因而在课程讲解中应该应用多媒体技术，将文字、图片和视频等有机地结合起来，将抽象的概念具体化、形象化。采用启发式教学，从工程实际背景中引出问题，加强学生的工程意识，培养学生分析和解决实际问题的能力，充分调动学生的好奇心，逐步培养学生的兴趣。对一些内容如典型零件失效等的共性问题，采用讨论式教学模式，要求学生事先查阅一些文献和实例，以小组为单位组织讨论。

为此教师也需要不断提高自身能力，加强对教学内容和教学方法的研究，以提高教学水平。学校的教学管理部门应该改变管理模式，从量化管理向质量管理模式转变，为教学模式的转变提供宽松的环境。

三、构建有利于创新能力培养的实践体系

传统机械工程基础课程的实践教学环节主要包括与理论教学内容相关的实验,如带传动实验、轴系拆装实验、滑动轴承性能验证实验等。这些实验内容固定、功能单一,以验证、巩固和加强理论教学内容为主要目的,往往由于台套数少、学生多而流于形式,学生在实验过程中只是简单重复实验内容,学生参与度、发挥创造性的机会几乎没有,不能满足创新能力培养的要求。因而我们尝试构建了以培养学生兴趣、创新能力为主线的教学实践体系。

将教学实践环节分层次。一方面,将传统实验内容设置为验证性实验,实验室对学生完全开放,在课程期间学生预约实验;另一方面,开设学生参与度高、自主创新性强的相关实验选修课,如平面机构创意设计选修课、机电系统创新与实践选修课。在慧鱼等平台下,学生可发挥想象,自主搭建,实现自己的想法。这样充分调动了学生的学习积极性和潜在的创造性,收到了良好的效果。进一步,将一些有想法、有创意的学生在教师的引导下组成创新实践小组,实现自己的创意,在合适的时机鼓励、支持他们申请校内针对大学生的创新实践资助项目,进而参加各种创新设计大赛。在此过程中,学生带着问题去上课,兴趣更大,实现主动吸取知识,而不是被动接收知识,实现理论和实践的有机结合。

四、鼓励创新能力个性化发展

在课程进行中,教师引导一些对机械工程相关理论和实践感兴趣的同学,特别是对设计感兴趣的同学,形成课外兴趣小组。除了深入研究和探讨学生自己感兴趣的问题外,还可让部分学生参与到相关教师的课题组中,为其营造出一个创新设计空间,如一组学生参与了我校某项目的创新实验装置的设计工作,很好地发挥了他们的创新能力。对于学生的研究和创新成果,鼓励他们整理成文,投往相关的会议和期刊,在学校和课题的资助下去参加国内或国际的会议,发表自己的见解,这样学生既拓宽了视野,又增强了信

心,同时培养了浓厚的科研兴趣。以兴趣小组和加入课题组的方式实现了学生的个性化教育,也增强了创新能力的培养。

五、结语

通过以上教学改革实践,学生既掌握了机械工程基础课程的一般知识点,又加强了创新能力的培养,激发了学生的创新灵感和创作欲望。在近几年的机械创新设计大赛中,涌现出了一大批优秀的作品。近几年我校在各种机械创新设计大赛、创意设计大赛中都取得了良好的成绩,显示了较强的创新设计能力,也体现了机械工程基础课程的教学改革效果。

参考文献

[1] 张春林.机械创新设计[M].北京:机械工业出版社,2007.

[2] 刘夫云."机械设计"课程教学内容改革初探[J].重庆工学院学报:自然科学版,2007,21(3):135-137.

[3] 郭宇,廖文和,陈筱胜.TRIZ理论与理工科大学生创新能力培养[J].南京航空航天大学学报(社会科学版),2005,7(3):79-82.

[4] 张晋西,邝学琴,林昌华.开设高校创新机械设计课程构想[J].重庆工学院学报,2006(8):147.

[5] 郭筠.TRIZ理论与学生创新能力培养[J].新疆师范大学学报(自然科学版),2005,24(2):113-117.

[6] 党玉功,张中利.创新教育背景下机械设计类课程教学改革浅谈[J].中国电力教育,2010,154(3:121-122.

[7] 曹宪周,杨卓.基于创新理念的机械设计教学研究[J].河南工业大学学报(社会科学版),2011,7(1):136-138.

Practical Exploration of Strengthing the Innovative Abilities in the Education of Machanical Engineering Fundamental Course

ZHAO Ziqiang, ZHAO Jieliang, ZHANG Haibo, WANG Wenzhong

(School of Mechanical Engineering, Beijing Institute of Technology, Beijing, 100081, China)

Abstract: Foudamental of mechanical engineering course is the backbone courses of mechanical engineering related majors, whose teaching effect greatly influences students' interest in mechanical engineering, basic design capability and innovative capability. Based on teaching practices, this paper proposes the double lines curriculum mode in which theory and practice curriculums are in parallel; By organizing the project groups, the mechanical engineering related competition is linked to curriculum teaching to enhance the practice of theory and student's innovative abilities. Personalized education is also emphasized by developing interest group-cells.

Keywords: Mechanical engineering; Educational reform; Innovative abilities; Personalized education

科教融合、综合设计，打造学科核心贯通课

唐胜景，崔平远，徐瑞，乔栋，朱圣英

（北京理工大学 宇航学院，北京 100081）

摘 要：本文给出了航天器导航与控制学科核心贯通课建设与实践过程中的体会。多年来，课程教学团队坚持教书育人，以人才培养为根本，精炼融通，构建学科核心贯通课知识体系。融课程思政于知识传授，结合国家重大科研项目，将科研成果融于教学全过程；国内外教授专家联合授课，校企合作协同育人，着力打造了科教融合、综合设计的学科核心贯通课。贯通课在育人实践中取得了较突出的成效。

关键词：航天器导航与控制；学科核心贯通课；科教融合；教书育人

引言

"航天器导航与控制"是航空航天工程专业的学科核心贯通课，由航天器动力学与控制、航天器自主导航与控制、航天器系统分析与设计三部分组成，为第五、六学期课程。自2013年立项以来，已开设多次。经过近十年的建设与实践，该课程以航天精神打造课程思政，以航天器设计核心知识为主线，构建形成了航天器导航与控制学科核心贯通课知识体系；结合国家重大科研项目，将科研成果融入课堂、实验、毕业设计与创新竞赛之中，不断提高学生科研创新与实践能力。

一、精炼融通，打造学科核心贯通课建设理念

从核心贯通课程立项到建设实践过程中，教学团队坚持教书育人，以人才培养为核心，以核心贯通课程为载体，打造了国内外、校内外专家学者组

成的教学团队，如国家"973项目计划"首席科学家、北京市教学名师、国家青年人才计划获得者、小卫星总师以及国外大学知名教授等；融国家重大科研项目于教学全过程，结合科研训练，以航天器设计核心知识为主线，构建了航天器导航与控制学科核心贯通课的建设理念，如图1所示。

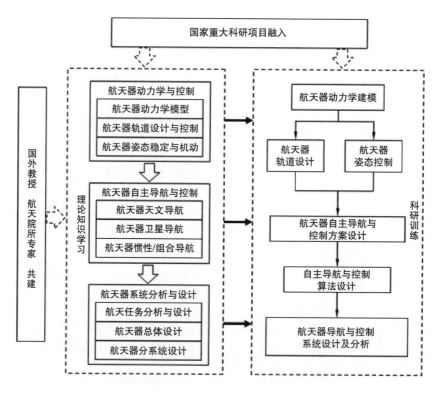

图1 核心课程建设思路

二、以航天器设计知识为主线，构建学科核心贯通课知识体系

在核心贯通课程建设过程中，教学团队针对构成航天器导航与控制学科核心贯通课的航天器动力学与控制、自主导航与控制、系统分析与设计三部分之间融通性不够且各自独立讲授带来的不足，以航天器设计知识为主线，通过三部分知识的系统整合，综合考虑各部分知识组成、知识的先修与后续，以及各部分之间的关联，打造了航天器导航与控制核心贯通模块课程知

识体系。

在课程教学过程中，依次讲授航天器动力学模型、轨道设计与控制、姿态稳定与机动控制、自主导航方法、系统设计与分析等内容，既保证了航天器导航与控制知识体系的连贯性，又消除了单独讲授过程中部分重叠的问题，形成以航天器系统设计为牵引的任务级概念型知识学习、轨道优化与确定为主体的大系统拓展性知识学习、姿态控制为推动的小系统级研究型知识学习的立体层次，实现航天器导航与控制核心课程知识的全面贯通。

三、以航天精神谱系为核心，融课程思政于知识传授

教学以课程为载体，教学过程不仅仅在于知识的传授，还将课程思政融于知识传授的整个过程。对此，授课团队精心打磨所授课程的思政要点，引导学生坚定理想信念，树立正确价值观，努力做到润物细无声。

以"探月精神"和"载人航天精神"为核心，邀请航天领域知名院士专家讲述航天发展成就和型号研制中攻坚克难的航天故事，激发学生航天热情和投身航天事业的激情，将爱国主义情怀和"航天精神"融入课程教学，构建以"航天精神"为驱动的"航天器导航与控制"课程思政长效机制。"航天精神"融入教育教学全过程，确保了教学任务与思政教育的有机融合，并将爱国主义教育工作延伸到课下，传承"延安根、军工魂"的红色基因，彰显北京理工大学的红色底蕴，展现我国航天事业发展道路自信，增强学生民族自豪感。

在讲授内容中，突出航天自力更生、艰苦奋斗的传统，将"特别能吃苦、特别能战斗、特别能攻关、特别能奉献"的"航天精神"传递给学生，引导青年学生勇于担负起时代赋予的历史使命，明确学习与科研工作的意义和目的。在案例实践中，通过"小组—团队"合作模式，使学生切身体会"追逐梦想、勇于探索、协同攻坚、合作共赢"的"探月精神"。在课余交流中，通过介绍我国航天事业发展历程和优秀人物，通过日常宣贯钱学森、郭永怀等老一辈航天人，黄大年等当代科研工作者榜样以及普通身边人的事迹精神，鼓励学生珍惜时光，夯实基础，树立远大目标与理想，未来为我国

航天事业发展和祖国强大做出贡献。

组织参观航天发展成就展和博物馆,与航天一线科研人员座谈交流,带动学生投身航天科研深造。通过课程设计、案例研讨与教改研究等举措,增强了学生热爱专业、爱国奉献、航天报国的热情。在航天器系统分析与设计部分讲授过程中,航天东方红卫星有限公司小卫星总师白照广研究员,以自己的切身经历讲述了我国航天发展历史及"航天精神"谱系,深入讲述"航天精神"的发展过程,从"两弹一星精神""载人航天精神""北斗精神"到"探月精神"的发展脉络,并结合生动案例详细阐述了为国争光、勇于攀登、科学求实、团结协作、默默奉献等精神的内涵,深深打动了同学们。

四、结合国家重大科研项目,将科研成果融于教学全过程

核心贯通课程建设紧密结合国家重大工程需求,依托授课教师团队国家"973项目"的科研背景和科研实践平台,构建分布式立体化教学体系,开展理论知识学习和科研训练。针对国家重大科研项目中的热点难点问题,在课程学习中注重问题研究思路的讲授及案例的讲解并启发学生思考解决;在科研训练中,针对具体研究问题,对学生进行由模型建立、方法研究到系统设计分析的训练。通过整合国家重大科研项目的具体科研问题以及工程实践课题,帮助学生进行问题提炼和建模、设计工作,培养学生的创新能力和分析解决具体问题的能力。

核心课程教学中,面向国家重大工程需求,全新编排课程内容,将航天任务设计的理念引入核心课程教学。结合国家航天重大工程案例,采用启发式教学,剖析任务设计背后的原理,激发学习兴趣,并在课程内容中增加实践环节,以国家探月工程、火星探测工程等为背景设置科研训练题目,注重原理与应用相结合,采用探讨式教学,提升学生实践能力。围绕国家重大工程需求和航天器综合设计的特点,连通教与学、课上与课下、线上与线下、科研与实践等问题的多元关联。

引入航天领域前沿成果,促进学生知识见识的增长。结合国家航天重大工程需求,将深空探测、载人航天、空间在轨服务等最新的科研成果引入教

学内容中，打造研讨、案例与实践相结合的新授课模式。注重科研和教学相结合，在核心贯通课实践过程中，组织学生课余时间参加教学团队承担的国家重点研发项目、"973项目"的相关导航与控制技术研讨会，参观航天东方红卫星公司总装车间等。在课堂中结合讲授航天技术中核心知识和研究前沿，拓宽学生学术视野，以知识见识锤炼真本领。

积极推进教材体系的建设与完善，注重知识体系的精炼连贯。结合国家重大科研项目，突出航天创新特色，在教材中引入工程任务面临的实际问题和新方法。引入月球着陆、空间交会、火星探测等国家重大科研项目中的热点，以前沿研究支撑高水平教材编写，培养学生对航天工程概念理解的系统性、完整性和层次性，形成研究型课程教材。

教学团队结合承担的国家重点研发项目、国家"973项目"等研究工作，针对国家急需的深空探测关键技术选题，凝练选出学生毕业设计题目。根据学生创新研究和创新实践过程中的阶段性问题，深化学生本科毕业设计的指导，并不断提高学生科研兴趣和学习热情。同时面向国际学术前沿研究，拓宽学生科研范围和学科知识面，提升其科研创新能力。

积极推动授课模式改革，融合课堂实训贯通教学，将知识学习与科研训练相结合。在基础理论学习的基础上，针对月球着陆、火星探测等国家重大科研项目中的热点问题，提炼研究问题，融合科研训练，使学生能够充分将理论与实践融会贯通。科研训练环节采用"小组—团队"合作模式，引入国家航天热点任务，提升学生爱国情操和学习兴趣，培养学生的团队精神，着力提升学生的创新思维和解决实际问题能力。

以国家重大工程需求为背景和牵引，将航天的"归零"思想引入学生的创新实践能力培养，规范过程管理，通过"清单归零"模式，将实践难题集中讨论，各个击破。通过创新实践，培养学生精益求精、追求卓越的基本素质，实现"航天精神"、国家重大工程需求与人才培养的有机联动。

五、国内外教授专家联合授课，校企合作协同育人

在学科贯通课的建设与实践过程中，先后邀请国内外知名院校的教授、航天院所总师、研究员等专家组成课程讲授及指导小组，以课程讲授或报告的形式进行教学。课程建设与实践为航空宇航相关专业高素质人才的培养实践，探索并建立一个理论与工程教学贯穿结合的典型模式。

结合宇航学院在航天领域研究中和航天工程部门建立的密切联系，以与航天五院建立的国家级工程实践教育中心、与航天东方红卫星公司和航天502所建立的联合研究中心为基础，邀请航天总师进课堂，给学生授课，讲述我国最新的航天型号、航天系统的设计过程和经验。建立航天飞行器系统设计的协同育人教学体系，采用面对面授课、现场参观、理论分析与数字仿真、系统设计等方式实现课堂理论知识和工程实践的有机结合，推进核心课程实践教学环节的建设实施。

通过校企联合本科生授课，构建"紧跟重大科技前沿、随时更新知识点"覆盖航天器任务全流程的航天器系统设计与分析知识体系，打造航天工程部门参与、航天专家指导的"实物可参观、试验可参与、仿真可动手"的航天器系统设计与分析协同育人实践环节。

六、科教融合、凝心聚力，在育人实践中教师与学生共同努力与发展

在核心贯通课程教学实践过程中，团队教师作为负责人和核心骨干成员的航空宇航教学团队2017年获批为工业和信息化部研究型教学团队，多位教师在教书育人的实践中不断成长并晋升职称。同时，结合国家重大项目与科学研究成果，出版了多本教材与专著，为核心课程的建设提供了支撑；所凝练出的工程实际问题转化为毕业设计题目和科研训练项目，不断激发学生学习的兴趣，并取得了突出成果。

（一）科研成果推动教材与专著的出版

团队教师将国家航天领域重大工程任务的研究成果融入航天动力学基础理论，编写的教材《航天器轨道姿态动力学与控制》入选学校"双一流"建设精品出版工程，于2022年出版。同时结合国家火星探测与小天体采样返回探测重大工程需求，获国家出版基金资助撰写专著《火星探测器轨道动力学与控制》，获国家科学技术学术著作出版基金资助撰写专著《小天体附近轨道操作动力学与控制》等，并应用于选修课程"深空探测任务设计与实践"课程。团队教师编写的《深空探测器自主导航与制导》，获航天科技图书出版基金资助出版，《航天器控制系统建模与仿真》入选北理工"特立"系列教材，它们与 Mars Networks-Based Navigation: Observability and Optimization 等一起，成为航天器自主导航与控制部分的教材；授课教师结合深空探测器系统方面的研究，形成《深空探测器技术概论》《深空探测器自主任务规划技术》分别于2021年、2018年由高等教育出版社出版，为核心课程的课堂授课和教学提供了强力支撑。依托国家重点项目出版的教材与专著，为学生掌握知识和提高能力提供了有力支撑，对核心课程建设起到了非常重要的作用，获得学生好评以及来自各方面的关注与赞誉。

（二）国家重大工程需求促进毕业设计题目的凝练

面向国家重大工程需求，结合核心课程具体内容，凝练出的学生毕业设计题目，拓宽了学生科研范围和学科知识面，提升了学生学习的兴趣与爱好。2020届徐特立学院学生周星宇、2021届徐特立学院学生郑祚修的毕业论文分别获北京市高校优秀本科生毕业论文奖，2021届徐特立学院学生朱天昊获全国航空航天类本科毕业设计成果交流一等奖。

（三）核心课程建设推动科创竞赛水平的提升

核心贯通课在建设过程中，与航天领域科创竞赛相结合，任课教师也是学生科创指导教师，教师把控科创方向和思路，团队把控研究细节和过程。

通过该方法的实践应用,既保证了学生科研活动的创新性,又保证了实践过程的问题得到及时的反馈和解答。如航天器动力学与控制部分授课与创新实践模式相融合背景下,指导培养的学生周星宇、郑祚修分获世界大学生立方星挑战赛中国赛区一等奖,学生庞博作为核心骨干成员获得第12届全国轨道优化设计大赛甲组冠军,学生贾飞达获全国小天体防御方案设计大赛三等奖等。

在核心贯通课程学习过程中,学生在学习中不断进步与成长。如学生周星宇经过理论知识的学习和课程实践,对空间高精度测量编队的动力学与控制产生了浓厚的兴趣,进入研究生阶段围绕高精度测量编队的轨道确定、构型优化与误差演化开展研究,取得了突出的成果,先后发表航空宇航领域顶级期刊论文3篇,并获得2022年研究生国家奖学金。

七、结论

简言之,航天器导航与控制学科核心贯通课自立项以来,教学团队坚持育人为本,致力于学生的知识、能力与素质的综合提升,在人才培养与课程建设等方面取得了较为显著成果,同时推动了教学团队在教书育人的道路上努力奋进!

● 参考文献

[1] 吴小林. 构建新时代产教融合平台 推动教育科技人才全面贯通 [J], 中国高等教育, 2022 (24): 22-23.

[2] 齐勇, 王崇臣. 科教融合视域下拔尖创新人才培养模式的实践与探索 [J]. 北京教育(高教版), 2017 (Z1): 133-136.

[3] 王嘉铭, 白逸仙. 培养一流人才: 以科教融合实现人才培养模式变革 [J]. 高校教育管理, 2018, 12 (3): 109-115.

[4] 张大良, 提高人才培养质量 做实"三个融合" [J]. 中国高教研究 2020 (3): 1-3.

[5] 张红霞, 从近现代大学组织特点看科教融合体系建设之逻辑 [J]. 苏州大学学报(教育科学版), 2020 (4): 21-29.

[6] 周光礼, 马海泉. 科教融合: 高等教育理念的变革与创新 [J], 中国高教研究, 2012 (8): 15-23.

Integration of Science and Education, Comprehensive Design, and Creation of Discipline Core Course

TANG Shengjing, CUI Pingyuan, XU Rui, QIAO Dong, ZHU Shengying

(School of Aerospace Engineering, Beijing Institute of Technology, Beijing 100081, China)

Abstract: This paper presents the experiences in the construction and practice of the discipline core course of "Spacecraft Navigation and Control". Over the years, the curriculum team has been insisting on teaching and educating people, taking talent training as the foundation, refining and integrating, constructing the knowledge system of the discipline core course; integrating curriculum ideology and politics into knowledge teaching, combining with national major scientific research projects, integrating scientific research achievements into the whole teaching process; teaching jointly by domestic and foreign professors and experts, and educating people through school-enterprise cooperation, creating the discipline core course integrating science and education and comprehensive design. And the outstanding results have been achieved during the practice of education.

Keywords: Spacecraft navigation and control; Discipline core course; Integration of science and education; Talent cultivation

拔尖创新人才学术写作课程体系构建

——以北京理工大学未来精工技术学院为例

姜楠

（北京理工大学 人文与社会科学学院，北京 100081）

摘　要：理工类拔尖创新人才的写作能力培养，应以学术写作课程体系构建为主要形式。本文依次从课程建设的背景、路径和方法等层面，在全球高等教育"写作危机"与工程教育认证背景下，针对拔尖创新人才在写作能力提升上的三大痛点，探索学术写作课程的建设范式，提出始于兴趣、合于思考、久于训练的课程切入点，阐释了顶级、多元、细化等课程建设原则，确立了面向拔尖创新人才的学术写作课程之教学目标，以期有助于高等教育写作课程体系建设，提升拔尖创新人才的培养质量。

关键词：拔尖创新人才；学术写作；课程建设；理工类高校

引言

拔尖创新人才的培养是党和国家在新时代对高等教育提出的战略性任务和要求。"拔尖创新人才"一词最早出现在2002年党的十六大报告中。[1]国家有计划地选拔与培养拔尖人才主要集中于理工科领域，经历若干年实践探索，逐渐形成了卓有成效的经验模式。特别是2018年以来，我国大学开始更加积极地探索"新工科"建设路径，在人才培养机制方面进行深层次的教育改革。培养特立科研潮头、勇摘工业桂冠的领军人才，不仅需要夯实学生的数理基础和专业知识，提升其前沿科学研究能力和学术创新能力，也要关注学生的综合素质，[2]因此，理工类拔尖创新人才的学术写作能力培养路径与范式就成为教育界关注的焦点。

事实上，改进高校写作教学模式，提高大学生写作能力水平，已成为当前高校教学改革的热点。我国内地高校，现有写作教学形成了三种基本类型：创意写作、应用写作和学术写作。创意写作通常强调叙事技巧、人物发展和文学比喻，虚构、非虚构作品均可纳入此范畴，主要文体有传记、短篇小说和诗歌等。国内高校的创意写作课程更侧重小说、散文、诗歌和剧本的写作。例如，复旦大学2021年招收戏剧艺术（MFA创意写作）专业学位硕士，设置的两个方向即为"小说创作的叙事研究与实践"和"散文与传记创作研究与实践（偏纯文学方向）"。应用写作课程包括秘书写作、商务写作、应用文写作和大学语文等课程，在中文和非中文专业都有开设。学术写作[3]重在分析和解释，主要面向论文、分析报告等文体，强调理性逻辑建构，国内已有部分高校将其纳入通识教育课程体系，开设跨专业的学术写作课程。清华大学于2018年成立写作与沟通教学中心，在全校范围内将写作课确定为本科学生的必修课。

北京理工大学未来精工技术学院作为"双一流"高校培养领军领导人才的重要基地，在理工类拔尖创新人才的培养范式方面正在走出一条新路。提升学生综合素质中的写作能力，需要构建契合培养目标的写作课程。目前看来，创意写作、应用写作等课程无法适配人才培养目标，而带有通识课教育性质的学术写作也不能满足教育、教学需求，因此，探索适合理工类大学拔尖创新人才的学术写作课程成为亟待研究的课题。本文拟从课程体系构建的背景、路径和方法三个角度对培养拔尖创新人才的学术写作能力这一主题略陈愚见，以就教方家。

一、背景：写作危机与工程教育

在全球高等教育中，"基础写作危机"（the basic writing "crisis"）已经引起很多国家的注意。美国高等教育政策研究所于1998年大学整改报告（report on college remediation）中警告，65%的工作需要高级写作能力[4]。越来越多的中国学者也指出，近年来在中国内地高校出现了一定程度的"写作危机"[5]。在信息爆炸的21世纪，理工科大学生面临的环境不利于其基础写作能力的提升：新媒体形式层出不穷，自媒体、社交媒体借助强大的算法，凭借以长、短视频为代表的视觉形式，冲击着高等教育的知识输入传统与信息输出传统，即写作。

应对全球性的大学生写作危机，将写作课程整合到高等教育体系中，不失为积极之策。世界诸多顶尖理工科大学已经意识到，工程任务的完成需要良好的沟通能力，此种能力包括两个维度——口头沟通和书面沟通，它们均是受教育者未来在工程领域取得成功的基本要素。如果按能力培养的紧迫性划分，后者优先级更高。1996年，美国工程教育协会（American Society of Engineering Education）制定的工程技术认证标准（Accreditation Board for Engineering and Technology）中，即将毕业生的沟通能力包含在内。中国作为工程教育大国，2013年，教育部与中国工程院印发了《卓越工程师教育培养计划通用标准》，它规定了卓越计划各类工程型人才培养应达到的基本要求，是学校标准的宏观指导性标准。该标准第9条按照现代社会的要求突出强调了"具有较好的组织管理能力，较强的交流沟通、环境适应和团队合作的能力"。其中，不仅"交流沟通能力"在实际工作中的主要体现方式是书面文字表达，即使"组织管理能力"和"团队合作的能力"也和写作能力密切相关。2022年7月《工程教育认证标准》更提出了明确、公开、可衡量的"毕业要求"，其中"沟通"一项被具体描述为"能够就复杂工程问题与业界同行及社会公众进行有效沟通和交流，包括撰写报告和设计文稿、陈述发言、清晰表达或回应指令。并具备一定的国际视野，能够在跨文化背景下进行沟通和交流"。"撰写报告和设计文稿"被放在首要位置加以强调。写作能力的高下决定了后续"陈述发言""清晰表达""回应指令"的质量与效率。可见，在工程教育中，提升学生的沟通能力、交流能力，应以书面文字表达为突破点。换言之，以课程建设的方式提高理工科学生的学术写作能力，不仅可助力拔尖创新人才综合素质的培养，也为其在专业上精进、拓展打下坚实的基础，学术写作课程的开设并非锦上添花、可有可无，学术写作课程的地位不可替代，课程建设势在必行。

二、路径：学情分析与教学难点

如前所述，部分高校在学术写作类课程建设方面已取得较好成效（如复旦大学），但课程多被归于通识教育类别，而"双一流"大学面向理工类本科生开设的学术写作课程，目前似未见成熟、可推广的范式。究其原因，课程建设大抵受制于师资力量、教学模式等结构性、历史性因素，需做长期之功。此外，缺乏深入的学情分析与精细的教学目标，也是学术写作课程体系构建的难点。以下从"学"（学情分析）与"教"（教学难点）两方面，概述面向理工类大学拔尖创新人才的学术写作课程之建设路径。

经过较为细致的学情分析，我们认为，整体看来，包括拔尖创新人才在内的大学生之综合知识水平、写作教育与学习动力等方面都存在明显的问题。

首先，短视频时代，简单、直白的信息传递更受欢迎，多数大学生希望用最短的时间获取对自己最有价值的信息，更偏爱脑力消耗较低的信息获取方式，因而不具备大学生应有的系统阅读、艰深阅读的能力，对学术写作必须具备的语言之精细、结构之精巧、想法之精妙，学生无从体会，甚至不想体会。其次，基础教育阶段的"训练"，使部分学生习惯海量练习，强调"效率至上""分数第一"，相当数量的大学生没有精力与耐心投入学术写作的真正读写训练。再次，日益严重的就业与竞争压力，亦令学生难于平心静气地专注文字，社会与高校中有关"内卷"的议论盛行，加深了学生的焦虑情绪。

我们进一步关注了拔尖创新人才的学术写作相关学情，发现有三点值得注意。

第一，此类学生的学术写作基础较为薄弱。在写作教学上，中国的中学与大学教育之间存在着衔接错位。已有专家提醒教育界对此加以重视。越来越多的教育者认识到，"以应试为主导的中学教育未能为大学的学术写作做好充分准备，在某种程度上使得大学的学术写作培养几乎需要从零开始。"[6]

我们的学情分析显示，大学一年级理工科学生在入学第一学期未接受任何大学教育的情况下，对何种情况下构成"抄袭"多有误解，对学术写作的基本概念、基本方法几乎一无所知。

第二，在大学学习中，此类学生往往较其他学生更早接触到学术类文体，承担更多的相关写作任务。因为参与科研创新活动的需要，拔尖创新人才往往比普通大学生完成更多学术论文、实验报告、调查报告等说理性写作任务，而"双一流"大学的理工类学科对学术写作的精确性、连贯性、逻辑性要求普遍较高，因此，拔尖创新人才的成长需要的写作能力与他们已经具备的学术写作能力之间存在一定鸿沟。

第三，在学术写作方面，此类学生欠缺自主求知的欲望和条件。在教育条件大幅优化的"双一流"大学，学生既往的优胜履历与选拔体制的激励使其无法也无暇全面评估自我发展必备的核心素养（如学术写作等），在求学之路上，这类学生反而较少反思课程设置的合理性，而倾向于遵从现有课程设置框架，欠缺课外寻求其他方式开展自我教育的愿望与时间。

所以，如何将设计合理的学术写作课程嵌入拔尖创新人才的培养框架，使学生尽早适应大学中的学术写作，就变得极为迫切。课程建设应承担起培养拔尖创新人才学术写作能力的任务，此为学情调研与分析的结果，也是令学生完成从"作文"到"论文"这一"思维成人礼"的首选路径。

从"教"的方面看，尚无成熟的课程建设范式可供借鉴。首先，在基础教育阶段由学校安排的写作课程，常简单肢解材料，僵硬归纳中心思想，作文练习则以模板化为主流，语文教学很大程度上与学生的写作需要、写作实践脱节，很难起到实效。其次，我国高等学校受苏联专业教育的影响，工程教育的人才培养更专注技术，前些年对全人培养多有忽略。近年来在阅读与写作等素质教育方面虽有所改善，但有时教育方法失之简单化，未能起到应有的效果。事实上，我们培养的社会主义建设者和接班人，应具备与之匹配的学术写作能力，这些能力并非凭空产生，而需在精心设计的课程中通过持续对话（师生对话、自我对话、与文字对话）逐渐形成。只有切实提升了学生在世界科技领域的核心竞争力，走好北理工"红色育人路"才不是空谈。

三、方法：兴趣、思考、训练与三大原则

明确了路径，针对"教"与"学"两方面的难点，我们在课程体系构建过程中确定了三种解决问题的方法。

第一，始于兴趣。课程设计摆脱原始的"作文"教学思路，先唤醒学生的写作志趣，再将与学生未来职业发展息息相关的专业知识与技能有机融入教学全流程。换言之，就是使学术写作课程"有用"。

我们认识到，拔尖创新人才具有独特的优势。他们往往掌握着比前辈、同辈更好的技术手段，享有丰富的媒体知识，这使得他们在搜集所需信息时更加快捷、高效。但是，部分学生未能思考自己当下真正需要的是什么，无法科学地支配有限的时间和精力。所以，如何有效地应对日益严重的写作教育注意力危机，帮助学生重拾写作乐趣，是我们关注的焦点。

课程摒弃了传统学术写作教学的讲授思路，设计了三条线索，共十个主题。创新性的主题设置有三大优势。首先，可较为有效地消除学生对传统应试写作教学的抵触，激发兴趣。其次，主题设置充分考虑了学术写作的要素，将整个写作教学过程串联起来，形成一个完整闭环。再次，在各大主题中有机融入专业知识与技能，特别是文献检索、选题初阶、论文发表等专题，均聚焦未来精工技术学院的培养目标，为学生创设真实的情境，使学生在模拟挑战中获得价值和能力上的成长，真正实现"有用而有趣"的写作课教学。

第二，合于思考。课程设计超越单纯的写作训练，不仅传授写作知识、文字技巧，也囊括前序的资料搜集、阅读分析以及后续的评论、对话、修改等系列活动，使学生将学习、研究和思考的成果通过文字外化为论文。我们在课程中植入思维训练，将学术研究的整个过程镶嵌在课程中，为学生提供全流程、链条式、系统性的写作教育训练。我们将科研体验前置到拔尖创新人才的本科教育的早期阶段，培养学生深刻、丰富且清晰的思维，为其未来的学习培育可迁移的学术写作能力。

第三，久于训练。课程以促进学生的自我复苏与探索为目标，开展有助

于学生职业发展、学术发展的写作教育，建构完整而多元的写作训练体系。我们赋予学术写作教学"前学术训练"之特性，从文献阅读到论文选题，从搭建框架到提炼观点，都给出相应的"训练套餐"。教师除了讲授学术写作知识，还负责评阅、修改学生论文。此外，我们创新性地采用"试错作业"和"学生互批"等方式，在师生交流、生生交流中帮助拔尖创新人才循序渐进地装配起属于自己的写作"工具箱"。

总之，使学术写作课程体系构建始于兴趣、合于思考、久于训练，是我们提升拔尖创新人才写作能力的切入点，也是解决问题的基本方法。

拔尖创新人才学术写作能力的培养应以课程体系构建为出发点。结合学情分析和教学难点，可将此类课程设计的原则总结为顶层原则、多元原则和细化原则。

顶层原则指课程体系构建应采取顶层视角。不同于目前国内高校多数本科生学术写作课程所采用的文体格式介绍、文字规范讲解等传统方式，面向拔尖创新人才的写作课程应着眼课程体系建设，努力将写作课程整合到工程教育中，赋予课程"前学术训练"之特性，将人才培养改革落到实处。课程应通过清晰的逻辑线索、具体生动的跨学科主题和高质量的丰富素材来架构完整的学术写作训练体系。这样的课程定位与带有强烈通识色彩的写作课有所不同（如清华大学），也区别于文、理、医、工各专业背景的学生共同学习的模式（如中山大学），顶层设计的视角使未来精工书院的学术写作课具有鲜明的"北理工特色"。

多元原则指组建多元化的优质教学团队。国内高校写作课程教学团队的结构通常较为单一，课程或由具备中文学科背景的教师承担，或由理工科专业课教师承担，也有些是以上两者的简单拼合。面向拔尖创新人才培养的学术写作师资队伍不仅学位、职称、教学经验诸方面均应为"顶配"，更重要的是，教师的学科背景应贴合课程需要，最好应包括语文教育学、图书情报学、逻辑学、出版学等，而且教师学科归属也应尽量覆盖人文科学、社会科学和自然科学。只有多元优质的教学团队才能为学生提供高质量的学术写作教学供给，为课程提供质量保障。

细化原则指课程全流程的设计应最大限度地细化。课程设计应完整回答以下问题：班级规模是大班还是小班？如果是小班，具体人数多少为宜？判断依据何在？过程性考核如何体现？各类考核方式占比如何？依据何在？课程的细化设计应使拔尖创新人才在合适的班级规模中，获得由始至终的指导，从而体验浸润式学习。课程应安排环环相扣的过程性考核，每个学生都应获得若干次面批论文的机会，学生由"听"而"读"，由"读"而"写"，由"写"而"改"，在这个过程中，学术写作才不仅是知识和目标，也成为过程和方法。

面向拔尖创新人才开设学术写作课程，应明确教学目标，使学生能区分学术写作与基础教育阶段作文之异同，激活语文学习的积累，省思、刷新学术阅读与学术写作的观念，对遣词造句、谋篇布局和语言锤炼诸环节的规范有更为明晰的自觉意识，初步树立高等教育阶段学术写作的志趣。此类学术写作课程应遵循顶层、多元、细化的课程设计原则，使学生在修课后有能力独立完成本科期间各类学术论文写作任务。具言之，学术写作课程应帮助学生识别经典，主动阅读学术文章。学生能熟练运用所学"阅读密码"理解并分析文献摘要，建立个性化的笔记系统，可根据需要筛选数据库，正确使用检索技术。进一步，学生可有效确立选题，写出结构完整、逻辑严密、文字通顺的学术论文，具备论文修改的意识和基本能力，熟悉本校毕业论文写作规范的相关文件。概言之，合格修课者在学术阅读与学术写作全程均应做到有章可循、有法可依，能养成准确、清晰、完整的书面表达习惯。总之，在全球化"写作危机"和高等学校工程教育质量竞争的背景下，学术写作课程应在拔尖创新人才培养中占有重要地位。探索学术写作课程体系构建路径与方法，是"双一流"高校的当务之急。

● **参考文献**

[1] 朱旭."拔尖创新人才"概念审思[J].科教导刊，2021（27）：1-3.

[2] 北京理工大学未来精工技术学院[OL][2022-09-28].https://xuteli.bit.edu.cn/zhxw/da4f9a8486584e07900ed28015ac31b2.htm.

[3] 程爱民. 对外汉语教学与研究 [M]. 南京: 南京大学出版社, 2011, 3 (1) .

[4] SUGIE GOEN, HELEN GILLOTTE-TROPP. Integrating Reading and Writing: A Response to the Basic Writing "Crisis". Journal of Basic Writing, 2003, 22 (2): 90-113.

[5] 张经武. 新媒体时代大学写作教学面临的危机 [J]. 现代语文 (学术综合版), 2017 (06): 73-75+2.

[6] 才清华. 大学生写作能力培养——复旦大学的思考与实践 [J]. 通识教育评论, 2019 (01): 98-109.

[7] 刘军强. 写作是门手艺 [M]. 桂林: 广西师范大学出版社, 2020. 3-6.

Constructing an Academic Writing Curriculum System for Top-notch Innovative Talents: Taking the School of Future and Technologies of Beijing Institute of Technology as an Example

JIANG Nan

(School of Humanities and Social Sciences, Beijing Institute of Technology, Beijing 100081, China)

Abstract: The cultivation of writing abilities of top-notch innovative talents in science and engineering should be primarily achieved by constructing an academic writing curriculum system. This paper successively explores the paradigm of constructing an academic writing curriculum from the perspectives of background, approaches and methods of curriculum construction, targeting the three major pain points in enhancing the writing abilities of top-notch innovative talents under the background of the "writing crisis" in global higher education and Engineering Education Accreditation. It proposes a course entry point that starts with students' interests, engages them intellectually, and applies a lasting impact through training. This paper explains the principles for curriculum construction, such as excellence, diversity and thoroughness, and establishes the teaching objectives of academic writing courses for top-notch innovative talents. The aim is to contribute to constructing the writing curriculum system in higher education and improving the training quality of top-notch innovative talents.

Keywords: Top-notch innovative talents; Academic writing; Curriculum construction; Higher educational institutions in science and engineering

振动与控制贯通课程的教改实践

罗凯

（北京理工大学 宇航学院，北京 100081）

摘 要：本文论述"振动力学"与"控制方法理论"课程融合的教学改革和实践过程。首先，考虑到振动与控制在学术思想、理论方法及实际应用方面的联系，提出了该两门课程贯通教学的初步方案。其次，分析以往教学实践中可能存在的问题，尝试提供解决方法，并凝练当前教改实践的内容和创新点；分析本轮教学实践的成效与不足，并提出教学实践的思考。最后，总结教学实践成果，并指出今后课程的改进方向。

关键词：振动力学；控制方法；动力学与控制；贯通课；教学改革

引言

振动现象广泛存在于建筑、桥梁、制造与加工机器、交通与运载工具等结构和机械系统中，振动问题的分析与控制已成为工程归零分析和创新设计的重要内容，也是动力学与控制领域研究的热点问题。因此，开展振动及其控制的理论和实验教学活动，使学生深入理解和掌握动力学与控制的基础知识和专业技能，是培养优秀工程师和工程科学家的必要环节。

首先，在课程设置方面，国内大部分力学专业均开设了"振动力学"或类似课程（本科生必修课），机械、土木、航空航天等其他工科专业也开设了与振动相关的课程（本科生或研究生选修课）；而与控制相关的教学，则单独开设"自动控制原理"（本科生必修课）和"现代控制理论"（本科生或研究生选修课）。例如，我校宇航学院工程力学本科专业开设了必修课"振动理论与测试技术"（56学时）和"自动控制原理B"（48学时），飞行器设计与工程本科专业则开设了选修课"结构动力学基础（全英文）"（32学时）和必修课"自动控制原理A"（64学时）。其次，在参考教材方面，国外已有不少对我国振动教学影响较大的经典教材[1]，如斯坦福大学Timoshenko等的《工程中的振动问题》[2]、弗吉尼亚理工学院暨州立大学Meirovitch的《振动分析基础》[3]和加州大学圣巴巴拉分校Thomson和Dahleh的《振动理论及其应用》[4]。国内学者也出版了很多优秀的振动教材，如清华大学郑兆昌教授的《机械振动（上册）》[5]、西安交通大学倪振华教授的《振动力学》[6]、上海交通大学刘延柱教授等的《振动力学》[7]、我校胡海岩院士在南京航空航天大学工作期间所著的《机械振动与冲击》[8]和《机械振动基础》[9]。此外，不同于上述教材的组织体系和风格，胡海岩院士出版的《振动力学——研究性教程》[10]及其英文版教材[11]，通过结合研究案例，给出了振动力学学习的新范式。然而，振动与控制相融合的参考教材仍较少，且多数是在振动力学教材中增加个别专门讨论振动控制的章节[1]。国内南京航空航天大学陈怀海教授和贺旭东副教授编著的《振动及其控制》[12]，增加了较多振动主动控制的介绍，前6章单独介绍振动理论，后4章单独介绍主动控制方法。国外Meirovitch编著的《结构动力学与控制》[13]，对动力学与控制理论有较好的整合，但理论推导较多且难度和深度较高，缺少实例演示，所以可作为研究生课程的参考教材。最后，在实验教学方面，当前振动与控制相关课程多数采用理论讲授的方式，不涉及实验教学或有少量演示实验，导致学生对理论学习的兴趣不大或对理论知识的理解不够深入。

综上所述，振动力学与控制理论课程往往单独开设、互不关联，国内外尚缺少适应当前本科教育教学需求和特点的振动与控制教材，且在培养学生动手实验和理论联系实际能力方面存在明显不足。然而，动力学与控制的理论基础一脉相承，相互耦合，且具有鲜明的工程特色，所以我校有必要支持开展动力学与控制相融合的课程改革、教材建设及实验教学发展，以促进力学及其他相关专业的教育教学和学科建设。

一、课程改革方案

（一）主要问题和解决方法

振动与控制教学原授课方案主要存在以下三个方面的问题。

（1）内容相对割裂，课程关联性弱。振动力学与控制理论相关的课程彼此独立开设，本科生学习过程中很难将两部分理论知识贯穿联系起来，导致知识结构不成体系，且与现阶段前沿研究或工程问题联系不够紧密。

（2）课程实验较少，实践环节欠缺。当前振动与控制相关课程中，实验教学环节较少，允许学生自行设计和实际操作的实验寥寥无几，不利于培养学生的创新意识和理论关联实际能力。

（3）贯通模式新颖，缺乏相应教材。针对本科生的振动与控制贯通课，无论是国内还是国外可参考的教材都很少，直接适用于上课使用的教材几乎没有，这就要求开设该类课程的教师浏览多本教材进行提炼总结，形成讲义，从而带来不小的工作量。

针对上述三个问题，本研究拟采用以下解决方法。

（1）贯通式课程教学，实现内容体系的统一。在面向特立书院力学强基班和工程科学试验班的"动力学与控制核心贯通课Ⅱ"中，尝试将单自由度、多自由度离散和连续系统的振动理论与经典和现代控制方法基础理论贯通起来，按照不同的研究对象分别讲述振动与控制，以形成完整知识脉络，从而解决以上问题（1）。

（2）设计特色实验案例，实现理论和实践的统一。在课程规划中，设计2~3个贯穿理论与实验的实例，如倒立摆的动力学与控制、悬臂梁的振动与主动控制，作为课程作业布置给学生，使学生经历动力学建模、分析、控制设计和实验的全链条实践，加深对理论知识的理解和增加学习探究的动力，从而解决以上问题（2）。

（3）撰写讲义和教材，打造精品课程的载体。在备课过程中，任课教师综合不同的教材内容和已有的授课经验，形成课程讲义初稿，并经过多轮教学迭代和意见咨询，不断改进讲义，最终尝试撰写教材，从而解决以上问题（3）。

（二）教改实践内容与创新点

针对振动与控制贯通教学改革，拟开展如下两个方面的研究。

第一，贯通培养效果的跟踪和持续改进。在教学过程中及结束后开展座谈、问卷调查、知识竞赛或辩论、试题分析等活动，将开展振动与控制贯通教学的力学强基班和工程科学试验班与开展振动与控制单独教学的工程力学班进行横向对比，并在多次教学后进行纵向对比，分析学生对基本概念的理解程度和对完整知识结构的认知能力是否有所提升。

第二，理论与实验深度结合的教学模式。开发一以贯之的研究课题式实例，将研究过程分解并布置为作业，增加探索式学习的作业比例，减少重复练习题式的作业比例，发展能提升学生学习热情、探索欲望、创新意识和动手能力的新颖有趣的教学手段。

结合课程理论学习内容设计两个具体实验：一是如图1所示的倒立摆动力学系统数值仿真和实物演示实验；二是如图2所示的锤击法测试简支梁模态的实验。

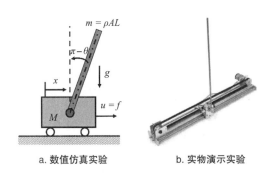

a. 数值仿真实验　　　b. 实物演示实验

图1　倒立摆实验

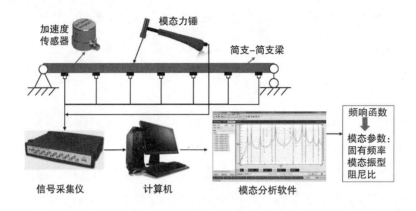

图2　简支梁模态测试实验

本研究的创新之处在于提出动力学与控制深入融合、相辅相成的新教学方案，并通过设计理论与实验贯穿式的研究实例，探索能激发学生自发探究学习的教学方法。

（三）预期成果

本研究拟形成以下初步阶段成果。

（1）形成振动与控制贯通课的完善教学思路和模式，大部分学生认可和评价良好。

（2）形成一套可供学生参考的完整教学讲义。

（3）完成实验教学平台搭建，逐步发展为可供学生实操的作业平台。

二、课程实践成效与思考

（一）课程体系建立与实验平台搭建

本研究完成了振动力学与控制基础理论的融合设计，形成了如图3所示的振动与控制贯通课程体系。在完成理论融合的同时，也开展了实验设计和平台搭建，如课堂上开展的倒立摆动力学控制仿真计算与实物演示实验（图4）。此外，目前正在搭建梁和板振动测试实验，在下一轮上课时可供全体学生进行实际操作，加深对理论知识的理解。

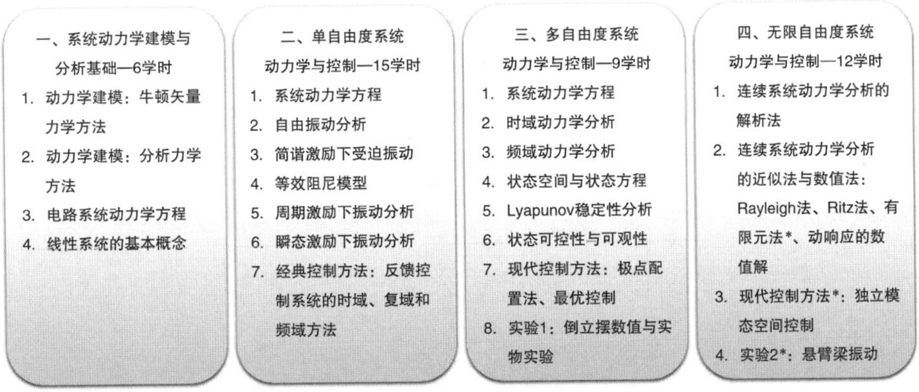

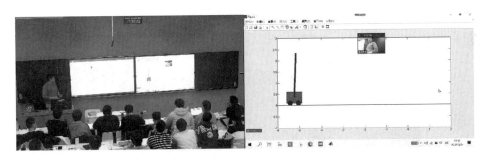

图3 振动与控制贯通课程体系

图4 倒立摆控制课堂演示实验

（二）第一轮课程的成效与问题

第一轮课程结束后，取得如下建设成效。

（1）面向徐特立学院力学"强基计划"专业和工程科学实验班，开设了动力学专业进阶课程"动力学与控制核心贯通课Ⅱ"，完成了振动力学和控制相关课程的融合设计，课堂效果良好，激发了学生学习动力学与控制相关课程的兴趣。

（2）在课程教授过程中，第一次课、中间部分课及最后一次课下课时，学生自发鼓掌表扬，说明学生对振动与控制贯通课讲授的认可。

（3）课程结束后，邀请了胡海岩院士与同学们进行座谈，为同学们分享学习经验和解答疑惑，并鼓舞他们树立远大志向，指出"人生是场马拉松，放松心情一路飙"，以平和之心态持续奋发努力，如图5所示。

（4）课程结束后，课程组总结了存在的主要问题，包括：课程难度较大，缺少合适的教材，基础性作业题量较小，实践学时不足等。今后，进一步优化课程体系，提升教学质量，在下一轮课程实践中改正问题，以取得更佳的教学效果，使同学们收获对动力学与控制理论更大的兴趣和更深的理解。

图5　胡海岩院士为学生答疑解惑

（三）课程实践的思考

在课程实践过程中，作者有如下思考。

第一，应注重对学生能力之培养。本科期间养成良好的学习习惯，形成终身学习的能力至关重要，为此需激发学生之"三力"。一是学习的动力。引导他们欣赏科学之美，感悟技术之妙，对知识产生渴望，自发学习而不断进步，形成良性循环，逐步培养兴趣。二是发展的潜力。鼓励他们夯实基础，长期积累，培养工匠精神，蓄势待发。三是问题的洞察力。勤于思考，善于提问，积极交流，不断深化对知识的理解，提升思维的敏锐度。青年时期是学习的黄金期，历史上很多卓越科学家的重要研究都是在青年时期完成的，所以需要珍惜。同时，相信我们的学生是有能力的，例如，上课讲到估计多自由度线性系统第一阶固有频率的Rayleigh法，但还没有讲到后续的Ritz

法时，班上一位很有想法的同学就提出了利用Schmidt正交化方法构造新的假设模态以估计更高阶频率的方法，令人十分惊喜。

第二，重视强化学生的基础。本科期间的学习需以牢固知识基础为主，再兼顾知识的全面性和前沿性。当学习知识不再简单以完成作业和考试及格为目标，而是静下心来读书，诚实面对困惑和努力探求答案，学习和生活自然变得忙碌，焦虑和疑惑自然越来越少。学习每一门课程，上课、写作业和考试只是提高学习效率的方式，扎实的基础还需大量的阅读，这也是目前很多同学所缺乏的。

第三，教学是教师的成长过程。教研是相长的，知识需要螺旋上升的认知过程，因此教学也是教师的学习过程，是提升研究水平和学术品位的重要手段。例如，上课讲到建立动力学方程的Hamilton原理（Hamilton's principle）时，课间一位同学提问为何推导过程中认为初始和终止时刻状态是确定的（即给定初末状态虚位移为零），若末状态无法确定怎么办，当时无法很好地回答这位同学的问题，也在心中留有疑惑。后来在研究过程中读到一篇论文，才解答了此疑惑。Hamilton定理（Hamilton's law）从系统初始和终止时刻的虚位移和虚速度中任选2个作为初始条件均可推导动力学方程，由此得到的不同离散格式，从而导致计算结果有偏差，而Hamilton原理是Hamilton定理的一种情况，即令初始和终止时刻的虚位移均为零。

三、结论

本文针对振动力学和控制理论两门原本独立的课程，开展理论融合贯通的教学改革和实践，整体采用振动力学的课程框架，在动力学建模方法部分增加控制所需的电路系统动力学方程，在单自由度系统部分引入自动控制原理中的经典控制方法，在多自由度系统部分融入现代控制方法，在无限自由度系统部分增加连续系统控制方法。在课堂教学中设置数值模拟和实物演示实验，增进学生学习知识的兴趣，并在布置作业时选取需简单研究的综合性题目，加强学生解决问题的能力。在力学强基班和工程科学实验班首轮教学结束后，总结了教学的成效和不足。今后教学过程中，进一步完善和优化本课程的教学结构，增加动手实操的实践环节，平衡作业中基础性题目和综合性题目比重，编写讲义和教材，努力使本课程成为学生激发学习热情、夯实理论基础和提高综合能力的优秀本科生课程。最后，感谢宇航学院胡海岩院士、胡更开教授、田强教授和赵颖涛副教授等老师们对作者教改实践过程中持续的指导、建议及帮助。

参考文献

［1］陈立群. 国外振动新教材的内容和特点［J］.力学与实践, 2009, 31（1）: 79-83.

［2］TIMOSHENKO S, YOUNG D H, WEAVER W. Vibration Problems in Engineering, 4th Ed.［M］. New York: John Wiley & Sons, 1974.

［3］MEIROVITCH L. Elements of Vibration Analysis［M］. New York: McGraw-Hill, 1975.

［4］THOMSON W T, DAHLEH M D. Theory of Vibration with Applications, 5th Ed.［M］. Englewood Cliffs: Prentice-Hall Inc., 1997.

［5］郑兆昌. 机械振动（上册）［M］. 北京: 机械工业出版社, 1980.

［6］倪振华. 振动力学［M］. 西安: 西安交通大学出版社, 1989.

［7］刘延柱, 陈文良, 陈立群. 振动力学［M］. 北京: 高等教育出版社, 1998.

［8］胡海岩. 机械振动与冲击［M］. 北京: 航空工业出版社, 1998.

［9］胡海岩. 机械振动基础［M］. 北京: 北京航空航天大学出版社, 2005.

［10］胡海岩. 振动力学——研究性教程［M］. 北京: 科学出版社, 2020.

［11］HU H Y. Vibration Mechanics—A Research-oriented Tutorial［M］. Singapore: Springer Nature, 2022.

［12］陈怀海, 贺旭东. 振动及其控制［M］. 北京: 国防工业出版社, 2015.

［13］MEIROVITCH L. Dynamics and Control of Structures［M］. New York: John Wiley & Sons, 1990.

Teaching Innovation and Practice on an Integrated Course of Vibration and Control

LUO Kai

(School of Aerospace Engineering, Beijing Institute of Technology, Beijing 100081, China)

Abstract: The paper presents the process of teaching reform and practice on integrating the classes of vibration mechanics and control methods. First, given the inherent connection of vibration and control in academic thoughts, theoretical approaches and engineering applications, the initial scheme of theory merging of these classes is proposed. Then, issues in the previous teaching process are analyzed and possible solutions are provided. The events and innovations in the current teaching practice are also listed. Furthermore, the effects and shortages in the first run of teaching practice are reported, and some thoughts on teaching are discussed. Finally, the results of teaching reform and practice are summarized, and direction of improvements on future classes is pointed out.

Key words: Vibration mechanics; Control methods; Dynamics and control; Integrated class; Teaching reform

面向工程科学人才培养的传统核心课程改革

孟军辉,刘莉,李文光,王正平

(北京理工大学 宇航学院,北京 100081)

摘 要:"新工科"人才培养模式要求从学科导向转向产业需求导向、从专业分割转向跨界交叉融合、从适应服务转向支撑引领。而传统工科课程内容体系以教师为中心,以课堂为渠道,以抽象理论教学为核心内容。同时由于宽基础、重融合对课程调整、压缩,使相关专业课程学时减少。以"新工科"建设理念为指导,"飞行器结构力学"在教学内容、教学模式、知识模块构建等方面进行了改革探索,形成创新人才培养的良性循环,推动了新工科建设的发展。

关键词:新工科建设;专业核心课程;综合实践项目库;虚拟仿真;知识点模块化

引言

2017年2月,《教育部高等教育司关于开展新工科研究与实践的通知》提出建设新工科人才培养模式,要求从学科导向转向产业需求导向、从专业分割转向跨界交叉融合、从适应服务转向支撑引领[1]。随着新工科的迅速发展,工业科技发展对人才培养提出了更高要求,同时传统的偏理论和单学科教育的人才培养,在面对复杂工程问题时凸显出实践性和创新性的不足[2]。新工科建设不仅涉及新兴产业,也包括利用新技术对传统产业的改造升级,因此,要加强工程教育与产业发展紧密结合,在教学各个环节中主动对接产业发展需求和企业技术创新要求,把握行业人才需求方向。新工科建设服务国家战略,顺应经济发展,强调学科交叉融合和过程实践,在交叉领域践行多学科的研究思想和方法，在解决复杂工程问题的过程中培养创新型、复合型、应用型人才[3]。

飞行器设计与工程专业是北京理工大学最早建设的专业之一，其前身是1958年钱学森先生指导下创建的我国首批火箭导弹专业，历史悠久，并于2019年经教育部批准进入国家级一流本科专业建设点。"飞行器结构力学"作为连接力学基础课程和飞行器系统分析与设计等专业课程的纽带，以"理论力学""材料力学""弹性力学"等基础力学课程知识为基础，以真实飞行器工程结构为对象，将力学模型构建和理论分析方法应用到真实飞行器工程结构中。该课程由宇航学院"飞行器结构分析与设计"课程组承担，依托航空航天北京市级实验教学示范中心和武器系统国家级虚拟仿真实验教学中心，是飞行器设计与工程专业重要的核心课程之一，2004年被评为北京理工大学校级精品课程。

以新工科建设的理念为指导，在建设飞行器设计与工程一流专业的需求与引领下，探索飞行器设计与工程专业传统核心课程的改革模式已十分迫切。现代飞行器技术的飞速发展为"飞行器结构力学"的教学提出新的挑战[4]，同时信息技术和虚拟仿真技术的发展为教学内容提供了新的支撑，并为教学模式的改革提供了可能。因此，对"飞行器结构力学"核心课程进行深入改革，不仅可以提升课程自身的水平，还可以为核心课程体系改革与建设起到示范作用。

一、传统工科专业核心课程教学存在的问题

（一）授课内容难以紧跟航空航天科技飞速发展的步伐

"飞行器结构力学"课程的发展源于飞行器设计的工程问题，也势必应用于工程、解决实际工程问题[5]。人类对航空航天技术的探索需求日益增加，近年来新型航空航天飞行器不断涌现，智能材料、软体结构等多种新型材料和结构也在飞行器设计中得到了大量的应用。现有课程教学经过多年的积累与实践，依托传统经典教材内容，如何在将基本理论与方法阐述清楚的基础

上，紧跟飞行器技术的快速更新，与新工科工程教育目的相适应，成为亟待解决的问题[5]。

"飞行器结构力学"课程教学内容侧重直接利用抽象模型，在计算模型的提取过程、适用前提及模型和真实结构的联系方面有所欠缺，且求解方式以"手算"为主，而现有科研院所解决实际工程问题多以计算机仿真分析为主。因此，如何将课程内容设置与当前工程结构设计状况相结合迫在眉睫。

（二）授课方式难以与信息技术和虚拟现实技术的快速发展相匹配

对于飞行器设计与工程专业的学生，"飞行器结构力学"主要研究典型飞行器结构的模型简化及在外载荷作用下的应力、应变和位移，涉及大量的公式推导、结构分析与计算等内容，理论性和逻辑性强，概念抽象。随着信息技术的发展，虚拟仿真等技术如何服务教学，成为亟待研究的问题。

"飞行器结构力学"所涉及的典型飞行器结构演示实验通常复杂且部分实验现象不宜捕捉，难以让每位同学都观察到结构承载、传力和破坏的过程。典型结构演示实验如果能增加结构设计参数的迭代与优化，可以有效助力学生对于基础知识的掌握。但真实课程教学过程中，难以实现结构设计方案和模型的随意更改。

（三）授课模式难以与大类培养的书院制改革趋势相一致

"飞行器结构力学"课程学习是利用弹性力学等理论知识求解典型飞行器结构在载荷作用下的静力学和动力学问题，为"飞行器结构分析与设计"等专业课程提供理论基础。现阶段国内多所高校实行厚基础、宽口径的书院制改革[6]，对为力图达到均衡教育目标而设立的书院制而言，通识教育是达成书院全员发展目标的最佳选择[7]。大类培养中通识教育的实施一方面培养了学生渊博的学识和广博的见识，同时也不可避免地压缩了专业基础课和后续专业核心课程的学时[8]。同时，在书院制改革新模式下，除飞行器设计与工程专业外，"飞行器结构力学"课程也作为飞行器动力工程、飞行器制造工程等其他航空航天类专业和武器系统与发射工程、探测制导与控制技术等武器类专业以及工程力学等相关专业的基础课程，但不同专业学生对于"飞行器结构力学"课程学习的侧重点也有所不同。

如何针对学生基础知识的差异和对知识的不同需求，在有限学时内，进一步提升人才的培养质量至关重要[9]。如飞行器设计与工程专业的学生，在本课程之前，已完成了"弹性力学"等先修课程，对于本课程中所用到的力学基本方程和能量法已基本掌握；工程力学专业的学生不仅已掌握了基本知识，对于板壳等通用工程结构的力学分析也有了初步认识，但缺乏对于飞行器这一实际具体工程对象的认识；而武器发射工程专业的学生并不具有弹性力学的基础知识。

二、传统工科专业核心课程教学改革方案

（一）结合最新科研成果，构建综合实践项目库，为结构力学教学内容"添料"

北京理工大学"飞行器结构分析与设计"课程组任课教师多年来一直致力于飞行器结构分析与设计相关的科研工作，先后完成了固定翼飞机、扑旋翼无人机、巡飞弹和全电推卫星等多种飞行器的结构设计，其中除了涉及杆系结构、蒙皮骨架结构和板壳结构等传统结构之外，还涉及复合材料结构、软体材料结构等新型结构形式。课题组根据飞行器类别和典型结构形式对最新科研项目进行了简化处理，构建了覆盖结构力学课程所有基础知识的综合实践项目库，按照从单一知识点到多个复杂知识点，从传统结构形式到新型扩展结构形式对实践项目进行了分类梳理。

在完成结构力学课程若干重要知识点讲解后，将相关实践项目提供给学生自由选择。如在完成杆系结构和板杆结构的学习后，将某桁架卫星或某飞机起落架结构的项目布置给学生，并提供结构的外部载荷和设计约束等条件，要求学生在此基础上分析初始设计方案下的结构承载和传力的特点，并为结构设计提供建议。

（二）利用信息化技术，构建虚拟仿真实验平台，为课程教学模式"增味"

"线上+线下"的混合教学模式是指利用现有信息化技术和软件，通过网络和课堂混合的方式对学生进行教学。课题组以宇航学院火箭和导弹的传统特色为基础，将典型战略战术导弹、巡飞弹和火箭等飞行器的经典型号的结构部件作为实物实验教学的基础，进一步构建包括固定翼飞机、卫星、深空探测器等其他航空航天飞行器经典型号的典型结构部件的设计、装配、承载、分析等虚拟仿真实验系统，利用虚拟现实（VR）技术，实现学生对不同航空航天结构部件的认知和力学分析的系统掌握。

"线上+线下"的混合教学模式使得抽象的基础理论知识与形象的演示相对应，有效拓展了课程的教学空间。如可让学生自由更改结构设计方案并完成力学性能分析，评估不同方案的优缺点，以激发学生学习兴趣；利用线上网络优势可增加教与学的互动性，提高线下课堂教学的效率，同时更好地满足学生的求知欲，丰富结构力学的学习途径；通过将有限元仿真软件与结构分析与设计课程所学习知识相对比，验证所学方法的正确性，同时也增进学生对有限元理论的认识，以适应航空航天技术的发展。

（三）系统梳理课程知识点，构建知识点模块，为课程教学内容体系"加样"

根据社会需求和应用技术型人才培养定位，为适应新工科发展的理念和航空航天类专业的培养模式，结构力学课程重构了课程内容体系，在课程教学大纲中根据课程知识点设置了"基础+通用+专用+提升"的结构力学课程内容体系，包括弹性力学基础知识课程模块、杆系结构、板杆结构等通用结构课程模块、蒙皮骨架结构等飞行器专用结构课程模块，以及有限元理论和结构动力学知识的课程提升模块。

针对飞行器设计与工程、武器发射工程和工程力学等不同专业学生先修课程基础和未来发展需求存在差异的问题，课题组按照"精理论、强应用、存差异"的基本原则，对不同专业的学生进行课程模块化的"量身定制"。如对于飞行器设计与工程专业，结构力学课程需要在通用结构课程模块的基础上，重点进行专用结构课程模块的讲解，同时兼顾课程提升模块，为后续课程奠定基础；对于武器发射工程专业的学生，由于不存在"弹性力学"等先修课程，且对于蒙皮骨架等飞行器专用结构分析与设计的知识并无需求，则课程重点进行基础知识课程模块和通用结构课程模块的讲授；对于工程力学专业的学生，已经掌握比较扎实的力学基础知识，同时对于杆系结构等工程通用结构的力学分析也较为熟悉，为了进一步将力学知识与飞行器工程实际相结合，课程重点进行飞行器专用结构课程模块和课程提升模块的讲授。

三、传统工科专业核心课程教学改革成效

北京理工大学"飞行器结构分析与设计"课程组任课教师，将多年来在科研一线所从事的科研项目进行分类转化，分别构建固定翼飞机、柔性充气浮空器、变形飞行器等航空飞行器和桁架式卫星、深空探测器等航天飞行器，以及运载火箭和导弹相关的综合实践题库。以最新工程项目需求为背景，将课程中所讲授杆系结构、板杆结构、工程梁理论等理论知识与多种典型飞行器结构相结合，通过解决实际工程问题进一步加深对理论知识的认识和理解，提升学生学以致用的能力，同时增进学生对航空航天的热爱，极大促进学生创新创业意识。如学生依托某运载火箭贮箱的稳定性分析的综合实践题目，深入探讨加筋结构布局和加工工艺对于火箭这种典型薄壁结构稳定性的影响规律，进一步通过优化设计方法实现对火箭贮箱结构的优化设计。研究成果发表EI检索国际会议论文1篇，同时参加"青创北京"2022年"挑战杯"首都大学生创业计划竞赛。

为进一步丰富课程内容和教学形式，提出"线上+线下""虚拟+现实"的课程教学模式。一方面，北京理工大学航空航天北京市实验教学示范中心所陈列多种典型飞行器结构，为课程线下现场教学提供支撑；另一方面，虚拟仿真实验"卷弧翼静强度模拟"已上线实验教学平台，并经过多年实践，取得较好效果。学生通过虚拟现实技术，深刻感受到"飞行器结构力学"这

一传统课程所散发的魅力。

同时，面向飞行器设计与工程专业本科生，构建了"基础课程—专业基础—专业提升—实验实践"的"飞行器结构分析与设计"核心课程群，在"飞行器结构力学"课程教学大纲中，根据课程知识点设置了"基础+通用+专用+提升"的结构力学课程内容体系，包括弹性力学基础知识课程模块、杆系结构、板杆结构等通用结构课程模块、蒙皮骨架结构等飞行器专用结构课程模块，以及有限元理论和结构动力学知识的课程提升模块，以适应学校书院制改革模式下的人才大类培养。

四、结语

本文分析了在新工科建设的背景和需求下，传统工科专业核心课程面临的主要问题和挑战，明确了对授课内容和授课模式进行深度改革对于新工科创新人才培养的重要意义。通过与最新科研成果相结合，构建综合实践项目库，为教学内容"添料"，构建虚拟仿真实验平台，为课程教学模式"增味"，构建模块化知识点，为教学内容体系"加样"，形成创新人才培养的良性循环，推动新工科建设的持续发展，使得结构力学这类传统工科核心课程散发新时代的魅力。

● 参考文献

[1] 吴爱华, 侯永峰, 杨秋波, 等. 加快发展和建设新工科 主动适应和引领新经济 [J]. 高等工程教育研究, 2017 (1)：9.

[2] 钟登华. 新工科建设的内涵与行动 [J]. 高等工程教育研究, 2017 (3)：6.

[3] 赵聪慧. 新工科背景下产教融合育人模式研究 [D]. 西安：西安电子科技大学, 2019.

[4] 郭宁, 徐超, 王乐. 新工科背景下的"飞行器结构力学"教学改革与实践 [J]. 黑龙江教育：高教研究与评估, 2021 (10)：4.

[5] 赵更新. 结构力学辅导：概念·方法·题解 [M]. 北京：中国水利水电出版社, 2001.

[6] 田建荣. 现代大学实行书院制的思考[J]. 江苏高教, 2013 (1): 3.

[7] 郭俊. 书院制教育模式的兴起及其发展思考[J]. 高等教育研究, 2013 (8): 8.

[8] 俞静. 现代大学书院制教育对高等学校德育的启示[J]. 当代教育论坛 (综合研究), 2011.

[9] 安晓宁, 李印生, 臧胜远. 少学时结构力学课程的教学改革与实践[J]. 河海大学学报 (哲学社会科学版), 1999 (S1): 44-45.

The Reform of Traditional Core Curriculum for the Training of Engineering Science Talents

MENG Junhui, LIU Li, LI Wenguang, WANG Zhengping

(School of Aerospace Engineering, Beijing Institute of Technology, Beijing 100081, China)

Abstract: The talent training mode of "new engineering" requires the transformation from discipline orientation to industrial demand orientation, from professional segmentation to cross-boundary integration, and from adaptation service to support and lead. The traditional engineering course content system takes the teacher as the center, the classroom as the channel, and the abstract theory teaching as the core teaching content. At the same time, due to the adjustment and compression of curriculum based on broad foundation and heavy integration, the class hours of relevant professional courses are reduced. Guided by the principles of the "new engineering" construction concept, reforms and explorations have been made in the teaching content, teaching methods, and knowledge module construction of "Aircraft Structural Mechanics". A virtuous cycle of innovative talent cultivate is established, thus promoting the development of the "new engineering" construction.

Key words: New engineering construction; Professional core courses; Comprehensive practice project library; Virtual simulation; Modularity of knowledge points

以微分方程问题的求解牵引复变函数课程的教学

廖日东

（北京理工大学 机械与车辆学院，北京，100081）

摘　要：针对复变函数课程，本文介绍以实现微分方程问题求解作为目标牵引的教学理念，给出了实施这一理念的一些要点，包括：阐释课程所学内容之间的内在关联，指明课程与后续专业基础课程的关系，以物理学或工程领域中典型微分方程问题作为课堂实例和练习题等。实践表明，这一教学理念对提高学生课程学习积极性具有明显效果。

关键词：复变函数；积分变换；微分方程；问题牵引；课程教学

引言

有观点认为，复变函数理论是19世纪数学领域中最独特的创造，这一数学分支在数学史上的地位犹如18世纪的微积分，是抽象科学中最和谐的理论之一[1]。

经过18—19世纪欧洲数学家欧拉（1707—1783）、达朗贝尔（1717—1783）、拉普拉斯（1749—1827）、傅里叶（1768—1830）、高斯（1777—1855）、柯西（1789—1857）、黎曼（1826—1866），以及20世纪俄国学者茹科夫斯基（1847—1921）、科洛索夫（1867—1936）、恰普雷金（1869—1942）等人的发展，复变函数理论和方法臻于完善，在物理学及工程科学（包括流体力学和空气动力学、弹性力学、机械振动、传热学、电磁学、电路分析以及信号与系统等）得到了广泛的应用[2-3]。自20世纪中期以来，复变函数也因此成为多数理工科学生必修的一门基础数学课程，并通常与积分变换合讲，称为"复变函数与积分变换"，本文为简洁起见，简称为复变函数课程。

一、课程教学中的普遍问题

目前，我校很多本科专业均开设有复变函数课程，内容上一般侧重介绍复变函数的基本理论和方法，包括：复数和复变函数、复变函数的微分和导数、复变函数的积分、复变函数的级数、留数、保形映射、傅里叶变换、拉普拉斯变换等[4]。从内容安排上看，复变函数论基本上就是复变函数的微积分，可以视作将实变量推广至复变量的微积分课程的继续。

尽管复变函数理论与方法具有广泛的应用，但受课时安排的限制（通常是32学时），相关应用的内容在课程安排上几乎不涉及。因此，我们国内的复变函数教材通常也严重缺乏有关应用的内容[2]，整个课程基本上属于纯数学的范畴。这使初学该课程的学生普遍认为课程内容抽象难懂，学习目标不够清晰，学习积极性自然不高。如何提高学习该课程的积极性，是摆在我们任课老师面前的一个难题。

二、解决问题的基本思路

很多任课教师都在这方面做过积极的思考并发表了相关论文。如浙江理工大学的龚定东等[5]应用综合分析的方法讨论了从完善教学内容（如增加Matlab应用）、改进教学方法（如用类比教学、启发式教学等）和更新教学手段（如用好网上交流平台）三方面着手提高学生的学习效果。西南交通大学的孟华等[6]的实践表明，通过有效的启发并以讨论问题的方式开展复变函数的教学，不仅有益于提高学习效率并且可以增加学生的学习兴趣。而东北大学张雪峰等[7]探讨了如何利用Matlab软件开展计算机辅助教学，将函数图像观察应用于复变函数教学。

上述思考和实践无疑都是有益的，但认知心理学告诉我们，只有当学习者对所学知识的具体实际应用理解得足够透彻，或者对所学课程知识与后续课程学习的支撑关系认知程度足够高时，学习兴趣和积极性才会真正提高。

作者在担任北京理工大学未来精工技术学院本科生"复变函数与积分变换"课程的教学工作中，便是依据这一规律，努力在有限的课时内，着重强调复变函数理论在物理学或工程领域中有关微分方程问题求解中的具体应用，并由此将课程的有关知识要点形成一个有机的整体，力求让学生在这种解决问题的牵引中以及对知识要点的系统性认识中提高学习的积极性。

下面对这一理念的一些具体要点给出扼要分析总结以供进一步讨论。

三、一些具体的实施要点

（一）阐释课程所学内容之间的内在关联

通过分析不难发现，现有复变函数教材中的内容实际上存在紧密的内在关联。几乎所有的内容都可以围绕实现微分方程的求解这一目标联系起来，换句话说，它们都在求解微分方程的过程中发挥作用。

众所周知，"方程"长期在数学史上占有中心地位。历史上一个令人惊叹的事实是，数域由实数扩展到复数，或者说复变量（虚数单位i，$i^2=-1$）引入，乃是起源于实变量一元三次代数方程的根式求解，而在此基础上建立起来的复变函数理论又能在很多实变量微分方程问题（包括常微分方程和偏微分方程）的求解中大显身手，因而得到了进一步的发展。法国数学家雅克·阿达马（1865—1963）曾说："实域中两个真理之间的最短路径是通过复数域"。

常见复变函数课程的内容体系如图1所示。这一内容体系起点是"代数方程求解"，终点是"微分方程求解"。教学过程中，作者在绪论课中先简单介绍了这一体系组成，并在后续教学过程中不时予以回顾，提请学生清楚地理解所学内容对实现微分方程求解所具有的作用。

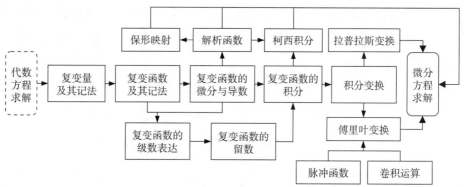

图1 复变函数课程内容体系

下面对这一内容体系中一些关键点进行简要分析。

（1）在提出了复变量及其记法，并给出复变函数的定义和记法之后，给出复变函数的微分、导数的定义以及存在条件（柯西—黎曼方程，C-R条件）便是很自然的事情，由此得到解析函数的概念，也由此得到解析函数的实部和虚部是调和函数的重要性质，这让我们看到了解析函数与调和方程（拉普拉斯方程）或多重调和方程解（调和函数或多重调和函数）的内在联系。

（2）在提出复变函数积分定义后，我们得到关于解析函数的柯西积分定理和柯西积分公式，从而将解析函数在复平面上某点处的函数值与其在包围该点的任意闭曲线上的积分联系了起来。也就是说，如果已知某个区域边界上解析函数值，则该区域内的函数值便可以通过柯西积分公式计算得到，当然这需要这个积分能够计算出来。而对于一些简单区域（如圆域、半平面），这一点是容易做到的。

显然，利用解析函数的这种特殊性质，可以方便地求解二维调和方程（二维拉普拉斯方程）的边值问题。令$u(x,y)$为区域D内的待求二维调和函数，在D的边界∂D上$u(x,y)$为给定的函数$\bar{u}(x,y)$，即

$$\frac{\partial^2 u}{\partial x^2}+\frac{\partial^2 u}{\partial y^2}=0 \quad (x,y)\in D$$
$$u(x,y)|_{\partial D}=\bar{u}(x,y) \tag{1}$$

相比于分离变量法假设待求场函数具有变量可分离的形式，即

$$u(x, y) = X(x)Y(y) \tag{2}$$

基于复变函数理论，可以将待求函数视为某一解析函数的实部（或虚部），即

$$F(z)= u(x, y)+iv(x, y) \tag{3}$$

然后利用解析函数的柯西积分

$$F(z_0) = \int_D \frac{F(z)}{z - z_0}dz \tag{4}$$

直接求解该问题要显得更加直接和自然些。

特别地，对于圆域问题，采用复变量的指数记法，经过一个并不复杂但很巧妙的推导之后，我们获得了这类问题的一般表达，即圆域内调和函数的泊松积分形式

$$u(r,\theta) = \frac{1}{2\pi}\int_0^{2\pi} \bar{u}(\alpha)\frac{R^2 - r^2}{R^2 + r^2 - 2Rr\cos(\alpha - \theta)}d\alpha \tag{5}$$

这与多数数学物理方程教材中采用分离变量法获得问题的级数解之后，在利用欧拉公式等经过冗长的推导后得到的结果是一样，但基于复变函数理论方法得到该结果在思路上要自然得多，对学生的启发性也要大得多。

（3）对于一些更复杂的情形（如边界函数$\bar{u}(x, y)$复杂，或区域边界∂D复杂），相应的柯西积分可能存在困难，这时我们可以利用解析函数的保形映射，将区域D变换成一个更简单的区域（像域），在获得像域问题的解后，根据映射的解析函数，我们就能求出原问题的解。正因为如此，保形映射实在是复变函数中的一个独特手段。但很多时候，由于课时的限制，保形映射在实际教学过程中通常被迫"割爱"，实在可惜之至！

（4）复变函数的积分是复变函数论的精华所在。除了前面提到过的，解析函数在其解析域内任意一点的函数值都可以通过柯西积分公式计算得到之外，对于一个实变函数，通过乘以一个给定的核函数，然后在给定的实数区间上进行积分得到另外一个像函数，从而实现了该实变函数的一个积分变换。利用积分变换的微分性质，通过一次积分变换可以将一个常微分方程变换成一个代数方程，将一个二维偏微分方程变换成常微分方程，通过求解代数方程或常微分方程得到像函数，然后通过反变换得到原常微分方程或偏微

分方程的解。利用积分变换求解微分方程的基本思路如图2所示。

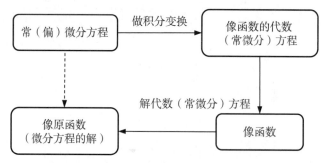

图2 利用积分变换求解微分方程的基本思路

（5）课程中通常介绍的两种积分变换，即傅里叶变换和拉普拉斯变换，其中傅里叶变换和逆变换为

$$F(\omega) = \int_{-\infty}^{\infty} f(t) e^{-i\omega t} dt \quad (6)$$

$$f(t) = \frac{1}{2\pi} \int_{-\infty}^{\infty} F(\omega) e^{i\omega t} d\omega \quad (7)$$

拉普拉斯变换和逆变换为

$$F(s) = \int_{0}^{\infty} f(t) e^{-st} dt \quad (8)$$

$$f(t) = \frac{1}{2\pi i} \int_{\beta-i\infty}^{\beta+i\infty} F(s) e^{st} ds \quad (9)$$

无论是傅里叶变换还是拉普拉斯变换，也无论是正变换还是反变换，往往都要涉及复变函数的积分（有时表面上看是实积分）。积分变换之所以与复变函数并列于同一门课中，最大的原因也在于此。如果积分变换的应用只是停留在查用现成的积分变换表层面上，恐怕很难理解积分变换中包含的复变函数理论之妙。从数学上，积分变换本身就是复变函数理论的重要应用，相应地，积分变换在物理或工程技术领域的应用也就完全可以认为是复变函数理论和方法的应用了。

（6）留数的概念使复变函数的积分转变成了留数的计算，而留数与复变函数的级数关系密切，即复变函数在一点处的留数等于函数基于该点的洛朗级数的负一次幂的系数。

$$f(z) = \sum_{n=-\infty}^{+\infty} a_n (z-z_0)^n \quad (10)$$

$$\text{Res}[f(z), z_0] = \frac{1}{2\pi i} \oint_C f(z) \mathrm{d}z = a_{-1} \quad (11)$$

（7）为了求实函数$f(x)$在实轴上或某一线段上的积分，可以适当附加某一曲线（或折线）与原线段形成一个简单闭曲线C，其内部区域为D，然后将$f(x)$的自变量x扩展到复平面上得到函数$f(z)$，通过复变函数围道积分实现对应的实变函数积分。值得指出的是，一般教材中介绍的几种典型实变量积分

$$I_1 = \int_0^{2\pi} R(\sin\theta, \cos\theta) \mathrm{d}\theta \quad (12)$$

$$I_2 = \int_{-\infty}^{+\infty} R(x) \mathrm{d}x \quad (13)$$

$$I_3 = \int_{-\infty}^{+\infty} R(x) \mathrm{e}^{i\alpha x} \mathrm{d}x \, (a > 0) \quad (14)$$

都是有着具体应用的重要积分，如I_1可以应用于泊松积分，而I_2和I_3则是积分变换或反变换中常用的积分形式。如果教与学中不去涉及应用泊松积分获得圆域上调和方程（拉普拉斯方程）的解，不去采用通过积分变换获得微分方程的解，我们大概就会觉得教材上介绍这些典型积分实在是无用之举。

（8）复变函数课程中通常还会介绍"脉冲函数"和"卷积运算"这样两个重要概念。这两个概念在数学上是抽象难懂的，但如果联系合适的物理问题，如弹簧质量系统在打击作用下的振动响应和在任意时变载荷作用下的响应，又如点热源的温度场问题和点电荷的电场问题等，则这两个概念的介绍和理解就要简单得多。

总之，现有复变函数教材中的内容基本上都可以以解决微分方程（常微分方程和偏微分方程）定解问题为主线串联起来形成一个有机整体，所学理论和方法对求解微分方式是十分必要的，认识和利用这一点，对学习和掌握课程的相关知识是十分有益的。

（二）指明课程与后续专业基础课程的关系

如前所述，复变函数理论与积分变换方法的重要应用是求解微分方程。以微分方程（包括常微分方程和偏微分方程）为纽带，我们自然也就清楚了本课程与后续专业基础课程的关系了。

首先是复变函数课程为"常微分方程"和"数理方程与特殊函数"课程

提供了一些重要的求解方法。这些方法巧妙而通用，掌握之后，我们在这两门专门的微分方程课中只需对比掌握其他方法（如分离变量法、级数法等），找出这些解法之间的联系，对微分方程解法的理解将更加深刻。

而所有涉及平面调和方程（或多重调和方程）以及可以采用积分变换方法求解的常微分方程或偏微分方程的课程自然均与本课程相关。在常见工科专业基础课程中，如"机械振动""弹性力学""流体力学""传热学""电磁场论""电路分析""自动控制原理""信号与系统"等，能够采用复变函数与积分变换理论方法解决的主要问题如图3所示。由于这些微分方程在相应课程中处于基础地位或核心地位，因此学习好"复变函数与积分变换"课程对学习这些后续课程非常重要。

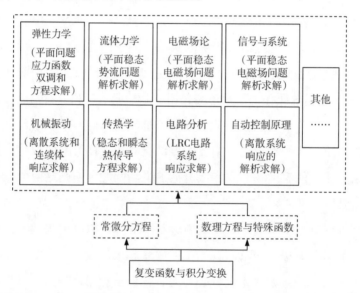

图3 "复变函数与积分变换"课程与常见工科专业基础课程的关系

有一个值得重视的现象，作者在与一些相关课程的任课教师和学生的交流中发现，很多人觉得"复变函数与积分变换"课程所学内容没有什么具体应用，根本原因乃是在后续的这些课程中要么没有介绍相关微分方程求解的内容，要么所介绍的微分方程问题非常简单，用不上采用复变函数的方法，如在振动分析或电路分析中只涉及简谐激励下的常微分方程，弹性力学中不介绍平面问题的复变函数解法等。这样，人为地割裂了"复变函数与积分变换"课程与这些课程的关系。

（三）以物理学或工程领域中的典型微分方程问题作为主要课堂实例和练习题

在上述认识的基础上，我们可以在教学过程中直接以物理学或工程领域中的典型微分方程问题作为应用实例，一改很多教材中的实例属于"从数学中来到数学中去"的现状，其中的例子完全可以是后续课程中实际问题，这一方面可以让学生清楚地认识到所学理论和方法的实际用处，另一方面便于学生在学习后续课程时更好地更深入地应用复变函数与积分变换理论和方法。如果能够将整个培养方案适当统筹的话，甚至可以节省整体课时，或者在课时不变的基础上学习更多更深刻的内容。

如图3所示，我们具体教学中可以采用以下实例：①圆盘的稳态热传导问题；②半平面的稳态热传导问题；③有限长杆的瞬态热传导问题；④脉冲点热源无限长杆的瞬态热传导问题；⑤一般分布热源无限长杆的瞬态热传导问题；⑥空心圆筒内静电场问题；⑦绕圆柱稳定流动问题；⑧沿拐角的稳定流动问题；⑨打击力作用下单质量弹簧阻尼系统响应问题；⑩一般外力作用下单质量弹簧阻尼系统响应问题；⑪一般外力作用下多质量弹簧阻尼系统响应问题；⑫有限长杆的轴向振动问题；⑬无限长弦的横向振动问题；⑭脉冲电动势作用下LRC电路的响应问题；⑮一般电动势作用下LRC电路的响应问题；等等。

为了检验学生们在学习本课程后，是否具备采用复变函数理论和方法解决有关物理和工程问题的能力，本课程在课后练习题中也增加相应的具有物理和工程应用背景的微分方程定解问题，使学生能够在解决具体问题中体会所需知识的用途，体会解决复杂物理和工程问题后的成就感，从而形成正向反馈，提高学习本课程的积极性。

四、结语

由于微分方程问题在物理和工程技术领域中具有核心地位，而复变函数理论和方法是一种解决微分方程定解问题的十分重要的途径,因此复变函数理论和方法在物理和工程技术领域具有十分重要的地位。

通过上面的分析以及作者的经验表明,以微分方程定解问题的求解来牵引"复变函数与积分变换"课程的学习应该是可行而且有效的,尽管目前尚缺乏严谨的教学数据统计学支持。不过采用这种教学方式的缺点也是明显的,那就是所需的学时数较多。以强调应用著称的俄罗斯数学教材"复变函数论方法"[2]的译者后记中指出,该书"一般安排一个学年的课时才能授完";而美国的《复变函数及其应用》[3]在前言中也指出该教材"供一个学期使用"。这与目前我校普遍将"复变函数与积分变换"课程安排为32学时(半个学期)形成鲜明对比。另外,强调应用的数学课程教学,对任课教师也提出了高的要求,需要任课教师具有扎实的理论基础同时又有丰富的应用经验,需要教师对教学内容做合理而紧凑的安排,这显然也是不容易的。

● **参考文献**

[1] [美] 莫里斯·克莱因. 古今数学思想(第二册)[M]. 石生明,万伟勋,孙树本,等译. 上海:上海科学技术出版社,2014.

[2] [俄] М А 拉夫连季耶夫, Б В 沙巴特. 复变函数论方法[M]. 6版. 施祥林,夏定中,吕乃刚,译. 北京:高等教育出版社,2006.

[3] [美] 詹姆斯·沃德·布朗,鲁埃尔 V 丘吉尔. 复变函数及其应用[M]. 9版. 张继龙,李升,陈宝琴,译. 北京:机械工业出版社,2015.

[4] 包革军,邢宇明,盖云英. 复变函数与积分变换[M]. 3版. 北京:科学出版社,2013.

[5] 龚定东,郭玉琴. 关于复变函数与积分变换课堂教学的思考[J]. 高等数学研究,2009,12(04):93-95.

[6] 孟华,罗荣,杨晓伟. 以问题为导向的复变函数教学与实践[J]. 大学数学,2020,36(03):40-44.

[7] 张雪峰,张英博. MATLAB在复变函数中辅助教学作用[J]. 曲阜师范大学学报(自然科学版),2020,46(02):117-121.

Teaching of Complex Functions for Solving Differential Equation Problems

LIAO Ridong

(School of Mechanical Engineering, Beijing Institute of Technology, Beijing 100081, China.)

Abstract: For the course of complex functions, this paper introduces the teaching idea of taking the solution of differential equation as the goal, and gives some key points for implementing this idea, including explaining the internal relationship between the contents of the course, indicating the relationship between complex functions and the subsequent professional courses, and taking the typical differential equation problems in physics or engineering as the examples and exercises. The practice shows that this teaching method has obvious effect on improving students' enthusiasm in learning this course of complex functions.

Key words: Complex function; Integral transformation; Differential equation; Problem-oriented; Course teaching

基于"计算机视觉"课程的创新人才培养模式探索

付莹,刘乾坤,薛静锋,王国仁

(北京理工大学 计算机学院,北京 100081)

摘 要:人才是创新的基础,加快创新型人才培养模式研究探索既是我国新时代高等教育强国建设的重大战略任务,也是培养拔尖创新人才的重要举措。为培养适应,乃至引领未来社会发展需求的创新人才,不仅要做好人才培养模式宏观改革层面上的顶层设计,还需要重视并做好基础课程建设。本文介绍并分析了现阶段国内创新人才培养的现状与不足,结合"计算机视觉"课程,提出了教学、竞赛、科研一体化协同的拔尖创新人才培养理论和"创新思维—创新能力—协作创新"的全链路能力培养路径,建立了创新人才培养实践平台,为拔尖创新人才的培养模式改革提供参考。

关键词:创新型人才;人才培养模式;教学改革;计算机视觉

引言

创新型人才的培养是提高国家自主创新能力、建设创新型国家的关键,是实施人才强国战略的重要内容[1]。习近平总书记在党的二十大报告中指出,要坚持为党育人、为国育才,全面提高人才自主培养质量。要注重对学生创新精神与实践能力培养,加快培养能够适应和引领未来发展的高素质创新型人才。统筹各方面资源要素,加强基础学科、新兴学科、交叉学科建设,深化产教融合、科教融合,完善高校与科研院所、行业企业联合培养人才有效机制[2]。这是在新一轮科技革命和产业变革深入发展背景下对创新型人才培养提出的新目标和新要求。

当前，我国正在针对人工智能的发展加强战略布局，也出台了新一代人工智能发展规划、人才培养创新行动计划等，以期抢占人工智能发展的先机。计算机视觉作为人工智能行业的最大组成部分，其产业规模高速发展，一批关键技术亟待突破，人工智能企业对计算机视觉人才的需求持续增加，提高了对储备人才的专业相关性要求。创新能力超越了解决问题能力，成为企业最为期望的计算机视觉人才软实力。然而，囿于现阶段工业发展迭代升级的现实，我国的工程教育在应对新一轮颠覆性技术挑战、切实支撑制造强国战略上依然跟进不足，并存在学科基础较为薄弱、工程实践创新不强的短板。因此，新时代创新型人才的培育需要优良的人才培养模式与体系。要培养高层次创新型专业人才，必须加大力度深化产教融合，促进教育链、人才链与产业链、创新链的有机衔接，为实现高水平科技自立自强提供重要支撑。

目前，一些学者已经开展了相关方面的研究和实践。清华大学姚期智教授[3]通过计算机科学实验班探索新工科类拔尖学生的培养途径，旨在培养领跑国际计算机科学发展的拔尖创新人才。刘秉权等人总结了计算机学科拔尖学生应具备的基本素质。余琍等人[4]基于武汉大学计算机专业卓越拔尖人才培养设计改革思路提出了培养计算机研究型人才与工程应用型人才的教育教学创新举措和具体方法，并分享了近5年来的教学改革实践创新成果。俞勇等人[5]探讨了上海交通大学在实施"基础学科拔尖学生培养试验计划"过程中，如何建立以图灵奖得主为核心的国际合作教育模式，从而充分发挥其在培养计算机科学拔尖人才和汇聚一流师资方面的重要优势作用。

现阶段，我国大学课堂教学改革已经取得了许多创新性的成就，但总体上仍然未能摆脱以"教师讲、学生听"为主的传统教学模式。当前的本科教育多重视基础课程学习，缺乏科创竞赛经历、实践创新课题和项目研究成果，难以形成符合社会期望的双创能力。此外，由于缺乏足够的政策引导和资源支持，基于实训基地和高校实验室的创新型人才培育平台止步于理论雏形，平台所需的实验条件、科研导师和资金支持等难以落实，育人作用发挥有限。将对于创新能力的激发和引导融入高校本科生教育的过程中，是培养学习能力和创新能力兼备的高素质创新型人才的重要手段[6]。

一、创新型人才培养现状分析

拔尖创新型人才培养模式与传统人才培养模式的不同之处在于，它是在精英教育背景下，按照特殊人才的培养目标和培养规格，以创新的课程体系、管理制度和评估方式，实施拔尖人才培养过程的总和[7]。其强烈的个性化、异质化特点，对人才培养模式的规范性提出了极大的挑战。

但是，在实际的"计算机视觉"课程教授过程中，一个常见问题是：学生仅仅重视书本上的基础理论知识学习，缺乏动手实践和实际应用能力。这不仅影响学生的学习效果，还对他们的职业发展造成阻碍[8]。现行高校授课模式中存在如下三点主要问题：

（1）高校已有教学、竞赛、科研等多种育人模式，但专业培养体系与实践创新能力培养相对独立，缺乏将三者融合贯通的全链路授课培养模式。

（2）本科生以课程学习和学科竞赛为主，科研项目参与机会较少，创新意识薄弱，相比研究生缺乏研究成果积累和转化能力。

（3）教师以教学、科研为主，缺少专业的竞赛指导经验。在教学实践中，教学和科技竞赛往往相互独立，教师上课只注重课本知识传授，学生只关注教学大纲知识点学习，教学内容与科技竞赛考点的耦合度低、交汇少。

二、创新型人才培养模式

本文以"计算机视觉"课程为切入点，以创新型人才培养为目标，通过调整"计算机视觉"课程设置和教学方法，使"计算机视觉"课堂教学与科创竞赛、科研训练紧密衔接。所提出的培养模式围绕"计算机视觉"课程，构建如图1所示的集教学、竞赛、科研为一体的培养体系。具体地，通过建设专业课程为学生提供创新基础与创新思维引导。通过建立和完善高质量的竞赛指导平台，为学生提供更多的实践机会，以提高他们的创新能力。通过开展包括学科竞赛、"双创"大赛、科研训练等在内的一系列创新实践，为学生提供协作创新的机会，促进创新成果的实际应用落地。

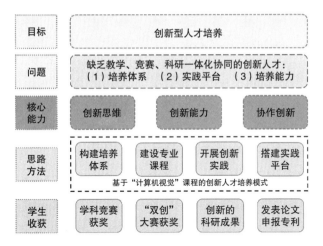

图1 基于"计算机视觉"课程的创新人才培养模式

(一)构建创新人才培养体系

结合所授"计算机视觉"课程,所提出的教学、竞赛、科研一体化协同的创新人才培养体系如图2所示。该体系以课程教学为创新基础,以科创竞赛为创新实践,以科研训练为创新强化,锻炼学生"发现问题、分析问题、解决问题"的能力,从而提升学生创新思维、创新能力和协作创新水平。在课程教学内容上,构建前沿的教学内容,并将科学研究与科创竞赛融入"计算机视觉"课程讲授中,同时搭建创新人才实践平台,为创新人才提供软硬件资源、协作交流机会及专业化的培训与技术支持,从而形成"创新思维—创新能力—协作创新"的全链路创新人才能力培养路径,进而实现创新型人才培养的目标。

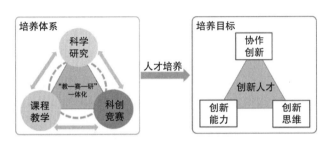

图2 教学、竞赛、科研一体化协同的创新人才培养体系

（二）搭建创新人才实践平台

教学、竞赛、科研一体化协同的创新人才实践平台是大学生参与学科竞赛和创新活动的主要载体，学生可以从平台获得相应的软硬件和技术支持，从而有效助力学生参加学科竞赛、创新创业、科研项目等活动。所提出的教学、竞赛、科研一体化协同创新人才实践平台如图3所示，包括实训基地、课题组实验室以及科创空间三部分，分别为学生提供学科竞赛相关的软硬件资源、项目导师与科研训练平台以及双创实践环境和培训服务。搭建该实践平台旨在将竞赛、科研内容融入实践教学，从理论实际问题和科学研究项目出发，将真实应用问题或科研内容简化抽取，提取出适当难度、相对完整的题目或项目，作为学生的实践训练，让竞赛、科研内容进入实践教学。推行前沿论文驱动的自主学习式作业，以竞赛训练、科学研究的形式强化理论课程的实践环节，提高学生的实践能力和创新能力。

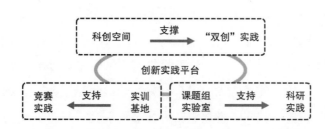

图3　教学、竞赛、科研一体化协同创新人才实践平台

三、创新型人才培养实践

依托"计算机视觉"课程平台，展开创新型人才培养模式探索实践。对于当前快速更新的新知识和新技术，应建立快速有效的知识更新机制，在知识的传授层面追求动态更新，为创新型人才的培养提供前沿知识与理论基础。在"计算机视觉"课程设计中，建设以创新能力培养为核心的教学内容和资源，将培养学生创新思维作为根本出发点，同时结合计算机专业特色和学生的特点因材施教。在教材设计上，为解决以往"计算机视觉"课程教材在内容深度及广度上的不足，重新编写"计算机视觉"课程教材，系统性地

规划基础前沿课程体系，打破传统知识传授存在的壁垒，辐射带动其他进阶拓展课程建设和发展，实现课程供给"按需求、多样化、高质量"。

将科技竞赛与教学活动有机结合，提高学生的专业志向和学习兴趣，提升学生协作创新水平，构建科创和教学相互促进的良性循环机制。在"计算机视觉"课程授课过程中，鼓励选课学生积极参与相关计算机方向重要学科竞赛，并结合其制定计算机学科方向专业课程的针对性教学模式，综合考虑前沿性、应用性、创新性、可行性等，把科学问题浓缩在工程实践中，创新实践解决途径，力求以赛促教、以赛促学。在课堂方面，将学科竞赛实践要求作为教学的依据，根据学生的学习基础、课本知识，设计不同类型的实践活动。另外，选取课程相关的竞赛项目作为实践作业，让学生通过小组合作的形式完成实践作业并进行考核，以此提升学生动手能力与协作创新能力。

通过科研项目训练，学生可以加深对科学现象的认识，培养崇尚科学的品质，尽可能地挖掘自身的创新潜能。围绕"计算机视觉"课程，将科研实践与课程知识贯通，可以提升学生创新思维和创新能力。构建创新人才培养实践平台，以其为载体，构建学科竞赛—科研训练的贯通体系，促进学生和教师共同参与科研项目。同时在课堂方面，根据学生参与研究课题中涉及的知识进行针对性的模块化与示范式教学，并根据学生的研究进度实时更新课程内容，从而将理论知识教授和学生的研究工作紧密结合，培养并提升拔尖学生的科研创新意识和能力。

四、结论

为培养能服务面向新一代信息技术的行业关键技术突破与学术领域的创新型人才，本文基于"计算机视觉"课程，从创新型课程教学、实践型科创竞赛、综合型科研项目等维度出发，提出了教学、科研、竞赛"三位一体"有机结合的新型授课模式，构建了拔尖创新性、复合型、体系化的高素质人才培养模式，搭建了教学、竞赛、科研一体化协同的创新人才实践平台，实现了拔尖学生创新能力的增强和学术水平的提升。本文所开展创新型人才培养模式的实践探索，为创新型人才培养模式的课程改革提供了参考。

参考文献

[1] 王磊, 蒋莹, 明桦, 等. 基础学科拔尖学生培养模式对大学生创造性的影响 [J]. 黑龙江高教研究, 2020, 38 (01): 71-76.

[2] 白静. 教育、科技、人才协同支撑强国建设——深入学习贯彻党的二十大精神 [J]. 中国科技产业, 2022 (11): 9-11.

[3] 姚期智. 拔尖创新人才培养的新理念与新探索 [J]. 中国高教研究, 2011 (12): 15-16.

[4] 余琍, 王恒, 刘树波. 计算机专业卓越拔尖人才培养研究 [J]. 软件导刊, 2020, 19 (02): 157-159.

[5] 俞勇. "新工科" 背景下应用型工程人才培养研究 [D]. 福州: 福建工程学院, 2021.

[6] 曹华青, 徐临. 高校 "实验班" 教学改革探索的经验研究 [J]. 科教文汇（下旬刊）, 2021 (11): 4-6.

[7] 李爱民. 新时代高校基础学科拔尖人才培养刍论 [J]. 北京教育（高教）, 2022 (12): 16-19.

[8] 刘洋, 冯林. 创新创业驱动的人工智能拔尖人才培养路径探究 [J]. 创新创业理论研究与实践, 2022, 5 (21): 109-112.

The Cultivation Mode of Innovative Talents Based on Computer Vision

FU Ying, LIU Qiankun, XUE Jingfeng, WANG Guoren

(School of Computer Science and Technology, Beijing Institute of Technology, Beijing 100081, China)

Abstract: Talent is the foundation of innovation. In the new era of China, accelerating the research and exploration of innovative talent cultivation modes is not only a major strategic task for the construction of a strong country in higher education, but also an important measure to cultivate top innovative talents. In order to cultivate innovative talents who can adapt to even lead the future social development needs, not only the top-level design at the level of macro reform of talent cultivation mode should be done, but also the basic curriculum construction should be paid attention and done well. In this paper, we introduce and analyze the current situation and shortcomings of the cultivation of innovative talents in China. Based on the course of "Computer Vision", we formulate the education and teaching concept of "knowledge learning oriented, quality oriented and ability oriented". At the same time, we propose the theory of cultivating top innovative talents based on the integration of teaching, competition and scientific research, design the cultivating chain of "innovative thinking - innovative ability - collaborative innovation", and establish a practical platform for cultivating innovative talents. This paper provides a reference for the reform of the cultivation mode of top innovative talents.

Keywords: Innovative talents; Talent cultivation mode; Reform in education; Computer vision

瞄准融合创新的线上线下混合式研究型课程建设

王晓芳,林海

(北京理工大学 宇航学院,北京 100081)

摘　要：针对工程科学实验班培养具有坚实理论基础和较强航空航天领域工程创新能力人才的需求,研究团队建设了线上线下混合式研究型课程"飞行动力学与控制"。该课程构建了专业知识和课程思政素材相融的综合知识图谱,建设了由基础篇、进阶篇和挑战篇组成并融入思政内容的有温度多级多层次项目群；基于中国大学慕课网优质MOOC、慕课堂等建设覆盖知识图谱并融入项目群的小规模限制性在线课程（SPOC）课程；建设了由SPOC课程与线下翻转课堂相结合的线上线下混合式研究型课程教学模式,并形成了由线上客观题考核、慕课堂考核、线下研究过程和结果考核、课程思政形成性评价组成的综合考核机制。本课程突破了传统课程的时空约束,融合课程思政与专业知识为一体,以学生为中心构建课程内容和教学模式,对于夯实学生的理论基础、培养学生的工程实践创新能力提供了强有力的支撑。

关键词：线上线下混合式；研究型；课程思政；SPOC；翻转课堂

引言

徐特立学院工程科学实验班旨在培养具有坚实力学基础和航空航天工程背景的工程科学家,要求学生具有从航天工程中的实际问题提炼科学问题、建构抽象化的理论模型和具体解决方案的能力。在对工程学科实验班学生的培养过程中,要注重课程思政与专业知识的融会贯通,加强航空航天背景的工程实践环节,促进学生综合创新能力的提升。"飞行器动力学与控制"是工程科学实验班飞行器设计与工程方向出口学生的必修课，对于具有深厚力学基础、扎实航空航天知识、强工程创新能力人才的培养具有重要的意义。

目前课程建设存在的问题有：①课程是新开设课程，目前的"飞行力学""飞行器制导与控制"分别是两门不同的课程，需将两门课的专业知识和课程思政重新梳理，建设系统的、完整的专业知识与课程思政融合贯通的飞行器动力学与控制课程的理论体系。②目前课程学生必须在指定的时间指定的地点上课，对于具有很强基础和很强学习主动性的工程科学实验班同学来讲是一种束缚，对于学习效率、综合能力的提升都是一种制约，因此，需打破传统线下课程在时间和空间上对学生学习过程的束缚。③学生所学理论知识与工程实践结合的紧密度不够，讲授+作业+考试的教学模式不能使学生对知识的应用、问题的求解有深入的认识和思考，导致理论水平拓展受限、工程创新能力欠缺，因此，需加强学生理论联系实际、深入分析问题、解决问题进而能够发现新问题、再解决问题的工程创新能力培养。

在对工程科学实验班学生特点进行深入分析的基础上，研究团队瞄准上述问题，建设飞行器飞行动力学与控制专业知识和课程思政融合贯通、SPOC+线下翻转课堂结合、多维度考核和形成性评价综合的以项目为载体的研究型课程"飞行器动力学与控制"，通过围绕项目的线上/线下理论学习、线上/线下讨论、线下展示答辩和研究论文撰写，再加上多方位综合考核和形成性评价制度，实现对学生矢志国防爱国情怀、深厚理论基础、工程创新能力、论文书写能力以及团结协作能力的全方位培养。

一、系统化贯通融合的知识图谱梳理和多级项目库建设

（一）专业知识和课程思政融合的知识图谱构建

知识图谱是一种有着良好多源异构数据整合能力的数据库，它是基于有向图的数据结构，由节点和边构成的语义网络，也是以图的形式表现客观世界中的实体（概念）及其之间关系的知识库。知识图谱建立主要有实体获取和实体之间关系抽取两部分。针对"飞行器动力学与控制"课程来讲，实体

由飞行器飞行动力学与控制领域各专业知识点和相关思政素材组成，关系抽取即建立专业知识点之间以及专业知识与思政素材之间的逻辑关系。

首先梳理飞行力学和飞行器制导与控制的核心知识，构建系统贯通融合的多层级专业知识点数据库。从专业知识点角度讲，飞行器飞行动力学与控制涉及的知识点分为不同的层级，比如，动力学建模、制导与控制即为第一层级的知识点。动力学建模里面又包括以下第二层级的知识点：坐标系定义及变换、飞行器所受力与力矩、飞行器运动模型建立、飞行器运动模型简化。制导与控制里面包括的第二层级知识点有：飞行器动态特性分析、制导方法、制导与控制部件、控制规律。而各二层级知识点又包括三层级知识点，比如，坐标系定义及变换又包括地面坐标系、弹道坐标系、弹体坐标系、速度坐标系以及各坐标系之间的转换关系，飞行器所受的力和力矩又包括推力、重力、空气动力、推力矩、空气动力矩。因此，按照逻辑分类的原则，对飞行器飞行动力学与制导控制领域涉及的知识点进行梳理，得到专业知识点数据库。其次，构建多维度课程思政素材库。从课程思政角度讲，结合专业内容，从人物、团队、飞行器、事件等多个维度搜集素材，比如，跟我们学校密切相关的导弹装备、院士校友等，最终构成课程思政素材库。

当得到专业知识点数据库和课程思政素材数据库后，对专业知识点之间、课程思政素材之间以及专业知识点和课程思政素材之间的关系进行深入分析，构建专业知识点、课程思政素材以及专业知识点与课程思政素材融合的有向图。比如，坐标系定义及变换和飞行器所受的力和力矩是飞行器建模的基础，飞行器建模又是飞行器模型简化的前提，飞行器模型又是飞行器动态特性分析的基础，而动态特性分析是飞行器控制的前提和基础。在课程思政素材之间的关系方面，比如"红箭10"导弹是我国最先进的光纤制导多用途导弹，我校校友邹汝平院士是"红箭10"的总设计师，我校多名教师参与了"红箭10"的研制，西安现代控制研究所"红箭10"团队攻坚克难终铸"箭"成功，通过一条主线将飞行器、人物、团队、事迹等素材连接起来，形成课程思政有向图。最后分析专业知识点和课程思政素材之间的关系，比如将飞行器的建模、弹道设计、制导控制与"红箭10"的建模、弹道设计、制导控制结合起来,将与"红箭10"相关的课程思政素材穿插入专业知识的学习中。综上即得到了多层级专业知识点之间、多维度课程思政素材之间、专业知识点与课程思政素材之间的逻辑关系和有向图,形成了融合专业知识和课程思政的综合知识图谱。

(二)多级项目库建设

为了提升学生的理论联系实际、工程创新实践能力,本课程以项目为载体开展研究型教学,因此,构建了由不同层次项目组成的项目库。项目层级包括基础篇、进阶篇和挑战篇。基础篇项目主要侧重于课程理论知识的实践应用;进阶篇项目从深度和广度上均大于基础篇项目,要求学生对所学知识有更深入的理解和基于深入理解的拓展;挑战篇项目则注重系统性、综合性和创新性,是所学多个部分理论知识综合起来才能完成的项目,在此基础上鼓励学生自己提问题、大胆探索、勇于创新。比如,在飞行器运动与建模部分,基础篇项目包括基于俄罗斯(欧美)坐标系的飞行器质点无控弹道建模与仿真,基于欧拉角的飞行器姿态运动学模型推导与仿真,采用方向余弦法推导求解攻角、侧滑角、速度倾斜角的几何关系方程等;进阶篇项目包括基于俄罗斯(欧美)坐标系的飞行器六自由度无控弹道建模与仿真,基于四元数法的飞行器姿态运动学模型推导与仿真,采用方向余弦法推导八个欧拉角中求解任意三个欧拉角的几何关系方程等;挑战篇项目包括基于俄罗斯(欧美)坐标系的飞行器六自由度有控弹道建模与仿真,多飞行器协同制导方法设计,飞行器欠驱动姿态控制器设计等。在项目群的设计过程中,将课程思政元素融入其中,形成有温度的项目群。多层次、多级、有温度的项目库的构建,为学生不同层次的学习以及具有不同能力的学生的学习提供了强有力的支撑。

二、覆盖知识图谱的SPOC课程建设

小规模限制性在线课程(SPOC)由加州大学伯克利分校的阿曼德·福克斯教授最先提出和使用,是一种结合了课堂教学与在线教学的混合学习模

式。该课程针对已梳理得到的贯通融合飞行器动力学与控制知识图谱,选取线上相应的优秀课程资源,同时添加已经构建的多级项目库,形成集理论知识与实践项目库为一体的综合性SPOC课程。

基于飞行力学MOOC和其他高校的关于飞行器制导控制的中英文精品MOOC,构建SPOC课的视频资源。视频资源覆盖飞行器动力学建模、制导方法设计、动态特性分析、制导部件和控制部件原理介绍、自动驾驶仪设计等内容,即覆盖课程知识图谱涉及的专业知识。建设由随堂测验、单元测验、期中测验、期末测验组成的客观题理论测验模块,同时建设由多级项目库形成的作业模块,再对应于专业知识模块设置相应的线上主题讨论模块,测验模块、作业模块和主题讨论模块构成线上的考核模块。

线下教学辅助方式的建设是SPOC课程建设的重要方面,采用MOOC工具,按照实际线下教学课堂的时间和班级创建线上课堂,并引导学生加入。完成每一次课程的备课,包括签到、公告、课前测试、课后测试、课堂讨论等。基于MOOC的教学辅助主要针对学生对理论知识的掌握程度进行测试,根据MOOC显示的测试结果,构建反映学生学情的数据库。学生学情数据库反映了每一位学生对课前、课后测试题回答的正确率,同时能反映每一道测试题学生回答的正确率,也能显示学生观看MOOC视频资源的时间和频次,因此能够从多个维度、多个角度反映学生的学习情况。根据学生学情数据库,反过来进一步对SPOC课程的视频资源、测试模块、作业模块、主题讨论模块进行改进。

三、基于OBE的线上/线下研究型课程教学模式

针对工程科学实验班学生理论基础扎实、本硕博贯通培养的特点,根据OBE理念,建设由理论学习、研究讨论、展示答辩以及论文撰写等环节构成的研究型学习过程。同时,建设基于SPOC课、慕课堂线下辅助系统、线下讨论+翻转课堂的线上线下混合式研究型课程教学模式。

首先线上教学和线下教学的定位是,通过不受时空限制的线上教学,夯实学生的飞行器动力学建模与制导控制方面的理论基础;通过主要由师生讨

论、项目编程实践、翻转课堂项目答辩、科技论文写作与分析环节组成的线下教学，提升学生理论联系实际的能力，在飞行器设计方向提出问题、解决问题的创新实践能力。

课程的教学组织模式为，根据飞行器动力学与制导控制课程的专业知识内容和知识图谱，设置飞行器运动建模、制导方法设计、飞行器动态特性分析与控制系统设计、飞行器制导控制综合设计4个项目群，每个项目群又包括基础篇、进阶篇和挑战篇三个层次的项目，上述4个项目群贯穿了整个课程的始终。课程总共48学时，每个项目12学时，由理论讲授3学时、师生讨论6学时、学生答辩展示3学时构成。理论讲授部分由线上学生观看SPOC视频资源和线下教师讲授共同完成；师生讨论主要是教师和学生（包括学生之间）就所研究的项目进行讨论，包括项目涉及的理论的理解、项目求解、编程实现、项目拓展等相关问题，讨论以SPOC课的主题讨论和线下的讨论同步开展；展示答辩是指学生在完成项目研究后，制作PPT将项目整理总结，通过翻转课堂的形式在课堂上展示，接受老师和同学们的提问并回答大家提出的问题。项目完成还有最后一个步骤，即科技论文撰写，要求学生遵循科技论文的撰写规范将所研究的项目提炼总结，这部分内容课后时间完成。

课程的考核同样由线上考核和线下考核组成。理论部分的考核主要通过线上的客观题考核模块、慕课堂的测试完成。为了对学生的学习过程进行记录和考核，设计了相应学习过程记录文档。线下的考核主要包括基于学习过程记录文档的学习过程考核、基于讨论情况和答辩情况表格的学生参与度和活跃度考核、学生答辩展示结果考核以及项目科技论文考核。在课程思政方面，采用形成性评价方式。因此，本课程构建了由线上客观题考核、MOOC测试考核与线下研究过程考核、研究结果考核、课程思政形成性评价等多种考核手段共同构成的综合性考核机制。

四、结论

针对工程科学实验班学生的特点，建设了"飞行器动力学与控制"线上线下混合式研究型课程，构建了专业知识和课程思政相融的综合知识图谱和多级多层次有温度的项目群作为课程的基础。基于优秀网上资源和自编内容构建了包括线上视频资源、考核模块、线下辅助上课工具的飞行动力学制导与控制SPOC课，建设了由SPOC课与线下讨论、翻转课程结合的线上线下混合式研究型课程。本课程中对线上线下混合式研究型课程的建设进行了深入的研究和探索，形成了一套有效的方法，对于培养适应新时代的创新型人才具有有力的支撑作用。

参考文献

[1] 孙曙光. 我国大学章程研究热点、趋势及知识可视化图谱分析[J]. 国内高等教育教学研究动态, 2017 (7): 5.

[2] 汤宇轩, 齐恒, 申彦明, 等. 基于知识图谱的课程思政素材库构建[J]. 软件导刊, 2022, 21 (7): 214-219.

[3] 刘墩秀, 孔令娜. 护理专业课程思政研究的知识图谱分析[J]. 中国医学教育技术, 2022, 36 (3): 268-271+276.

[4] 陈凌懿, 王春国, 朱玉山, 等. 细胞生物学SPOC课程的建设与实施[J]. 教改纵横, 2022, 12 (2): 12-15.

[5] 温红梅, 仲深, 吴静. 基于SPOC的"翻转课堂"实现与一流课程建设[J]. 商业经济, 2022, 1: 187-189.

[6] 林沣. 基于翻转课堂的计算机专业课程新型混合教学模式的研究[J]. 广西教育（高等教育）, 2017 (4): 90-91.

Online and Offline Hybrid Research Curriculum Construction Aiming at Integration and Innovation

WANG Xiaofang, LIN Hai

(School of Aerospace Engineering, Beijing Institute of Technology, Beijing 100081, China)

Abstract: To meet the needs of the engineering science experimental class to cultivate talents with solid theoretical foundation and strong engineering innovation ability in the aerospace field, an online and offline hybrid research course Flight Dynamics and Control has been built. It has built a comprehensive knowledge map integrating professional knowledge and ideological and political materials of the course, and has built a multi-level project group, which is composed of the basic level, the advanced level and the challenge level and integrated into the ideological and political content. SPOC courses covering knowledge map and integrated into the project group are built based on high-quality MOOC and MOOC classes of Chinese University MOOC; The online and offline hybrid research-oriented curriculum teaching mode combining SPOC courses with offline flipped classroom has been built, and a comprehensive assessment mechanism consisting of online objective question assessment, MOOC class assessment, offline research process and result assessment, and ideological and political formative assessment of the curriculum has been formed. This course breaks through the time and space constraints of traditional courses, integrates the ideological and political education and professional knowledge of the course, and constructs the course content and teaching mode with students as the center. It provides a strong support for consolidating students' theoretical foundation and cultivating students' engineering practice innovation ability.

Key words: Online and offline hybrid; Research type; Ideological and political education; SPOC; Flipped Classroom

实践教学改革篇

结构设计大赛主题的创新与改革

程修妍，代玉静，马沁巍

（北京理工大学　宇航学院，北京　100081）

摘　要： 北京理工大学结构设计大赛是核心课程的重要实践组成部分，是实践创新人才的重要平台。在我校着力开展未来科技创新领军人才培养的背景下，本研究剖析当前结构设计大赛存在的问题，以国家重大战略布局中科学问题为牵引，开展结构设计大赛主题的创新与改革，挖掘学生兴趣，明确学业方向，助力拔尖创新人才培养。

关键词： 结构设计大赛；科创活动；主题设计；力学教学；教学改革

引言

全国大学生结构设计竞赛已被教育部列为大学生9项科技竞赛之一，是一项富有创造性和挑战性的赛事，能够提高学生的动手能力与思维能力，培养创新精神、团队精神，增强学生们的专业能力[1]。

北京理工大学结构设计大赛旨在让学生通过对知识的综合应用和团队的共同协作过程，理论联系实践，突出创新精神，健全面向未来的教学体系，培养当代工程师的基本素质[2]。该项竞赛由教务处、校团委及资实处支持和指导，宇航学院基础力学教学实验中心承办，自2008年以来，已成功举办了13届，每个学年的春季学期举办，每年有来自全校200多组、600多名同学报名参赛，是核心课程的重要实践组成部分，是孕育拔尖创新人才的重要平台。

一、基本情况及现存问题

(一) 情况简介

竞赛要求参赛同学以常见的桐木材或竹材，用适当的粘接剂制作工程中的桥梁、塔架等模型，用于承受不同形式的载荷。竞赛题目包括承受振动载荷的多层结构模型设计、承受运动载荷的不对称双跨桥梁结构模型设计、承受运动载荷的对称单跨桥梁结构模型设计、承受静载和冲击载荷的高压输电塔架结构模型设计、小球竖向冲击试验和大球竖向冲击加载试验、风力发电塔架结构模型设计与制作、超高层结构模型设计，等等。往届的结构设计大赛主题如图1—图4所示。

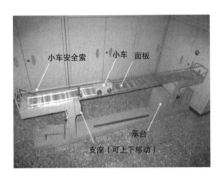

图1 承受运动载荷的对称/不对称双跨桥梁结构模型设计

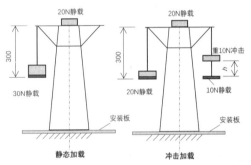

图2 承受静载和冲击载荷的高压输电塔架结构模型设计

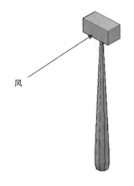

图3 风力发电塔架结构模型设计与制作

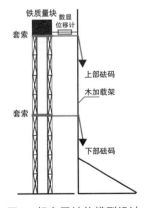

图4 超高层结构模型设计

参赛同学三人为一组,完成模型设计、理论计算和模型制作等过程。经过预赛(约100组)和决赛(20组)两个阶段的角逐,评选出模型承载力优胜奖、最佳造型奖、最佳制作奖等奖项。

经过多年培育,我校基础力学教学实验中心在筹办比赛的过程中,自行研制了多台结构加载装置,并成功应用于北京市结构大赛中;有多名学生脱颖而出,并代表学校参加了中国大学生工程实践与创新能力大赛、北京市大学生工程训练综合能力竞赛、世界工程力学竞赛和周培源力学竞赛,取得了优异的成绩。

结构设计大赛是力学"强基计划"、工程科学实验班及机械类专业学生积极参与的大学生科创活动,通过自主的结构设计和制作,深度体验将理论知识转化为实际模型的过程,锻炼动手能力、创新精神和团队协作精神。该项比赛对于加深学生对力学类核心贯通课程的理解,培养学生理论联系实际的能力以及训练学生的开创性思维方式产生了良好效果。该项竞赛受益面大、趣味性强,是一项值得一直开展的大学生创新实践活动。竞赛的主题有待进一步地开发和增加,以更好地丰富我校学生的科技活动,加强实践教学环节。

(二)现存问题

随着我国工业各个领域的发展,大到航空航天装备[3-4]、重型机械,小到电子芯片、细胞迁移[5],技术创新日新月异,对具有扎实力学基础和分析能力的人才提出了迫切需要[6]。结构设计大赛每年的开展都吸引着大量的学生参加,在学生如火如荼地准备竞赛的同时,我们也应考虑到该项竞赛在打造我校特色、培养拔尖创新人才方面还有待解决的问题。

1. 赛事主题缺乏重大战略工程问题牵引

在之前举办的竞赛中,为了选拔学生参与北京市和国家级的结构设计大赛,我校结构设计竞赛主题一直围绕着国内大赛的主题——建筑结构设计,如桥梁、木塔等。我校的力学主要面向航空航天、机械车辆等方向,没有土木工程专业,因此,对于材料在建筑结构中的使用缺乏工程经验,即使学生在我校竞赛中脱颖而出，参加了北京市级和国家级的竞赛，也很难与土木、建筑等专业的学生抗衡，难以拿到更高级别的结构设计大赛的奖项。

当前，在我校着力开展面向空基、天基、地基、海基的未来科技创新领军人才培养。为了满足国家重大战略需求，输送领军领导人才，赛事主题也应该面向国家重大战略布局的科学问题；同时，赛事的评价指标也应该积极面向关键性领域的技术指标。我校宇航学院、机电学院、机车学院在航空航天、运载装备等方面有着大量的科研积累，其中涉及的关键力学问题层出不穷。图5所示为发射塔架、多轴车辆和组网天线的设计结构示意图。如能有效将实际科研问题转化为竞赛主题，既可以让学生体会到力学学科核心贯通课与工程实际的紧密结合，又能让充满活力的学生为科研提供更多具有创意的设计。

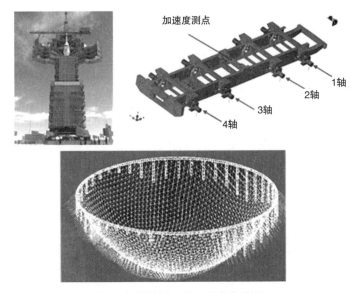

图5　与我校科研相关的竞赛选题

2. 模型评价指标单一

往届竞赛以设计轻质结构为目标，在同样的承载条件下，质量最轻的结构取胜。随着近年来工业技术发展，工业产品的力学性能已经不再简单由承载能力决定了，材料承载后的缺陷、疲劳等问题，也会严重降低产品的寿命和可靠性。结构的健康、关键部位的应力应变监测与评估，在国防领域有着重大的需求。结构的健康是重大战略工程的基本要求，结构健康监测是未来精工技术人才、拔尖创新人才的必要技能。因此，在结构竞赛中承载力设计的同时，也应当将结构关键部位的应力应变作为评价指标，倡导结构的健康服役。

3. 制作材料有待创新

现有的竞赛都是用常见的桐木材或竹材、适当的粘接剂制作模型检测载荷。桐木和竹材具有易于加工和成本低廉的优点，但也存在结构承载能力与制作水平相关性过大的缺陷，即结构承载能力更取决于制作水平，学生使用剪刀和胶水纯手工打造，精度很低，结构设计方面的优势并不能体现出来，并不能完全反映设计水平。因此，有待于开放思路，发展新的结构材料，如金属梁、板结构，复合材料梁、板等，还可以采用3D打印的方式，让材料组件构型更加灵活，功能更加全面，与工程应用联系更为紧密。

针对以上问题，竞赛应设计更贴近于重大战略工程问题的主题，综合考虑结构承载能力、应力、应变数据等评价指标，全方位培养学生的动手实践和学以致用的能力，打造具有北京理工大学特色的装备结构设计大赛，从大赛中培养力学工程师，孕育精工人才。

二、解决方法及成效

针对以上问题，结合宇航学院的学科特色，可从以下几个方面开展结构大赛的创新与改革工作。

1. 确立具有北京理工大学特色的结构设计大赛主题

通过调研现有航空航天、运载装备中的结构设计场景，针对如运载火箭发射塔架设计、多轴导弹发射车车架设计、观测天线结构设计、雷达探测器的减振设计等需求，将工程问题进行简化，抽象成为通过"动力学与控制"核心贯通课、"固体力学"核心贯通课、"理论力学"、"材料力学"等基础知识和实验操作能够解决的问题。在此基础上，设计具有北京理工大学特色的结构设计大赛主题，开展名师引领的理论知识、仿真计算和动手实践培训，举办竞赛，打造我校结构设计大赛品牌。

2. 设计均一化可拼接组装的材料库

设计规格多样化、尺寸梯度化、材料多样化的工程结构组件，实现结构组件的可拼接组装功能，打造学生可自主设计制作模型的材料库。规格多样化体现为结构组件的不同构型，如梁、板、壳结构，还可通过3D打印自主设计，实现设计特殊规格的构件。尺寸梯度化体现为同种规格提供不同尺寸的组件。材料多样化体现为金属材料、木质材料、复合材料等多样化材料。

学生在"固体力学"核心贯通课、"材料力学"等理论学习的基础上，通过竞赛灵活掌握各种材料的特性，物尽其用。

3. 建立结构安全和健康的多样化评价指标

学生可利用课内静力学知识、动力学知识和应变测量的知识，完成"闯关式"竞赛挑战。通过静力加载、动态应变测量、振动/冲击条件下应变或加速度实时测试，层层递进，打造结构安全和健康评价体系，结合理论设计、应变测量、数据采集等多种手段，实现结构性能评价的多样化，提升学生综合素质，为培养卓越的工程人才奠定基础。

4. 建立工程引领的竞赛培训体系

为学生打造"四层次"的竞赛培训体系，包括理论知识回顾、工程软件应用、结构设计指导、结构制作与状态监测实践，层层深入，助于学生将理论知识应用到实际工程中，最终完成比赛作品。

三、结论

在重大战略工程问题需求牵引下，打造具有北京理工大学力学学科特色的竞赛品牌，建立自有的先进评价体系，将增强与工业背景的结合，扩展力学学科在行业内的知名度。竞赛及培训内容充分结合学生核心课程的理论学习和基础实验，面向工程需求，有助于强化基础、提升实践能力，培育工程实践竞赛、装备竞赛、力学竞赛实践选手，孕育面向国家重大战略需求的研究型工程师。

● **参考文献**

[1] 谭文辉, 陈昕, 刘彩平, 等. 结构设计大赛对本科教学改革和学生综合能力提升的影响研究 [J]. 高教学刊, 2020 (10): 55-58.

[2] 廖力, 马少鹏, 白若阳. 结构设计大赛的探索与实践 [C] // 力学与工程应用 (第十三卷). 郑州: 郑州大学出版社, 2010: 306-309.

[3] 杨泽天. 固体力学的发展及其在航空航天工程中的应用研究 [J]. 中国设备工程, 2022 (13): 116-118.

[4] 王永寿, 陈延辉. 电磁流体力学技术在航空航天领域的应用 [J]. 飞航导弹, 2009 (3): 6.

[5] 敬灵芝, 范苏娜, 姚响, 等. 基于微流控芯片构建复合力学刺激细胞反应器 [J]. 传感器与微系统, 2022, 41 (08): 6-10.

[6] 张明华, 杜建科, 许孟辉. 新工科背景下"双一流"地方高校工程力学专业创新人才培养探索 [J]. 高教学刊, 2021, 7 (33): 31-34.

Innovation and Reform of the Theme of Structural Design Competition

CHENG Xiuyan, DAI Yujing, MA Qinwei

(School of Aerospace Engineering, Beijing Institute of Technology, Beijing 100081, China)

Abstract: The structure design competition of Beijing Institute of Technology is an important practical component of the core curriculum and an important platform for practical and innovative talents. Under the background of the training of leading talents in future scientific and technological innovation, the problems existing in the current structural design competition are analyzed. Guided by the scientific problems in the national major strategic layout, the innovation and reform of the theme of the structural design competition is carried out in order to exploring students' interests, clarifying the academic direction, and helping to cultivate top innovative talents.

Key words: Structural design competition; Scientific and technological innovation activities; Theme design; Mechanics teaching; Reform in education

课赛结合提升学生创新能力

王振宇,刘伟,鲁长宏,郑宁,史庆藩

(北京理工大学 物理学院,北京 100081)

摘 要:提升拔尖创新人才培养水平是物理实验教学改革的重要目标之一。传统物理实验课程教学以验证性实验为主,学生按部就班完成固定实验题目和内容,缺乏自主发挥创新的机会,致使创新思维和创造能力的培养滞后于时代和国家的需求。我们通过借鉴学术竞赛的模式,采取课赛结合的创新方法开设研究型课程"创新实验"。该课程以开放性的竞赛题目作为学习研究内容,学生在老师的指导下,充分发挥开放性思维,提出研究思路和研究方案,独立设计并搭建实验装置,系统研究各种因素对实验结果的影响;同时对撰写实验报告的传统考核方式进行改革,引入学术报告、提问答辩等考核形式,对学生的训练更加深入和全面,从而达到全面综合训练的效果。在课程结束后,选拔优秀学生参加相关高级别学术竞赛,进一步提升拔尖学生的创新能力,并有助于我校取得更优异的竞赛成绩。

关键词:课赛结合;中国大学生物理学术竞赛;创新实验;创新能力;教学改革

引言

在党的二十大报告中,习近平总书记指出:"教育、科技、人才是全面建设社会主义现代化国家的基础性、战略性支撑。""必须坚持科技是第一生产力、人才是第一资源、创新是第一动力,深入实施科教兴国战略、人才强国战略、创新驱动发展战略,开辟发展新领域新赛道,不断塑造发展新动能新优势。全面提高人才自主培养质量,着力造就拔尖创新人才。"

在培养人才的众多学科课程中，大学物理实验课是对理工科本科生进行科学训练的实践性课程之一，它在培养学生的科学精神及创新能力、提高学生综合素质等方面具有其他学科不可替代的作用。但传统的物理实验课程教学以验证性实验为主，实验题目固定，学生一般只需按部就班完成规定的实验内容，教学目标相对单一，学生缺乏自主发挥的条件、空间和机会，致使创新思维和创造能力的培养滞后于时代和国家的需求。因此，物理实验课的教学形式、教学内容亟待进行改革，以培养学生的创新实践能力。

众所周知，学术竞赛是大学生创新创业能力提升的实践平台，其对大学生"双创"能力的培养起着至关重要的作用。一般来说，学术竞赛的题目是开放性的，没有标准答案，可以充分激发学生的创造性思维；比赛的形式不仅需要完成实验，通常还需要制作PPT进行答辩，将自己的研究成果展示给评委，对学生的综合素质提出了更高要求，学生的创新能力也得到了充分锻炼。因此，如果将竞赛的题目和比赛形式引入课程教学，不仅可解决传统物理实验对学生综合创新能力培养不足的问题，而且可促进竞赛的人才选拔和培养，起到双重培养的良好效果[1,2]。

因此，我们将中国大学生物理学术竞赛（China Undergraduate Physics Tournament，CUPT）的开放性课题和模式引入实验课程教学，为徐特立强基班、英才班以及物理学院应用物理专业学生开设"创新实验"课程，通过课赛结合的形式，在实践中培养、提高大学生的科学素养、创新能力、创新意识、实践能力、团队协作意识和学术表达能力，发掘大学生潜能，为拔尖创新人才培养奠定基础。

一、CUPT简介

CUPT是中国借鉴国际青年物理学家锦标赛（International Young Physicists' Tournament，IYPT）模式创办的一项全国性赛事。IYPT赛事起源于莫斯科大学选拔优秀学生的活动，被各国物理教育学家广泛认可，并演变为一项顶级的国际中学生物理竞赛，IYPT模式随后被推广到各国大学生的物理竞赛中。2010年，南开大学发起并主办了首届CUPT竞赛，来自全国12所大学的17支队伍参加了该项赛事。此后，CUPT的规模和影响力不断扩大，由于参赛队伍的增多，从2018年起比赛分为区域赛和全国赛两个阶段进行[3]。截至2022年，CUPT已成功举办13届，发展到现在，全国每年约有200多所高校参加该项赛事活动。

CUPT是一项以团队对抗为形式的物理竞赛，每队由5名队员和1～2名领队组成，各支参赛队伍围绕本年度IYPT的17道物理题目，采用理论建模、物理实验及计算机模拟进行深入研究。根据竞赛级别或交流时间的不同，研究解答时间从几个月的初步研究至整年的深入研究都可以。学生在完成竞赛题目后进行辩论式比赛，在比赛中通过正方陈述、正反方讨论、评论方评论等环节对每个实际物理问题的解决思路、理论模型和实验研究方法进行全面的讨论和充分的交流。这种模式不仅可以锻炼学生分析问题、解决问题的能力，提高科研素养，还能培养学生的创新意识、团队合作精神、交流表达能力，使学生的知识、能力和素质得到全面协调发展[3,4]。同时，CUPT开放性的题目和竞赛形式，也为物理课程教学改革提供了新的思路和途径[5,6]。

二、借鉴学术竞赛建设创新实验课程

由于CUPT竞赛模式可以对学生的综合素质进行全面训练，培养学生创新思维和创新能力，我们将CUPT模式引入本科生物理实验教学，面向徐特立强基班、英才班以及物理学院应用物理专业学生开设了研究型课程"创新实验"。课程研究题目来源为IYPT赛题，学生可任选一题，根据研究题目的要求，自行搭建实验装置，完成研究任务。为培养团队合作精神，学生2人一组开展研究。物理实验中心为学生提供必要的实验场地、设备及经费，组织教师团队进行指导。学生在研究中购买测量工具和耗材，在期末结课时给予报销。

课程指导团队包括二十几位老师，普遍具有丰富的物理实验课程授课经验。团队中既有擅长学术竞赛指导的老师，也有近几年物理学院引进的高层次人才。课程指导团队在学生研究过程中从研究思路、理论建模、实验验证等多方面提供课程答疑指导。

课程考核方式同样借鉴CUPT竞赛，学生在学期末总结研究成果，按照

CUPT正方报告的形式制作PPT进行汇报和答辩，每组两名同学共同完成报告。报告内容包括理论计算、实验装置、实验结果、分析总结等，并回答评委的提问。评委按照CUPT正方报告的评分标准，根据报告的物理内容、展示情况和回答提问进行评分。基础分数5分，满分10分。评分标准如表1所示。

表1 "创新实验"答辩评分标准

评分内容	分值
物理内容	±3
（1）理论（模型、公式、模拟计算、图表数据等）	±1
（2）实验［设计方案、照片/录像、数据处理（图表，量纲/单位，有效数字/误差）］	±1
（3）结论（理论与实验一致性，解释讨论，参考文献）	±1
（4）其他：不切题不完整，扣1~2分；编造数据，至少扣3分	
展示	±2
（1）PPT(结构，幻灯片/现场的实验/音频/视频的应用)、讲解	±1
（2）正确回答问题，答辩中的表现，仪态风度，其他	±1

经过课程的训练，学生在文献查阅、自主分析解决问题、实践动手、学术答辩等多方面，能力均有显著提升，为以后毕业设计及从事科研工作打下了坚实的基础。

三、创新实验课程对学术竞赛的促进

创新实验课程结课后，通过对学生的综合考核，择优推荐队伍参加下一年的北京市大学生物理学术竞赛。北京市大学生物理学术竞赛同样采用IYPT赛题，且比赛过程和创新实验答辩过程相同。因此，学生在完成创新实验研究后，已经初步具备参赛条件。具有丰富竞赛经验的老师会指导队员们对参赛作品进一步打磨提升。在准备竞赛的过程中，学生不仅在专业知识、实践能力、创新能力上获得进一步提高，更能在完成实验竞赛项目的艰难探索、刻苦付出中，完成毅力专注、责任担当、承压抗挫等素质培养。

随着课程建设的逐渐成熟，竞赛成绩也结出了硕果。在2022年的北京市大学生物理学术竞赛中，选拔23支队伍代表我校参赛，取得了一等奖9项、二等奖8项、三等奖3项的优异成绩，一等奖数量居北京市第一。此外，2022年CUPT校队的5名队员中，4名均由"创新实验"课程培养和选拔，在华北区赛和全国决赛中，均获一等奖，是我校近三年来的最好成绩。

四、结论

将CUPT竞赛模式引入物理实验课程教学开设"创新实验"课程，为学生提供了开放性实验内容，全面提升了学生综合素质和创新能力，同时也为竞赛队员的选拔和优异成绩的取得打下了坚实的基础。

在后续的建设中，将总结通用的创新实验和学术竞赛研究方法，将教学法推广至其他高等院校，并出版"创新实验"课程教材，以进一步提高教学实践和创新人才培养效果。

参考文献

[1] 杨珺, 曾孝奇. 学科竞赛促进"大学物理实验"课程教学改革与持续创新的思考[J]. 物理与工程, 2022, 32 (5): 40-43.

[2] 智春艳, 刘金秋, 邱文旭, 等. 基于学科竞赛的大学物理课程教学改革研究[J]. 教育信息化论坛, 2022 (3): 63-65.

[3] 李川勇, 王慧田, 宋峰, 等. 中国大学生物理学术竞赛及其对培养学生综合能力的作用[J]. 大学物理, 2012, 31 (5): 1-4.

[4] 张晚云, 曾交龙, 陆彦文, 等. 依托大学生物理学术竞赛培养高素质创新人才[J]. 大学物理, 2011, 30 (6): 35-37.

[5] 杜勇慧, 洪优, 王建刚, 等. 基于大学生物理学术竞赛的创新素质教育研究与实践[J]. 大学物理实验, 2019, 1 (32): 131-133.

[6] 张国锋. 依托大学生物理学术竞赛尝试大学物理研究型教学[J]. 物理与工程, 2018, 28 (3): 66-69.

Combination of Classes and Competitions to Improve Students' Innovation Ability

WANG Zhenyu, LIU Wei, LU Changhong, ZHENG Ning, SHI Qingfan

(School of Physics, Beijing Institute of Technology, Beijing 100081, China)

Abstract: It is an important goal of physical experiment teaching reform to improve the training level of top-notch innovative talents. The traditional physics experiment teaching mainly focuses on confirmatory experiments. The students complete fixed experimental topics and contents step by step, lacking opportunities for independent exploration. Through the combination of courses and competitions, we set up the research course "Innovation Experiment" by learning from the model of academic competition. The course takes open competition topics as the research content. Under the guidance of teachers, students put forward research ideas and plans, design and build experimental devices, and study the impact of various factors on the experiment. At the same time, the traditional examination method of writing experimental reports is reformed. The examination forms of academic reports are added to make the training of students more in-depth and comprehensive. After the completion of the course, the excellent students are selected to participate in relevant high-level academic competitions, which further improve the innovation ability of top students and help our school to achieve better competition results.

Key words: Combination of classes and competitions; CUPT; Innovation experiment; Innovation ability; Teaching reform

科创竞赛驱动的创新人才培养模式探索

郑多

（北京理工大学　宇航学院，北京 100081）

摘　要：本文针对高校创新人才培养中存在的实践能力欠缺、思维受束缚和创新能力不足等问题，结合学科竞赛对学生创新能力的促进作用，提出了依托学科竞赛的创新人才培养方法。通过促进竞赛、教学融合，推进教学方式的变革，使学生知识融会贯通，提高教学质量；着重创新意识培养，促进学生自主学习新知识，思考新方法，解决创新问题；通过学生的兴趣爱好引导，培养发掘具有专业特长的创新型人才；通过建立完善创新竞赛平台，为创新型人才培养提供更好的环境。

关键词：学科竞赛；人才培养；创新思维；创新教学

引言

优秀人才是国家发展的重要资源，更是一个国家屹立于世界的核心竞争力。当今时代对人才培养提出了新的要求，创新型人才的发掘和培养是国家和社会对高校的期望。创新型人才是国家富强、社会发展、科技进步的关键。习近平总书记指出："综合国力竞争说到底是人才竞争。人才是衡量一个国家综合国力的重要指标。国家发展靠人才，民族振兴靠人才。"同时，学科竞赛育人则成了高校培养创新人才的重要手段，依托学科竞赛能够促进基础知识与应用能力的融合，达到学以致用的目的，更能培养学生创新和实践能力，使其开拓思维并形成创新意识。学科竞赛以"比赛为主线、教师为主导、学生为主体"，学生在教师的指导下全程参与论证、动手、分析、实现的全过程，是实现创新人才培养的重要手段[1]。

但在高校教学过程中，仍存在教学方式守旧、学习知识死记硬背、学生创新能力不强等问题，与国家培养创新人才的目的仍有一定的差距[2]。而学科竞赛过程可以让学生将个性特点与兴趣爱好相结合，针对相关专业课程，在学习中激发创新意识，培养团队合作能力，探讨解决问题的新思路，在实践方面积累较多的经验。由此可见，学科竞赛在高校素质人才创新培养方面有基石般的载体作用。本文基于学生创新能力不足现状，以及现有创新人才培育方法存在的问题，结合学科竞赛的应用优势，提出了一些竞赛与创新型人才培养的相关理论方法。

一、教学方式变革

不断推出与教学内容相关的竞赛项目，鼓励学生将课堂教学与应用实践相结合。教学中适当增加实际工程应用的内容，并组织相关知识内容的竞赛，提高其所占学分评价的比例。竞赛过程有助于理解课堂知识，避免死记硬背。将理论知识应用到实际工程问题中，可以有效提高学生学习的积极性与创新能力。竞赛一般都涉及多个不同领域，能够将多门学科知识融会贯通[3]，让学生在学科竞赛中掌握自主学习的方法，在理论学习的基础上强化自身的动手实践能力，激发学生的学习成就感。

结合竞赛内容开展教学，有利于最大限度激发学生的创新意识和独立思考的能力，符合当前时代下创新人才的培养目标。通过竞赛提高学生对课堂知识的应用，可以真正实现创新型人才的培养。教师在学科竞赛的培训指导过程中，同时能够活跃自身的思维，也能通过学科竞赛反向推动教学改革。

二、创新思维培养

创新思维是高校培养创新人才的关键环节。过去的培养方法，是让学生跟随教师的指导，经过大量重复性的习题，达到熟练掌握书本上的知识点的目的。但在此过程中学生的思维被固化，降低了对新问题的解决能力[4]。

古话有"授之以鱼不如授之以渔"，学科竞赛通过一系列较为困难的工程问题，跳出照本宣科的传统理论知识，激发学生利用体系性结构性的知识解决新型的实际问题,逐渐引导学生培养创新思维以及独立处理问题的能力。遇到新问题时能够将已有知识活学活用,现有知识不足时能主动学习补充新知识,并将知识灵活运用以解决问题,如此才能让学生的创新思维得到锻炼。学科竞赛是对学生现有知识体系的查漏补缺和提升,能够通过新颖的难题促进学生不断跳出传统思维模式,锻炼其创新精神和创新思维。

教师在此过程中也能够通过与学生的探讨交流,不断引导启发学生用创新的思维模式解决问题。学科竞赛能够巩固学生的知识,通过创新问题激发教师和学生的创新精神和创新意识,符合新时代创新人才的培养目的。

三、兴趣爱好培养

竞赛能够提高学生对于学科知识的兴趣。不同种类、不同形式的竞赛,可以深度发掘学生的兴趣爱好,培养更多的兴趣对口的创新型人才[5]。学科竞赛集中了科研与教育的优点,更具有多门类学科的选择,能够最大程度发挥学生的特长。依托兴趣爱好进行的竞赛,能够最大程度激发学生的自主学习探索能力,并通过工程上的实际需求,对学生的兴趣爱好进行培养引导。

学科竞赛将兴趣与科研创新融合为一体,使学生在喜欢的学科专业上更进一步,助其在科研创新探索的道路走得更远。

四、建立完善创新平台

学科竞赛一般由各大高校组织宣传,以热点研究内容为导向,以解决各类工程实际问题为目的,考查学生的创新实践能力、多学科知识融合能力、团队协作能力。但大型竞赛对专业知识的门槛和要求较高,普通学生的参与度较低;小型竞赛的宣传范围较小,学生的重视程度较差。因此竞赛虽然能够极大激发参赛学生的创新能力,然而实际创新竞赛的参与者仅仅局限于小范围学生群体。

因此高校应积极推动建立较为完善的创新竞赛平台,通过学校网站将竞赛信息汇总分类并进行宣传,推动学生大规模参与创新竞赛,挖掘各领域的优秀创新人才。同时,学校也可以定期组织竞赛知识的培训,教师带领学生对课程的教学内容与竞赛的实际应用内容进行深入的学习。开放学校的工程训练中心、实验训练平台、科技创新实验基地等场所，让高年级学生带领低年级学生进行竞赛的准备及培训工作[6]。随着实验创新平台的不断完善，学生的参与度会极大提高。完善的竞赛和创新平台，成熟的竞赛训练体系，是创新人才培育的摇篮。

五、学科竞赛对培养创新人才的意义

1. 夯实学生专业基础

竞赛过程是对已有知识体系的查缺补漏和深度挖掘，能够帮助学生建立更完备的知识结构体系，同时培养学生系统的工程性逻辑思维。学科竞赛的目标大多是解决各类新颖的工程实践问题，是多学科知识的综合运用，能够让学生将所学知识融会贯通，进而夯实其专业领域的基础知识。

2. 提高学生的实践能力

在学科竞赛过程中，学生将理论知识结合实际应用，不断提出创新想法解决出现的难题。处理竞赛过程中出现的不可控事件更是对学生实践操作能力的重大考验和挑战。

3. 有利于培养学生的创新能力

学科竞赛中出现的各种问题能够不断激发学生的创造力和想象力，使其主动对新知识新问题进行创新探索。学科竞赛过程中需要应对各类问题，学生的逻辑思维能力、问题的综合解决能力、创新创造能力将会在一次次的问题解决中得到提升。不同主题不同学科的竞赛，能够培养出综合素质高、专业能力强的创新型优秀人才。

4. 培养学生的团队意识

学科竞赛需要团队成员间的协作配合，只有小组成员集思广益，才能最终在竞赛中脱颖而出。每个学生都有独特优势和长处，只有团队成员互助互补，共同协作，才能迈上成功的阶梯。

综上，学科竞赛对创新人才的培养具有重要意义，能够带来基础知识夯实、实践能力提高、培养创新意识、培养团队意识等重要影响。基于此，建设和完善竞赛创新平台,以赛促学,是新时代创新人才培养的重要方法,是对国家新时代人才强国战略的推动和支持。

参考文献

[1] 黄丹琳,梁微,潘利文.我国高校大学生学科竞赛现状分析[J].教育教学论坛,2020 (2):305-306.

[2] 李青,李博,陈红梅."思政+课程+科创"育人模式探索与实践——以"计量经济学"为例[J].林区教学,2021 (7):19-23.

[3] 李婉丽.大学生学科竞赛与创新人才培养途径探析[J].新西部,2017 (25):114;130.

[4] 丁坤."以赛促创":高校创新创业人才培养的策略[J].教育理论与实践,2022,42 (21):9-12.

[5] 李彬,顾燕,江文,等.学科竞赛促进应用型本科创新人才培养研究[J].创新创业理论研究与实践,2021,4 (19):100-102.

[6] 姚圣卓,王传涛,金涛涛.新工科人才培养视域下高校创新创业教育实践平台建设研究[J].教育与职业,2022 (10):70-75.

Training Methods of Innovative Talents Relying on Discipline Competition

ZHENG Duo

(School of Aerospace Engineering, Beijing Institute of Technology, Beijing 100081, China)

Abstract: Based on the current situation of college students' thinking constraints and low innovation ability, this paper proposes a training method of innovative talents relying on discipline competition, aiming at the deficiencies in the training of innovative talents in colleges and universities, combined with the promotion of discipline competition on students' innovation ability. Promote the reform of teaching methods by promoting the integration of competition and teaching, so that students can learn from each other and improve the teaching quality; Emphasize the cultivation of innovative consciousness, promote students to learn new knowledge independently, think about new methods, and solve innovative problems; Through the guidance of students' interests and hobbies, cultivate and explore innovative talents with professional expertise; By establishing and improving the innovation competition platform, we can provide a better environment for the cultivation of innovative talents.

Key words: Discipline competition; Talent cultivation; Innovative thinking; Innovative teaching

大学物理开放实验课程建设

郑宁，刘伟，鲁长宏，王振宇

（北京理工大学　物理学院，北京 100081）

摘　要：大学物理实验是本科生入学后的第一门实践课程，对于加深学生对理论课知识的掌握与理解，锻炼和提高实践动手能力，培养创新能力和创新思维，形成严谨认真的学术态度，树立实事求是的科学素养，具有非常重要的意义。在传统大学物理实验课程教学中，学生被动接收知识的模式，容易造成学习自主性和主动性的缺乏，限制了创新能力的培养。因此，我们以徐特立强基班、英才班及物理学院应用物理专业学生为试点，建设了"格物至臻"开放实验室，开展大学物理实验课程改革。教改将部分课程项目转为开放实验，采用开放自主的教学形式，在书院制的氛围中扩展拔尖创新人才的成长空间，释放学生自主学习的动力，提升物理实验对于重点培养人才长远成长的奠基石作用。经过课程的培养，学生的实践动手能力和创新能力得到显著提升。

关键词：大学物理；开放实验；拔尖创新人才培养；教育教学改革

引言

实现中华民族伟大复兴的第二个百年征程离不开大量高素质社会主义建设者的培养，其中高校担负了培养一流人才的时代重任。当前各高校人才培养模式中无不特别重视加强对学生实践能力的培养，尤其是对于拔尖创新人才的培养中更是把创新实践能力的培养作为突破口。大学物理实验课程是大学生入校后的第一门实践课，对于培养学生创新实践能力起着奠基作用。学生在课程中受到的物理实验方法和实验思想的训练，所养成的严谨认真、实事求是的实验素质和科学素养，对后续各专业课程学习、研究生深造和职业发展发挥着至关重要的作用[1,2]。

在传统大学物理实验课堂上，通常先由任课老师讲授实验原理、实验步骤、实验仪器等内容，然后学生按照老师要求按部就班进行实验。学生被动接受知识，缺乏自主性。由于实验时间有限，学生只想尽快完成实验，没有太多时间进行思考，不利于学生实践能力和创新能力的培养。为解决这一问题，各高校物理实验教师进行了不断探索，开放实验打破了传统实验在时间上的限制，有利于激发学生自主学习、自主研究的积极性，已成为物理实验教学改革的一个重要方向[3,4]。

受限于仪器设备、实验条件和师资力量，我校大学物理实验一直采用传统教学模式，在一定程度上限制了拔尖创新人才的培养。因此，针对徐特立强基班、英才班及物理学院应用物理专业学生的大学物理实验课程进行改革，我们建设了"格物至臻"开放实验室，将部分大学物理实验转为开放实验，采用开放自主的教学形式，学生自主开展实验，遇到难以克服的困难再向指导老师寻求帮助，营造教学相长的真正书院制氛围。依托全天候向学生开放的开放实验室，学生预约后进入实验室开展实验，不受课程学时的限制，可以更加深入地完成实验项目，激发学生的探索热情和研究兴趣，为学校重点培养的拔尖创新人才提供更加全面深入的物理实践训练。

一、开放实验建设思路

（一）以学生为中心

传统物理实验教学以教师和教材为中心，在该模式下学生被动接受知识，学习效率低且效果较差，不利于对学生自主学习能力和终身学习能力的培养[5]。目前，以学生为中心的教育理念正逐渐成为高校教学改革的重要方向。该理念是美国著名心理学家卡尔·罗杰斯（Carl R. Rogers）教授在1952年首次提出的，体现了人本主义心理学的原理，反映了教育学的内在规律，对提升学生学习效果，培养创新型高素质人才具有重要意义[6]。

"以学生为中心"强调重视学生在高等教育改革中的地位,关注学生和学生的需要。经过调研发现,很多同学认为在传统大学物理实验中按部就班地按照老师的引导操作,学习效果有限,希望能增强参与感。因此,在开放实验建设中,充分考虑学生的需求,课程方案、实验讲义、考核标准等的制定均以学生为中心,发挥学生的主观能动性和学习自主性。

(二)格物至臻,培养拔尖

针对徐特立学院"导师制、严要求、小班化、定制化、国际化"的人才培养目标,探索"极致实验"的教学模式。对学生进行严格要求,针对每个学生在实验测量中的问题、实验报告撰写中的错误和不足,进行反复打磨,使学生在不断完善实验和修改实验报告过程中修正错误、弥补不足,从而趋近完美,直至"极致"。通过不断地打磨,加深学生对实验的理解,提高学生的实验技能,使学生形成严谨的物理实验态度。

在实验过程中,如发现值得探索的问题或者对实验仪器有创新改进,学生还可以在导师指导下进行深入研究,针对有价值的研究结果发表学术论文或者参加物理实验竞赛。在研究过程中,学生的提出问题、分析问题和解决问题的能力均得到全面提升,这为拔尖创新人才的培养提供了强有力的支撑。

二、开放实验教学管理

(一)开放实验教学

开放实验由学生自主学习并完成实验。为保证学生顺利完成实验,针对开放实验的特点,重新编制课程讲义,丰富讲义内容,通过设置一系列任务,引导学生循序渐进掌握实验相关知识和操作,将以往主要由教师讲授的关键实验技巧、注意事项等加入讲义,使学生顺利完成实验,同时避免出现仪器损坏等情况。此外,在讲义中提出一些问题,启发学生思考,对实验进行更深入研究。

在传统实验课上,学生在遇到问题时,往往直接向老师或其他同学寻求答案，缺少自主探索的动力和耐心。在开放实验中，没有统一的讲授和指导过程，学生必须自己尝试解决问题。如果没有在预约时间内完成实验，还可多次预约，直到完全掌握实验内容，获得满意实验结果。由于没有时间限制，学生可以有充足的时间进行思考，遇到了无法解决的问题，可以进一步查阅相关资料，寻求问题答案，或在每周答疑时段与指导老师进行交流，讨论相关问题。

（二）开放实验管理

与传统大学物理实验以小班为单位的上课模式不同，开放实验具有更高自由度和灵活性。为提高实验室和实验设备利用率，设置专门的开放实验室，每个实验室开设多个实验项目，每个项目2~3套设备。采用钉钉考勤机M1X Pro进行考勤，该考勤机可以使用我校深度定制化的钉钉客户端"i北理"进行管理，易于使用。此外，在实验室安装监控系统，对实验室进行24小时实时监控，保障实验安全。

与柏拉图教育软件公司合作建设了开放实验管理系统。该系统具备实验课程安排、学生选课、在线电子报告提交及评阅等功能，丰富的选项配置可以满足多种选排课需求。开放实验管理系统与微信进行绑定，学生可以在微信教学助手完成实验选课、报告上传、成绩查询等各项操作。采用电子报告提交方式，教师可以在第一时间查收学生报告并进行批阅，报告中存在的问题可以在批阅后即刻返回给学生，这种信息化的实验报告提交和批阅方式，使得学生根据教师评语快速再次改正报告和实验中的错误成为可能。经过多次反复迭代，学生对实验的理解和掌握达到极致。

三、开放实验建设成效

在传统物理实验中，学生积极性差，很多同学预习实验只是机械地抄写教材，缺乏必要的思考，按照老师讲授的实验步骤按部就班进行实验，仅以实际掌握的内容有限。在开放实验中，学生的积极性被充分调动，从实验预习到进入实验室开展实验、撰写实验报告都认真对待。由于没有时间限制，学生可以在开放实验室更加自由、深入地完成实验项目。晚上也常常有同学在进行实验。

通过开放实验课程，培养了学生的自主探索精神，实践动手能力和创新能力。在此基础上，通过课赛结合的方式，指导学生参加相关物理实验竞赛，进一步提升学生的综合素质，提高我校竞赛成绩。例如，在2022年全国大学生物理实验竞赛中，徐特立物理强基班学生夏宗瀚、刘松柢、王相驹等同学对弗兰克—赫兹实验仪进行改进，受到了评委的一致好评，荣获国家级一等奖。

此外，由于开放实验每个项目只需要2~3套设备，解决了专为理科班学生开设的物理实验设备使用率低的问题，不仅缓解了实验室的建设经费压力，还能引入更多最新的实验项目。

四、结论

针对学生在传统物理实验教学中缺乏学习自主性和积极性的问题，我们面向徐特立强基班、英才班及物理学院应用物理专业学生开设了大学物理开放实验。新课程充分发挥了学生的主观能动性，培养了学生发现问题、解决问题的能力，提升了拔尖创新人才培养效果。后续的教学实践将增加慕课、虚拟仿真实验等配套教学资源，满足学生多方面需求，进一步提升学生的学习效果。

参考文献

[1] 鲍德松, 郑远, 王业伍. 适合物理拔尖人才培养的物理实验教学模式探索 [J]. 实验技术与管理, 2020, 37 (12)：241-243.

[2] 赵伟, 王中平, 韦先涛, 等. 拔尖人才培养背景下开展英才物理实验教学试点的总结和展望 [J]. 物理实验, 2021, 41 (09)：23-28.

[3] 车宇. 物理开放实验室建设的探索与实践 [J]. 物理通报, 2020 (S1)：104-105.

[4] 徐燕, 刘明熠, 张开骁. 大学物理开放实验建设的研究与实践 [J]. 大学物理实验, 2014, 27 (02)：109-111.

[5] 李嘉曾."以学生为中心"教育理念的理论意义与实践启示[J].中国大学教学,2008,(4):54-56.

[6] 张月月,王君明,关月晨,等.高校实验教学中"以学生为中心"教育理念的应用[J].教育现代化,2019,6(85):276-278.

Construction of Open Experiments in College Physics

ZHENG Ning, LIU Wei, LU Changhong, WANG Zhenyu

(School of Physics, Beijing Institute of Technology, Beijing 100081, China)

Abstract: College physics experiment is the first practical course for undergraduate students. It is of great significance to deepen students' understanding of theoretical knowledge, improve practical ability, cultivate innovative ability and innovative thinking, form a rigorous and serious academic attitude, and establish a realistic scientific literacy. In the traditional college physics experiment teaching, students passively receive knowledge and lack the autonomy and initiative of learning, which limits the cultivation of their innovative ability. To solve this problem, we carried out the reform of the college physics experiment teaching, taking the students of XuTeli Yingcai Class and Strengthening Basic Disciplines Program Class who majoring in physics as the pilot. We built the "perfect quality" open laboratory and converted part of the curriculum projects into open experiments. The open experiments expanded the growth space of top innovative talents in the atmosphere of the academy system, released the power of students' independent learning, and improved the cornerstone role of physical experiments in the long-term growth of key talents. Through the training of the curriculum, students' practical and innovative abilities have been significantly improved.

Key words: College physics experiment; Open experiment; Cultivation of top innovative talents; Education and teaching reform

书院制背景下学生创新创业教育新模式探究

张赞，史建伟

（北京理工大学 徐特立学院/未来精工技术学院，北京 100081）

摘 要：自高等教育深化改革以来，国内书院制教育模式逐渐兴起，依托专业学院学科平台开展学生创新创业教育的传统模式受到了一定程度的影响。文章以北京理工大学特立书院为研究对象，分析了书院制背景下创新创业教育的优势，探讨了多元推进、营造创新创业氛围、整合资源构建书院创新创业体系的书院制"双创"教育模式，进一步提出了系统规划，持续推进书院制"双创"文化建设、校地合作孕育书院学生创新创业教育新模式的"双创"教育优化模式，以适应当前书院制背景下对学生创新精神、创业意识和创新创业能力的培养，将创新创业教育培养模式多元化。

关键词：书院制；创新创业；导师制；校地合作

引言

习近平总书记在全国教育大会上强调："培养德智体美劳全面发展的社会主义建设者和接班人，加快推进教育现代化、建设教育强国、办好人民满意的教育。""要在增强综合素质上下功夫，教育引导学生培养综合能力，培养创新思维。"面对当前教育的新形势，书院制育人模式能够实现"育才"向"育人"的转变，"专业教育"向"全人教育"的转变，是具有里程碑意义的人才培养改革。面对新形势，北京理工大学积极深化改革，于2013年成立徐特立学院，实行书院制管理。2018年，北京理工大学正式成立九大书院，与各专业学院协同开展育人工作，实施本科生大类培养与大类管理。在书院中实施博雅教育，培养学生优良品质；通过导师制，激发学生潜能和自我发展动力。书院制实施以来,各书院重视书院文化建设,深入挖掘书院文化内涵;贯彻"三全"育人理念,为学生配备学术导师、学育导师、专业导师、德育导师、朋辈导师、通识导师、校外导师等各类导师,使学生在思想成长、人生规划、学业发展、学术培养、视野拓展、校园生活等多层面多角度获得有效的教育引导。

一、书院制背景下创新创业教育优势解析

书院是我国长久以来的一种重要的教育组织模式,在我国古代就有应天书院、岳麓书院、嵩阳书院、白鹿洞书院等四大书院。古代书院以"自由讲学、平等论道"为主,兼容儒学经典与实用学科。现代西方书院实行住宿型书院制,是实现文化育人的住宿园区。中国现代书院制是结合中国传统古代书院和西方住宿型书院的崭新育人模式[1]。中国现代书院制是实现素质教育(通识教育)和专才教育相结合,达到均衡教育目标的一种学生教育管理制度。书院通过通识教育课程和提供非形式教育(即非课程形式),配合完全学分制,推展学术及文化活动,实现学生文理渗透、专业互补、个性拓展,鼓励不同背景的学生互相学习交流,满足学生的个性化发展需要,最终促进学生的全面发展。通俗来讲,书院负责专业教学以外的所有事情。书院制背景下开展创新创业教育具有以下几方面优势。

1. 博雅教育——提高学生综合素质

"学院管智商,书院管情商。"一个合格的创新创业人才不仅需要扎实的专业课知识与刻苦钻研的学术精神,也需要有高雅的生活情趣、良好的人际关系与顶尖的团队合作能力。而书院制教育注重通识教育课程和环境熏陶,拓展学术及文化活动,在传授专业知识的同时,打通中国传统文化中的文、史、哲,进而融汇人文科学和自热科学[2],提高学生综合素质。

以北京理工大学特立书院为例:特立书院鼓励学生通过参加党团主题教育活动、德育答辩活动、主题思政课等丰富多彩的思想政治教育活动,坚定理想信念,树立共产主义远大理想和中国特色社会主义共同理想,厚植爱国主义情怀,爱党爱国,培育和践行社会主义核心价值观,立志扎根人民、奉

献国家；鼓励学生积极参加各类文艺体育、心理健康教育等活动。如组织合唱比赛、舞蹈比赛、舞台剧演出等校园文艺活动，开办"丰羽学苑"等人文讲座或其他各类文化讲座，鼓励参加各种国家级、省级、校级文艺类竞赛，举行晨跑、运动会等各类体育比赛活动以及大学生心理健康教育月、心理团体辅导等活动，促进学生身心健康、阳光向上，精通礼仪礼节、中华传统文化，熟悉世界多元文化，提升学生艺术审美力和艺术表现力；鼓励大学生积极参加思想政治教育、主题教育、志愿服务、朋辈领航等活动，有效增强学生的家国情怀、奉献意识、社会责任感和感恩意识，传承徐特立老先生大爱精神。

2. **本科导师制——引导学生个性化发展**

导师制作为书院制的一大特色，在激发学生潜能和促进学生自我发展方面，导师无疑可以起到良好的作用[3]。导师不仅关注学生们的学习生活状况，还能在思想引领上起到积极作用。帮助学生树立正确的世界观、人生观、价值观，教育和引导学生树立社会主义核心价值观，热爱祖国、热爱人民，具有远大的志向和坚定的信念，并合理规划学涯和职业生涯。除此之外，当导师关注学生的生活时，能更加客观全面地评价学生，有助于学生的全面发展。导师制要求在教师与学生之间建立一种"导学"关系，针对学生的个性差异因材施教，同时指导学生的思想、学习和生活，所以这对学生的个人发展与完善是非常有帮助的。除了在客观上全面指导学生之外，导师制度的亮点还有在本科阶段进行对口指导，这样不仅可以让学生更早地体验导师指导下科研的魅力，更能锻炼学生的自我研究能力、自我发展动力，为将来的创新创业打下良好的基础。导师基本上都是各自领域内的成功典范，他们的榜样作用、言传身教的力量都是独一无二的。通过与导师加强交流，学生能提前接触到一些先进的技术，认识到科研工作中一些必备的素养，从而极大激发学生的创新潜能。

3. **多学科交叉——激发学生创新潜能**

书院为同学们营造了一个小而全的学习和生活环境。在这个环境中，不同年级、不同专业的学生共同生活在一起[4]，更加有助于同学们创新创业。首先是学科优势。混合居住有利于同学们交流思想。不同学科虽然在研究领域上有所区别，但它们的研究方法、研究思想有一定的相通的地方；当前学生处在科技高度发达的时代，想要在单纯某一个方向做出好的创新难度很大，不同学科的交叉可以使学生的创新创业团队赢在起跑线上；不同学科的同学可以更方便地相互学习，共同进步，提升同学们的综合能力。其次是人力优势。在混合居住的条件下，可以有效地实现"老带新"，让一些有经验的学长更好地把他们的经验分享给那些缺乏经验的同学，这样就不至于出现一群新人手忙脚乱不知道该做什么的情况，可以在很大程度上节省时间和精力，更有助于高质量、有创意的产品产生。学长是一种高质量的人力资源。最后是地理优势。书院社区空间既是同学们住宿的地方，也能满足同学们学习的需求。以北京理工大学特立书院为例，书院社区空间学业学术交流区设置了多功能活动区、社团共建区、行政办公区、文化长廊区等功能性的空间，学生在社区空间内就能完成很多"双创"相关工作，不仅节省时间，还能有效增进团队的凝聚力。综上，不同学科、不同年级混合居住，能够真正做到"队友就在身边找""老师就在身边找"，助力学生在创新创业领域走在时代前列。

二、书院制背景下创新创业教育模式探索

（一）多元推进，营造书院制创新创业氛围

书院制为高校创新创业教育提供了一片肥沃的土壤，而如何在书院营造"双创"文化氛围显得尤为重要。浓厚的"双创"文化氛围，有利于从宏观上推动学校创新创业氛围的形成，从学校整体层面让"大众创业、万众创新"成为风尚；有利于激发大学生和创新创业者的激情与活力，从而打造高校创新创业特色，形成创新创业成果规模化效应[5]。鼓励学生借助参加丰富多彩的思想政治教育活动、学生骨干岗位锻炼等途径，着力增强政治意识、大局意识、自信心，提升组织协调、抗压抗挫、系统辩证思维、写作与表达等能力；鼓励学生积极参加"逐梦学苑"大师交流、"汲识·启航"学术沙

龙、学科竞赛、创新创业、学术创新等活动，着力提升创新意识、批判性思维、针对性学术能力、知识结构宽度、学术交流能力；鼓励学生参加社会实践、就业实习、参观学习、社团活动和社会工作，提升学生社会认知力、融入力、执行力、动手实践能力和理论联系实际能力。

（二）整合资源，构建书院制创新创业体系

传统的创新创业教育工作多以专业学院单打独斗为主，专业学院依靠自己强大的学科优势、专业教师资源创建具有专业特色的科技创新实践基地或者极具学科特色的创新团队。比如北京理工大学宇航学院的航模队、机械与车辆学院的方程式赛车队，这两个老牌创新团队都极具专业特色，并且都曾在自己的专业领域摘得桂冠，但近几年的发展似乎遇到了瓶颈。这两个团队有一个共同特点，团队中的成员基本以本学院学生为主，据粗略统计宇航学院航模队成员中本学院学生占据了90%以上。这种以专业学院为主导的创新创业模式限制了同学们的创新创业能力，专业学院服务内容单一，所能支持的政策和资源均有很大的局限性。"双创"教育的培养主体是学生，不应该以专业学院的发展去限制学生全方面的发展。

书院制则为当前高校"双创"教育的瓶颈破局提供了可能。书院利用其不同年级、不同专业的学生共同生活在一起、共同管理的优势，可以形成各个专业统一领导、职责明确、相互支撑、融合协作的创新创业团队运行机制。书院可以充分发挥组织优势和平台作用，在校内与创新创业密切相关的各个单位，校内各院系、科研院所、资产公司之间横向融合，形成合力，同时重视制度保障，整合支持资源，落实激励政策，从而统筹全校创新创业教育资源，打破专业学院壁垒，构建全校创新创业体系，打通"育人最后一公里"。

三、书院制背景下创新创业教育模式优化

（一）系统规划，持续推进书院制"双创"文化建设

北京理工大学特立书院努力营造"双创"文化氛围，取得了良好的效果。一是成立大学生科技创新协会。协会以"不忘徐老初心，服务特立科创"为理念，通过组织精品科技活动、举办高水平赛事、挖掘并支持学生课外学术科技项目、打造创新创业团队的途径营造良好的学术科技氛围，培养学生的创新精神、创业意识和创新创业能力。协会自成立以来，秉着"认真务实做标签，创新活跃展风采"的态度，举办了科技创新月、"特立杯"、学术论坛、走进实验室、走进企业等活动，引导同学们积极参与大学生创新创业训练计划项目，并大力鼓励、支持同学们自主开展科技创新创业项目，这种学生通过自我管理、自我服务、自我成长的方式在全院范围内营造了良好的"双创"文化氛围。二是依托学院新媒体"卓然特立"公众号打造"学术·创造""竞赛"等连载网络品牌推送作为经验交流窗口，让往届优秀获奖作品作者分享自己在"双创"方面的成果经验，宣传典型人物事迹以及创新创业相关政策。三是将创新创业融入课堂。书院为大一学生开设专业导论课，定期邀请各个专业顶尖学者为同学们提供最前沿的专业信息，从专业角度、行业经验出发，分享成功经验与独到见解，激发大学生创业热情，使高校"双创"既不失严谨，又富有活力，从而营造出浓厚的"双创"文化氛围。

（二）多方合作，孕育书院制创新创业教育新模式

书院在内整合全校资源后，还要"外联"政府、社会、企业、科技园等外部单位，争取更多外部支持资源，积极地在高校与政府、企业和社会组织之间搭建合作的桥梁，成为多方联动的纽带[6]。北京理工大学特立书院与山东省滕州市进行了"双创"教育的合作尝试。面向服务北京理工大学"双一流"建设和山东省滕州市发展战略，结合当地产业结构特点和经济社会发展

需求、鲁南研究院研究领域与发展方向和特立书院学生拔尖创新人才科技创新能力培养需求，双方按照"属地支持、学院组织、教师主导、学生主体"的模式建设，围绕智能制造、人工智能、先进材料三大领域，建设集学生创新创业教育、培训、实践、孵化、特色活动于一体的、特色鲜明且具有示范带动效应的创新创业教育与实践平台，培育一批具备全国领先水平的大学生创新创业项目，培养一批具备突出创新创业综合素养的拔尖领军领导人才，有力助推区域经济建设与发展。特立书院每年暑假前两个月动员学生报名申请创新基地项目。书院以学生发展为出发点，根据学生专业方向、所选课题、自身特长、本硕博贯通联合培养课程等，为每一名学生个性化定制。并且为每一名学生配备"三全"导师，"三全"导师与创新基地导师对学生联合培养，让学生在做科技创新的同时为未来的研究方向打下坚实基础。

参考文献

[1] 黄鹏飞, 梁双杰, 张力月. 浅谈住宿式书院制下创新创业教育实施路径[J].决策探索(下), 2019 (11)：83.

[2] 沈隐夕. 现代书院制模式下高校人才培养的再思考[J].高教学刊, 2019 (02)：174-178.

[3] 刘艳红. 关于书院制教育对大学生生活影响的研究[J].才智, 2019 (11)：175.

[4] 阮芳, 肖宇, 李惠娟, 等. 浅析高校国家级众创空间如何营造创新创业文化氛围[J].科技创新与生产力, 2018 (11)：18-20.

[5] 朱伟. "校地合作"模式下地方高校创新创业教育体系研究[J].信阳师范学院学报(哲学社会科学版), 2018, 38 (04)：80-83.

Exploring the New Model of Student Innovation and Entrepreneurship Education under the Background of the Academy System

ZHANG Zan, SHI Jianwei

(XUTELI School, Beijing Institute of Technology, Beijing 100081, China)

Abstract: Since the deepening reform of higher education, the college education system has gradually emerged, and the traditional model of relying on the discipline of professional colleges to carry out students' innovation and entrepreneurship education has been affected to a certain extent. In order to adapt to the requirements of cultivating students' innovative spirit, entrepreneurial awareness and innovative and entrepreneurial ability under the background of the current college system, the article takes the XUTELI School, BIT as the research object, analyzes the advantages of innovation and entrepreneurship education under the background of the college system, discusses the new model of innovation and entrepreneurship education in the college system through multiple promotion, atmosphere creation, and resource integration, and further puts forward an optimized model for the promoting the construction of innovation and entrepreneurship culture, strengthening University-Local Government Collaboration Patterns to build a new model of innovation and entrepreneurship education for college students.

Key words: Academy system; Innovation and entrepreneurship; Tutorial system; School local cooperation

旋转伺服控制创新实践探索

左镇，李忠新，朱杰

（北京理工大学　机械与车辆学院，北京　100081）

摘　要：教育部印发的《普通高等学校本科教育教学审核评估实施方案（2021—2025年）》中将培养一流拔尖创新人才，服务国家重大战略需求的普通本科高校作为第一类审核评估对象。北京理工大学机械与车辆学院地面机动装备国家级实验教学示范中心聚焦智能无人系统拔尖创新人才培养，开展了面向智能无人系统的"旋转伺服控制创新实践"探索。通过"旋转伺服控制创新实践"教学，学生能够知悉和理解控制在智能无人系统、生活、生产中的应用，了解控制发展及前沿科技；了解MATLAB Simulink控制模型的建立方法，以及直流电机PID控制调参；理解图像识别、视觉跟踪的实现原理以及在自动控制中的应用。"旋转伺服控制创新实践"当前主要服务于工程实践必修环节，重点对学生进行知识维度、能力维度、价值维度的培养与训练，实践教学成效显著，未来将进一步拓展应用于相关必修及选修实验实践课程。

关键词：伺服控制；实验教学；实践；智能无人系统；创新人才

引言

国务院印发的《全民科学素质行动规划纲要（2021—2035年）》中提出要完善拔尖创新人才培养体系[1]；教育部印发的《普通高等学校本科教育教学审核评估实施方案（2021—2025年）》中将培养一流拔尖创新人才，服务国家重大战略需求的普通本科高校作为第一类审核评估对象[2]。北京理工大学党委书记张军曾在2022年1月召开的书院、学院拔尖创新人才协同培养院长联席会上强调，要进一步加强书院、学院拔尖创新人才协同培养，徐特立学院是引领学校拔尖创新人才培养的"先行区"。因而，持续推进实践教学改革工作，深化与徐特立学院/未来精工技术学院的协同实践育人，提升拔尖创新人才培养水平，对贯彻落实《北京理工大学拔尖创新人才培养改革实施方案》具有重要意义。

面向国家的重大战略需求，2022年北京理工大学"强基计划"中新增了智能无人系统技术专业。北京理工大学机械与车辆学院地面机动装备国家级实验教学示范中心聚焦智能无人系统拔尖创新人才培养，开展了面向智能无人系统的"旋转伺服控制创新实践"探索。

一、课程设计

（一）课程教学目标

"旋转伺服控制创新实践"的课程教学目标如下：①学生知悉和理解控制在智能无人系统、生活、生产中的应用，了解控制发展及前沿科技；②学生了解MATLAB Simulink控制模型的建立方法，以及直流电机PID控制调参；③学生能够理解图像识别、视觉跟踪的实现原理以及在自动控制中的应用。

（二）课程内容

"旋转伺服控制创新实践"以直流电机控制视角向学生介绍智能无人系统控制的内涵、发展与智能制造的关系，揭示大机械类控制的特征，每节课包含一个实验内容，层层递进，从电机控制到图像识别运动控制，旨在帮助学生了解控制在机械领域的应用与发展。教学方法结合理论讲授、实验讲解、实验操作、课程作业等内容。

"旋转伺服控制创新实践"的实验设计以Quanser公司的QUBE-Servo 2旋转伺服电机实验设备为基础，开发了完整的实验课程。QUBE-Servo 2是一个便携式齿轮伺服系统，包括一个直流电机和三类传感器：旋转光学编码器(增量)、电位器和转速计。通过一个基础电机进行驱动，一个光学传感器测量基础旋转角度，另一个光学编码器测量倒立摆的角度。QUBE-Servo 2（图1）具有以下特点：高度集成的旋转伺服系统；无工具快速连接模块接口；直驱有刷直流电机；高分辨率光电编码器；内置电压放大器，集成了电流和转速传感器；内置数据采集卡；可控的三色LED；灵活的QFLEX 3计算机接口（包含USB接口和SPI接口）；开放式结构设计，允许用户设计自己的控制器；完全兼容MATLAB®/Simulink®；为MATLAB®/Simulink®提供完整的系统模型和参数。

图1　QUBE-Servo 2旋转伺服电机实验设备

实验内容包括：①旋转伺服电机控制系统与MATLAB的交互实验；②旋转伺服电机经典控制与现代控制实验；③控制与视觉跟踪实验；④球杆平衡综合控制实验。

二、课程实施成效

（一）教学应用情况

在北京理工大学机械与车辆学院2020年度培养方案中，学院重塑实践课程体系，依托地面机动装备国家级实验教学示范中心，基于北京市"一带一路"国家大学生科技创新训练营、北京市教委"双培计划"暑期学校创新集训营等为校级学生交流开发的创新实践体系，持续凝练提升，以创新实践项目群组的方式面向二年级（第3学期初）本科生开设了必修实践课程"工程实践"。

作为"工程实践"课程的实践子项目，"旋转伺服控制创新实践"丰富和优化了控制实践教学软硬件条件，当前主要服务于"工程实践"必修环节，重点对学生进行知识维度、能力维度、价值维度的培养与训练，实践教学成效显著。未来将进一步拓展应用于"智能机电系统应用工程实践""典型无人系统工程实践"等必修实验实践课程以及"典型智能无人平台创意与创新实践""精工创研——项目制课程"等实验选修课/开放实验。

（二）学生反馈

通过实践教学，"旋转伺服控制创新实践"激发了低年级本科生对智能无人系统控制专业知识的学习兴趣，学生在实践中也体现出对控制学科的喜爱，对智能无人系统的控制策略产生更深入的理解。同时，课程也促进了学生多元能力与素质的提升。

以下为一名同学的实验报告感想摘录："在选择这门课程前，我以为它将是一门生硬枯燥的理论课，将教授我们各种书本上的伺服电机的控制原理与编程公式。然而在实际上过这门课程后我才发现它大大超乎我的预料，将知识、有趣、探索与实用完美地结合在了一起。在实际的操作中教会了我们如何去编写相关程序，让我们记忆深刻。此外，通过控制伺服电机实现的各种有趣实用的应用也大大提高了我们学习的乐趣与激情，不再如同以往的课程将实践与知识剥离开来单纯教授抽象的知识体系，通过带着实用目的的思考，我们更能清晰体会到每一个步骤如此操作的原因，学会它的使用。上完课程后，我更为急切地想学习后续课程，了解更多模块的应用与其神奇的效果，也想通过这门课程及其后续学习的知识能够最终使用伺服电机完成一个具有实用功能的产品。这门课程刷新了我对机械的传统认知，机械并不是简单的机械部件组装，而是一门融合了各个学科知识，充斥着我们日常生活并总是让我们惊叹不已的高端控制。小班化教学也使我们能更方便地与老师交流，解决自己的困惑。希望这门课程能够继续开展下去，希望这种实践方式的教学能够占据我们日常学习的大部分。"

三、结语

在现有实践体系的基础上,地面机动装备国家级实验教学示范中心将持续优化"旋转伺服控制创新实践",优化组织实施模式,全面提升智能无人系统创新实践育人平台,并将"旋转伺服控制创新实践"推广应用于更多实验实践课程。

参考文献

[1] 中华人民共和国国务院. 国务院关于印发《全民科学素质行动规划纲要(2021—2035年)》的通知[EB/OL]. [2021-06-25]. http://www.gov.cn/zhengce/content/2021-06/25/content_5620813.htm?ivk_sa=1024105d.

[2] 中华人民共和国教育部. 教育部关于印发《普通高等学校本科教育教学审核评估实施方案(2021—2025年)》的通知[EB/OL]. [2021-02-03]. http://www.moe.gov.cn/srcsite/A11/s7057/202102/t20210205_512709.html.

Innovative Practice of Rotary Servo Control

ZUO Zhen, LI Zhongxin, ZHU Jie

(School of Mechanical Engineering, Beijing Institute of Technology, Beijing 100081, China)

Abstract: *The Implementation Plan for Undergraduate Education and Teaching Audit and Evaluation of General Colleges and Universities* (2021–2025) issued by the Ministry of Education will train first-class and top-notch innovative talents and serve the major strategic needs of the country as the first type of audit and evaluation object. The National Experimental Teaching Demonstration Center for Ground Mobile Equipment of the School of Machinery and Vehicle of BIT focused on the cultivation of top innovative talents for intelligent unmanned systems and carried out the exploration of "Innovative Practice of Rotary Servo Control" for intelligent unmanned systems. Through the teaching of "Innovative Practice of Rotary Servo Control", students can know and understand the application of control in intelligent unmanned systems, life and production, and understand the development of control and cutting-edge technology; Understand the establishment method of the control model of MATLAB Simulink and the parameter adjustment of the DC motor PID control; Understand the realization principle of image recognition and visual tracking and its application in automatic control. At present, Innovation Practice of "Rotary Servo Control" mainly serves the compulsory part of engineering practice, focusing on the cultivation and training of students' knowledge dimension, ability dimension and value dimension. Practical teaching has achieved remarkable results, and will be further expanded and applied to relevant compulsory and optional experimental practice courses in the future.

Key words: Servo control; Experimental teaching; Practice; Intelligent unmanned system; Innovative talents

赛教融合赋能拔尖创新人才培养的实践教学改革研究

——以制造技术基础训练课程为例

李春阳，冯吉威，付铁，李梅，靳松，张雨甜

（北京理工大学 机械与车辆学院，北京 100081）

摘 要：我国已进入战略人才力量自主培养的全新历史阶段，在向第二个百年奋斗目标进军的新征程中，我们比历史上任何时期都更加渴求拔尖创新人才。坚持面向世界科技前沿、面向经济主战场、面向国家重大需求，这是北京理工大学薪火传承的人才培养使命担当。本文面向拔尖创新人才培养，特别是新时期具有良好工程教育背景的拔尖创新人才，以本科阶段工程实践教育教学改革为研究目标，依托中国大学生工程实践与创新能力大赛（简称"工创赛"）的赛教融合研究基础，提出了赛教融合在本科生必修实践环节"制造技术基础训练"中的改革路径探索与教学研究思考，阐述了该模式的构建内涵及组织、实施方法。经教学效果与创新竞赛验证，试点班级培养的学生在科学基础、工程能力、系统思维和人文精神的交叉融合方面取得了显著提升，赛教融合的模式能有效实现人才成长引领与工程实践、科技创新能力提升的一体推进，对于新时期本科阶段拔尖创新人才培养具有一定的借鉴作用。

关键词：赛教融合；拔尖创新人才；工程实践；实践课堂改革

引言

传承着"延安根、军工魂"的北京理工大学机械与车辆学院，作为教育

部首批"三全育人"综合改革试点单位，始终关注教学场域中的人及人的行为，即"师"与"生"、"教"与"学"。响应"双一流"建设对拔尖创新人才培养的时代召唤，承担着本科生必修实践环节"制造技术基础训练"的工程训练国家级实验教学示范中心，是工程实践教育教学场域中的排头兵。创新实践是当前高等工程教育教学改革的关键环节之一。系统的工程实践训练能够实现理论知识与专业技能融合、与科学研究融合、与技术前沿融合，是能将教学场域中师生两大主体紧密联系的重要载体。未来更为大学生喜爱的方式，是构建工科语境下的"师生学习共同体"，以科技竞赛等实践平台为媒介，双向互动，积极回应他们强烈的求知兴趣和关切，润物无声地开展思想引领。因此，工程实践教育教学不仅是实践能力的奠基之笔，也是专业成长的领航灯塔。

本文以"制造技术基础训练"课程为例进行工程实践教育教学的改革探索，依托北京理工大学工程训练国家级实验教学示范中心，不断探索新机制、打造新平台、构建新模式，积极探索赛教融合赋能的拔尖创新人才在本科阶段的培养路径。而工程人才的培养关键在于工程实践，理想的情况是学生直接承接企业行业的技术难点、"卡脖子"技术等，但是由于企业行业的社会实际，以及本科学生阅历、理解水平、专业能力等因素的制约，不能直接参与其关键技术的开发工作，这也导致了毕业生与社会需求相脱节。

这就需要一种中间方式的缓冲与过渡，工程实践类创新竞赛就成为一个重要的载体。中国大学生工程实践与创新能力大赛由教育部、工业和信息化部、中国工程院主办，教育部工程训练教学指导委员会举办，是具有鲜明中国特色的高端工程创新赛事。其聚焦行业企业的真实需求，又去除了产业的社会功能，以"守德崇劳，工程创新求卓越；服务社会，智造强国勇担当"为主题，赛项内容涵盖基础工程设计、人工智能赋能的机电综合系统设计、重大装备设计、工程管理与决策、数字化新媒体、工程文化知识等领域，贯穿从基础工程素养到综合创新能力的多层次教育场景。鉴于创新竞赛的实践过程中有着常规课堂教学不可及的工程育人功能，且与本科生拔尖创新人才培养的紧密相关性[4]，所以探究基于行业产业发展的真实需求、真实场景、真实问题、真实案例,将学科竞赛与工程实践教育教学深度耦合的"赛教融合"工程实践教学模式,对于高校培养拔尖创新人才十分重要。

一、拔尖创新人才工程实践环节教学实际问题

(一)在实践环节中应用新技术、新方法、新工艺的工程教育供给碎片化

当前的"制造技术基础训练"实践教学,学生实践项目通过加工制造工种划分模块,其实践内容相对独立,缺少综合性的制造技术实践项目以及能够涵盖多工种、多工艺的加工制造资源。加之实践课程排课顺序缺乏逻辑连贯性,以致学生不能形成制造环节完整工艺链条的工程认识,从而对于实际工程问题可迁移性不足,更不利于学生在获取完整制造技术总体知识架构的基础上,自主补足知识体系。因此,面对可解决复杂工程问题的毕业要求,当前工程实践教学模式对于工程知识体系性构建、多学科知识交叉应用、扎实工程基础能力等拔尖创新人才培养需求难以满足。

(二)数理基础理论的工程应用需要与实际工程问题的"最后一公里"接通

学生在接触产业项目或是学科竞赛项目时,很难概括或抽象描述其中所用到或涉及的数理基础理论。有时要用到的基础知识点其实已经很熟悉了,但是并未构建起从知识点到实际工程应用的链接。同时,学生在学习数理基础、设计与制造基础理论的时候,缺少实际的工程应用实践,感到枯燥乏味,学习兴趣不浓,理解认识不够到位。这些"最后一公里"未接通的问题,都将导致拔尖创新人才的工程实践教育教学效果大打折扣。

(三)学生实践课程后与学业、导师、课程集成度低,工程能力培养效果离散化

现有实践课程教学内容与学生专业课程以及后期研究生学科方向联系不密切,或是关联性不强,导致学生付出大量精力完成的课程成果,不能延续

到后期学业内容中。因此需要思考在学生选取竞赛项目的初期，引导其结合导师课题组的研究方向，二者相统一，保证其竞赛与其未来学业以及职业相关联，所学有所用；需要深挖竞赛后续科研内涵，鼓励学生以竞赛项目为起点，发表论文、专利等，使学科竞赛成为拔尖创新人才培养的基石。

二、赛教融合赋能拔尖创新人才培养实践教学的建设内涵

（一）赛教融合实践课程目标设计

本文所面向的赛教融合实践课程教育教学改革，是以工创赛的具体赛项为牵引，面向机械类、近机类学生，以拔尖创新人才为培养目标开展的探索和试点。实践课程以注重实践、鼓励创新为原则，形成以学生参赛为中心、以学科竞赛为导向、以理论课程教学为基础、以制造技术训练为手段，针对竞赛项目安排教学内容、细化培养过程，以达到预期目标的"精准教学法"。

课程内容分为两部分。第一部分是将赛项涉及的数理知识点梳理出来，组建一对一导师制，一个项目聘请一位数理专业教师，针对知识点进行讲解。例如工程基础赛道中需要重力势能驱动的机械转向的定轨迹小车，其中涉及机械设计的空间四连杆的计算问题、高等数学中三角函数二阶导数连续的问题，课程会安排机械设计与高等数学相关教师进行辅导。第二部分是作品设计加工环节。竞赛作品理论计算完成后，需要三维建模设计、加工与调试。学生整合中心新工艺、新方法、新技术等加工制造资源，自己设计加工工艺，实际操作机床，最后组装调试竞赛作品。两部分加起来，模拟真实工程问题解决的全过程、全链条、全周期。为后期解决工程问题，提升国家"硬实力"，解决"卡脖子"的问题，打下坚实基础。

（二）赛教融合所选取的工程实践类学科赛竞赛特点

中国大学生工程实践与创新能力大赛是加强新工科人才培养、推动工程科技创新的重要载体。大赛聚焦育人、育才、创新三大核心要素。坚持立德

树人，在工程"训练"的基础上，突出"实践"和"创新"，增强工科学生的使命担当，引导学生爱国爱民、实学实干，培养德智体美劳全面发展、堪当民族复兴大任的时代新人。

大赛各赛项引入行业产业发展的真实需求、真实场景、真实问题、真实案例，探索构建符合新工科特色的竞赛体系。大赛按照"大工程基础→学科综合创新→跨学科交叉创新"的构架，以"需求驱动"和"技术应用场景创新设置"为导向，紧贴国家工程领域发展前沿，融入工程伦理、工程文化与国际化元素，设置了工程基础、"智能+"、虚拟仿真等3个赛道、11个赛项，涵盖基础工程设计、人工智能赋能的机电综合系统设计、重大装备设计、工程管理与决策、数字化新媒体、工程文化知识等领域，贯穿从基础工程素养到综合创新能力的多层次教育场景。

（三）赛教融合实践课程实施途径设计

按照拔尖创新人才培养的要求，本着"实际、实践、实用"原则，方便实践教学原则，循序渐进原则，模块化设计利于集成原则，可复制、可推广的原则，定制个性化、柔性化、持续化的赛教融合实践课程，赋能拔尖创新人才培养。赛教深度耦合课程设计思路如图1所示。

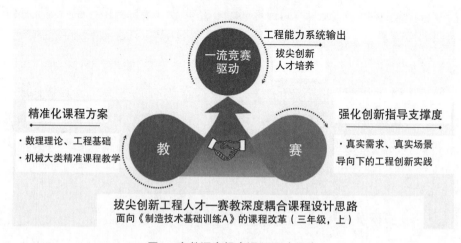

图1　赛教深度耦合课程设计思路

三、赛教融合教学模式的组织设计

（一）四阶递进赛教融合的定制化拔尖创新人才培养工程实践体系

以丰富的工创赛竞赛内容为支撑，以"制造技术基础训练"课程为主线，结合竞赛命题系统重构核心知识点，优化课程结构，将设计、制造、控制等学科知识有机有序贯穿衔接于培养过程，凸显赛教融合的人才培养特点。目前，教学内容包括18个模块，并划分为课程4个层次，各层次涵盖的模块内容及课时数不尽相同。四阶递进赛教融合环节如图2所示。

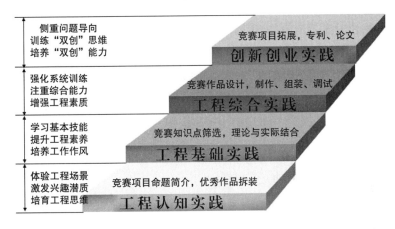

图2　四阶递进赛教融合环节

（二）教学模式的实施方案

该模式的核心就是围绕目标，持续改进。培养模式的实施分为三步走即"定—做—改"。第一步是"定"，制定实践课程培养目标。课程目标是根据机械类、近机类拔尖创新人才培养目标自顶向下筛选设计制定。第二步是"做"。有了明确培养目标，然后针对培养目标多层联动结合竞赛赛项与中心实践硬件条件，设置相关课程体系与教学环节内容，并严格按照该体系与内容实施。第三步是"改"。课程实施完成，根本看教学效果，自底向上通过逐层的、全面的信息反馈机制，检阅教学效果是不是完成了最初的培养目标，取长补短持续改进教学培养计划，直至完成培养目标。这是该定制化特色课程的实施全过程。教学模式实施过程如图3所示。

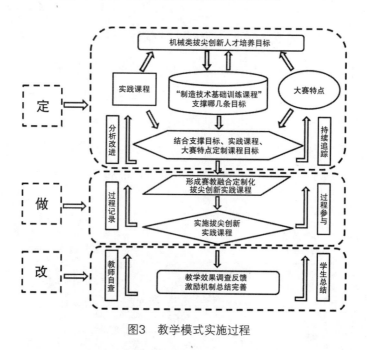

图3　教学模式实施过程

（三）教学模式开展的支撑保障

1. 丰富的第二实践课堂

教学模式以丰富的第二实践课堂为支撑。目前中心除"制造技术基础训练"系列课程外，还开设有"激光艺术设计与制作""工程实践：传统榫卯结构工艺作品设计与制作"等9门科技实践选修课。还开设有"特种加工设备之精密慢走丝切割机加工工艺初探""基于三坐标测量机的精密测量技术实践""仿生机器人创意设计与制作""装备制造业数字孪生技术实践"等20门以竞赛项目为依托的开放实验项目。形成了"五育并举"的人才培养要素集，树立起"机械星""青春飞扬的季节"等学生思政品牌活动，紧抓网络新高地打造云端思政微课堂，鼓励身怀爱国之心，砥砺报国之志。依托学院的2个国家级实验教学中心，以优势科研方向支撑学生特色科创，同时在学生科创社团中设立功能性党支部，在重大赛事备赛中建立临时党支部。党建引领与第一课堂协同，关注学生领导力、跨学科能力及软技能培养。

2. 建立健全实施制度保障

新教学模式的实施需要完善的保障措施与机制，要制定科学健全的管理规章制度，并做到政策落地、严格执行；需要建设一支具有相应理论知识、技术水平、工程经验的教师指导团队。以需求为导向的开放共享运行机制，是要以学生需求为中心的层次化、类别化、多样化的运行管理模式。针对学生需求，总结归纳，学生实践学习需求大致分为3类：第一类是常规认知实践需求；第二类是科技创新实践样机载体、样品制作的实践需求；第三类是高精尖科研训练实践需求。按照不同层次需求制定相应的开放策略，提供良好的工程文化环境氛围和相应资金保障。

3. 完备互促发展的工作机制

教育教学改革进入深水区，坚持以教为先、以人为本，科教融合并践行四个回归。需要强化"教"与"学"的双向赋能作用，完善和健全师生共同有价值成长的机制与途径。在实践教学体系设计之外，团队同步推动实践教师队伍成长发展辅导机制。搭建"名师辅导""实践沙龙""技能比武"等队伍建设品牌活动平台，极大地激励实践指导教师倾心育人，这也将引领拔尖创新人才工程基础能力培养的纵深发展。依托"师生成长共同体"互促发展的工作机制，建立健全青年实践指导教师队伍的成长发展工作体系，打牢拔尖创新人才培养的良好根基。

四、结论

赛教融合教学模式实施近5年来，学生通过参加赛教融合课程，参加工创赛学生人数267人，荣获省部级特等奖7项、一等奖15项、二等奖6项，国家级特等奖1项、金奖1项、银奖2项、一等奖4项；北京理工大学3次荣获优秀组织奖。

赛教融合，将一流竞赛引入课堂，让课堂生动鲜活，激发学生兴趣与内驱力。教学内容精准，数理基础知识点与竞赛命题有机结合，让知识即学即用，随学随用。模式实施分为"定—做—改"的三步走方针，制定实践课程培养目标，严格执行教学内容与要求，实时追踪反馈教学效果，持续更新完善实施全过程。建设四个层次赛教融合软硬件实践资源，从CAD到仿真到智能制造，到CAM全流程覆盖，完成了基础认知类实践，技能提高类实践，综合实践类实践，"双创"培养类实践四个层次分别对应硬件实践平台建设，开发了一种实践教学资源、学科竞赛项目与课程培养目标三者深度融合的教学设计方法，设计了相应的教学内容、教学策略，使每一条培养目标都有相对应的课程项目支撑，都可量化利于评价，对于持续改进及提高拔尖创新实践教学质量具有推动作用。

参考文献

[1] 左文娟，宁萌. 以赛促学、以赛促教，培养机电拔尖创新师[J]. 实验科学与技术，2021, 19 (6)：103-107.

[2] 付铁，宫琳，丁洪生，等. 新时代背景下工程训练中心建设的探索与实践[J]. 实验技术与管理，2020, 37 (11)：246-249.

[3] 陈新. 机械类拔尖创新师校企合作人才培养模式研究[J]. 教育与职业，2014 (11)：125-126.

[4] 赵良玉，唐胜景，王伟，等. 航空航天类专业本科教学实验室建设与思考[J]. 实验科学与技术，2014, 12 (6)：187-190.

[5] 孙晶，刘新，张伟，等. 工程创新型机械类精英人才培养模式探索及其在行业教育联盟中的推广[J]. 高等工程教育研究，2018 (4)：91-94.

[6] 曹贺，刘春生，孙月华，等. 卓越计划背景下机械类本科课程设计改革研究[J]. 黑龙江教育（理论与实践），2014 (9)：29-30.

[7] 郑朝阳，陈克忠. 工程训练课程教学与学科竞赛融合的实践探索——以机械类、材料类专业为例[J]. 大学，2021 (31)：131-133.

[8] 赖思琦，王勇. OBE模式下基于学科竞赛的工程训练教学体系研究[J]. 当代教育实践与教学研究（电子刊），2018 (7)：543.

[9] 胡蔓，赵云龙，栾晓娜，等. 新工科背景下工程训练实践教学模式探索[J]. 实验技术与管理，2022, 39 (3)：256-259.

[10] 周远, 牧士钦. 新时代高校实践育人精准化理念与模式探析 [J].江苏高教, 2021 (10): 104-108.

[11] 魏新龙, 戴敏, 俞亮, 等. 拔尖创新师认证背景下机械类大学生创新能力培养多维度路径探究 [J].中国教育技术装备, 2019 (8): 86-88.

[12] 李春阳, 郑艺, 付铁, 等. 基于学科竞赛的实践教学模式研究与实践 [J].实验技术与管理, 2019, 36 (10): 208-210.

[13] 肖建, 张胜, 郝学元, 等. 面向电子信息类学科竞赛的综合训练平台建设 [J].实验室研究与探索, 2019, 38 (10): 242-245, 249.

[14] 张丽娜. 北京理工大学课堂教学质量监控体系的建立与实践 [J].北京理工大学学报 (社会科学版), 2007, 9 (5): 116-117.

[15] 陆国栋, 魏志渊, 毛一平, 等. 基于主题、时间、空间和模式分类的学科竞赛研究与实践 [J].中国大学教学, 2012 (10): 74-76.

[16] 孙月华, 刘春生, 宋作忠, 等. 机械类专业应用型人才产学研协同育人模式的探索研究 [J].科技风, 2020 (18): 246, 248.

[17] 郑艺, 付铁, 马树奇, 等. 工程训练课程教学学术表征研究 [J].实验技术与管理, 2021, 38 (2): 196-199.

Educational Practice of Integrating Competition with Education, Empowering Top-notch Innovative Talents

——Taking Mechanical Engineering Training Course as an Example

LI Chunyang, FENG Jiwei, FU Tie, LI Mei, JIN Song, ZHANG Yutian

(School of Mechanical Engineering, Beijing Institute of Technology, Beijing 100081, China)

Abstract: Aiming at cultivating top-notch innovative talents in the field of complex and innovative machinery in the new era, and facing the development needs of the machinery industry, we cultivate top innovative technical talents with a high sense of social responsibility, a broad international perspective, and good scientific, engineering, and humanistic literacy. Combining the China University Student Engineering Practice and Innovation Competence Competition (hereinafter referred to as the "Industry Innovation Competition"), each competition introduces the characteristics of the competition system of real needs, real scenarios, real problems, and real cases of industry development, deeply coupling discipline competition and practical teaching, and proposes a "competition teaching integration" engineering training innovation practical teaching mode, and expounds the construction connotation, organization, and implementation methods of this mode. Taking the course "Basic Training of Manufacturing Technology A" in mechanical engineering as an example for practice, students have achieved significant improvement in the intersection and integration of scientific foundation, engineering ability, systematic thinking, and humanistic spirit, effectively promoting the organic integration of talent cultivation, engineering practice, and technological innovation, which has a certain reference value for the cultivation of top innovators for undergraduate students in the new era.

Key words: Integration of competition and teaching ; Top innovative talents ; Mechanical undergraduate ; Talent training mode

课程思政在拔尖创新人才培养工程实践教学中的应用

——以徐特立学院"智能机电系统应用工程实践"为例

李忠新[1,2], 相华[1,2], 薛庆[1], 鲁怡[1,2]

(1.北京理工大学 机械与车辆学院,北京 100081;2.北京理工大学 地面机动装备国家级实验教学示范中心,北京 100081)

摘　要：工程实践教学是北京理工大学徐特立学院拔尖创新人才培养改革系列课程中的重要组成部分。近年来,为了培养学生拔尖创新精神和工程实践能力,结合当前改革要求,地面机动装备国家级实验教学示范中心在实践教学过程中不断地融入思政元素,通过在实践教学中的润物细无声达到思想政治教育的目的,帮助学生塑造正确的世界观、人生观、价值观。本文以北京理工大学地面机动装备国家级实验教学示范中心和徐特立学院联合推出的"智能机电系统应用工程实践"课程教学为例,探讨课程思政的内容设计与实践情况,指出将工程案例、热点时事、任务故事等积极融入课程思政教学中,能推动形成良好的课程思政氛围。在近2~3年的跟踪调查下,参与实践的同学在理想信念、学业成绩、科技创新和意志品质方面有较大提升。由此,"智能机电系统应用工程实践"课程思政可为其他高校的拔尖创新人才培养课程思政改革与实践提供借鉴意义。

关键词：课程思政；工程实践；拔尖创新人才培养；实践教学

引言

2012年,《教育部等部门关于进一步加强高校实践育人工作的若干意见》指出，实践育人特别是实践教学依然是高校人才培养中的薄弱环节，与培养拔尖创新人才的要求还有差距，要强化实践教学环节，深化实践教学方法改革，着力加强实践育人队伍建设，加强实践育人基地建设。在2016年12月7—8日召开的全国高校思想政治工作会议上，习近平总书记指出，要用好课堂教学这个主渠道，使各类课程与思想政治理论课同向同行，形成协同效应，要坚持把立德树人作为中心环节，把思想政治工作贯穿教育教学全过程[1]。2018年，教育部、财政部、国家发展改革委印发《关于高等学校加快"双一流"建设的指导意见》指出，"学科建设要以人才培养为中心，支撑引领专业建设，推进实践育人，积极构建面向实践、突出应用的实践实习教学体系"。新形势下的人才培养与改革对实践育人赋予了更多的内涵与要求，实践教学在拔尖创新人才培养中的作用愈加重要和突出。同时课程思政是高校以习近平新时代中国特色社会主义思想为指导，落实立德树人根本任务的重要举措，也是完善全员全程全方位"三全育人"[2]的重要抓手。

一、工程实践教学的特色与创新

当前实践教学的主要问题：①实验教学难以适应"双一流"人才培养的需求，主要困难包括分散实施、彼此不关联、更新不足。此外有部分学生缺乏学习兴趣、主动性差，逃课、早退等现象较多。②传统的教育教学模式仍以注重学生的专业知识和技能为主，对学生的评价考核也缺乏思政和道德素质的相关指标。因此，在实践教学环节，拔尖创新学生思想政治教育容易处于"空白地带"。③有些人认为思想政治教育就是讲空泛的大道理，应该归属思政教师，专业教师只负责专业知识的传授，思想上对思政教育不重视，也没有投入太多时间和精力来学习和提高自己的认识和能力，没有储备和专业课程很好融合的课程思政素材，对学生的思想政治教育的认识不足。

党的二十大将"推进教育数字化"写进了报告，强调建设全民终身学习的学习型社会、学习型大国。人才培养模式以及需求的变化，使推动教育实现数字化转型成为教育改革的重点。当前，数字化、智慧化教育，不能仅仅认为是"教育+数字化""教育+互联网"，是要把握互联网思维，是培养学生的创新思维,要在创新上下功夫。一是把最先进的创新技术用于数字化教育过程。二是转变教学理念,改进教育教学方式。三是优化教学内容。

智慧教育最核心的模型是五维教育,即"空间三维+时间维+知识维"的智慧教育,可突破时间、地点、知识的限制,让信息和知识融合共通演进,从而推动知识衍新。当前,人工智能加速了知识衍变,通过数字教育和智慧教育,跨领域的知识贯通与融合得以更好地实现。课程思政设计要注重结合当前智慧教育的特点。在数字化教育方面,北京理工大学就如何将数字化教育赋能"价值塑造、知识养成和实践能力"三位一体人才培养进行了卓有成效的探索。比如,北京理工大学将虚拟现实、大数据、移动互联网等技术用于思政课堂,实现思政教育"活化",推进思政教育从育才到树人的转变。

徐特立学院是北京理工大学人才培养的特区,建院十年以来,积极探索拔尖创新人才培养的系列课程。徐特立学院按照全员全程全方位"三全育人"的要求,与地面机动装备国家级实验教学示范中心强强联合,开展"智能机电系统应用工程实践"课程建设,并提出新时代的实践课程思政,从而落实"价值塑造、知识养成和实践能力"三位一体人才培养。

北京理工大学地面机动装备国家级实验教学示范中心的工程实践教学主要涉及多种不同类型的教学设备。在北京理工大学2020年培养方案修订过程中,机械与车辆学院重塑了实践课程体系。依托国家级实验教学示范中心统筹安排,系统规划。"教育是提高人民综合素质、促进人的全面发展的重要途径,是民族振兴、社会进步的重要基石,是对中华民族伟大复兴具有决定性意义的事业。"[3]2020年以后的工程实践课程,更好地基于机械工程、车辆工程、能源与动力工程、自动化、电气工程及其自动化、机器人工程、集成电路科学与工程和计算机科学与技术等专业特色,借鉴世界一流大学的办学经验,构建新的本科实践课程体系,加强通识教育、推进大类培养。"智能机电系统应用工程实践"课程实施体现了德智体美劳全面育人的理念,将劳动教育贯穿大学四年;"智能机电系统应用工程实践"实现了实践维度的专业导论与创新启蒙训练。该实践课程将实践育人、思政教育和劳动教育等深度交叉共融;创新实践项目群集逐步形成,并持续优化动态丰富。课程以学科交叉应用牵引,树立"大系统"意识,更加人性化地实现了柔性定制开放,使教学设计与实施灵活多样;通过"1+m+n"的实践模式,让同学们更好地体验和实践多种技术和手段。

"智能机电系统应用工程实践"课程探索了以创新实践项目群组的形式面向低年级本科生开设规模性创新实践课程的有效途径与方法,学生在体验多元化技术与了解技术发展进步的同时,激发了技术报国理念与情怀。"智能机电系统应用工程实践"课程探索了大类培养模式下学院、书院协同实践育人的可行途径与方法,尤其是思政教育融入实践育人全程,进一步提升了实践育人成效。

"智能机电系统应用工程实践"课程将在前期的多元教学应用基础上,以北京理工大学人才培养目标为指导,以工科专业培养体系为依据,以创新实践项目/课程为载体,进一步优化构建实践育人的思政教育体系框架,建设思政教育实践资源,通过体系、机制、资源、范式、指标的综合作用将思政教育贯穿实践育人全程,实施"价值塑造、知识养成、实践能力"的综合训练与提升。

一个体系:面向低年级本科生的思政教育体系;

一种机制:思政教育贯穿实践育人全程的管理机制;

一套资源:支撑思政教育的基地、平台、实践项目/课程、师资等;

一个范式:融思政元素于实践育人的实施范式;

一组指标:实践育人融合思政教育的评价指标和体系。

二、实施课程思政的手段与方法

徐特立学院学生人数多,专业差异大,工程实践课程结合学生的专业兴趣领域和北京理工大学理工科大类寻找思政元素的"植入点",从而将课程思政的育人功能与工程实践教学进行有机结合,由点带面、润物细无声地让专业知识和思政教育内化于心、外化于行,在学生心中树立起崇高的理想信念。

（一）借助工程实践项目案例传达思政观点

在工程实践教学过程中，讲述北京理工大学相关专业工程应用的典型案例，能够增加课程趣味性，同时有效传达课程思政观点。

在电磁应用教学中可以介绍磁悬浮列车的实例，2003年，我国引进德国技术在上海建造的磁悬浮列车速度可以达到每小时四百多千米。2016年，在长沙建成的中低速磁悬浮列车，完全采用我国自主研发的技术。2019年，我国自主研发的高速磁悬浮列车在青岛下线。短短几年内，我国磁悬浮技术赶超发达国家。我国科学技术发展近几年突飞猛进，但是在某些方面还有一定差距，要教育青年一代学好基础知识做祖国未来的接班人。"智能机电系统应用工程实践"课程可通过介绍中华民族的智能制造历程，增强学生的民族自豪感，增强对工程实践的学习认同和感情认同。

（二）借助实践项目人物故事实现思政目的

工程实践老师围绕徐特立学院拔尖创新人才培养"胸怀壮志、明德精工、创新包容、时代担当"的领军领导人才理念，以及"担当民族复兴大任，具有扎实的数理化科学基础、优良的人文素养、宽广的国际视野、敏锐的学术前沿意识、卓越的研究能力的领军领导人才"的人才培养目标，以国内知名科学家和普通产业工人为蓝本传达思政观点。例如，以中国预警机事业腾飞为例，介绍北京理工大学杰出校友王小谟院士的故事。王小谟院士是北京理工大学无线电工程系1961届毕业生。作为杰出校友代表回母校作报告时，他说："在母校'延安根、军工魂'精神的熏陶和培养下，'红色国防工程师'成为我一生的写照。"他把自己的一生都奉献给了他所挚爱的雷达和预警机事业。历尽千难成伟业，人间万事出艰辛。经过精确的技术方案确定和全面的关键技术攻关，国产预警机成功研发，并创造了世界预警机发展史上的9个第一，突破了100余项关键技术，累计获得重大专利近30项。

49.75兆赫，院士本科毕业设计做出"新中国第一个电视频道"。20世纪50年代，北京工业学院在建设新中国第一批兵工专业的同时，瞄准国家对高水平国防工业工程人才的需求，大力做好人才培养工作，特别是积极鼓励学生参与课外创新实践。雷达专业的毛二可和同学们经常把系里接收的美军无线电器材修修改改，做成实验器材。日积月累的"小打小闹"，也为他们日后"干大事"奠定了基础。毛二可参加的仪器系课外研究小组关于"我国第一台电视发射中心"的研制备受瞩目，项目一成立就有20多个同学参加，项目分"扫描及视频放大器""机械""光学"三个小组。此时，虽然电视技术并不是学校培养计划中的课程，但是学校对同学们的创新研究，投入大量经费，给予了充分支持。兴趣小组的研究成果极大地激励了毛二可等人，1955年年底，毛二可、邓次平、黄辉宁和王浩四位同学在征得学校、老师同意后，将自己的毕业设计题目确定为"电视发射及显示系统"（当时学制为五年制）。这一次，他们要在兴趣小组取得的成果基础上，做出一个相对完整的电视收发系统。在毛二可的印象里，为了完成系统研制，加班加点是家常便饭，甚至有一段时间，他几乎天天睡在实验室里。尽管科学研究道路并不是一帆风顺，但那句"为国家做事"的朴素心愿，始终是照亮前路的光，指引着他们朝胜利不断前行。在研制过程中，他们得到了学校的大力支持，除了财力物力支持外，学校还为项目解决了一个关键问题。电视系统要通过无线发射信号，这必须要向国家申请正式的频道。为了支持学生们的科学技术创新，学校特别为一个本科生的毕业设计向国家邮电部提交了申请。1956年4月6日，中华人民共和国邮电部在《关于同意你院教学实验电台登记的公函》〔（56）无管字第30号〕中做出批复，同意北京工业学院仪器系制造设立教学上研究的实验专用无线电台，电视发射机频率49.75兆赫。自此，"中国电视第一频道"永久落户北京理工大学。后来，1964年，为服务国家战略需要，毛二可与同事们一起组建了学校雷达研究所，并参与研制了中国第一台相控阵雷达，使中国成为世界上少数能够研制大型先进雷达的国家之一。如今，尽管传统电视已不再是前沿技术，但老一辈北理工人勇于创新、矢志强国的精神却永载史册。49.75兆赫的频率穿越时空，始终指引着一代代北理工人奋斗向前，为建设中国特色世界一流大学做出新的贡献！

（三）借助时事热点传达思政观点

社会热点时事是政治课堂上的重要教学资源。将工程实践课程与热点时事相融合，借助热点时事让同学设身处地地体验和感知，在情感上产生触动与共鸣，从而达到思想教育的目的。以下阐述几个典型案例。

在汽车智造梦工场工程实践中，介绍我国近几年工程方面取得的科技成就，如我国自主研发的北斗卫星导航系统，"嫦娥五号"成功登陆月球背面，"祝融号"火星车顺利登陆火星表面，等等。

位于贵州平塘的"中国天眼"FAST（500米口径球面射电望远镜），是目前世界上最大、灵敏度最高的单口径射电望远镜。从2011年开工建设，到2016年7月主体工程完工，再到2022年7月，"中国天眼"共观测发现660颗脉冲星。依靠它，我国探测宇宙天体的能力拓展到了137亿年前。"中国天眼"FAST的建成，是国家重大科学基础设施工程建设史上的一座里程碑，它标志着中国创新设计能力、自主制造能力、综合经济实力的显著提升，在全球大型射电望远镜的建造史上创造了新的纪录。

港珠澳大桥是世界上最长的跨海大桥，是让世界赞叹的超级工程，也是中国桥梁走出去的亮丽名片。作为国内首个大规模使用钢箱梁的外海桥梁工程，钢箱梁的用钢量超过42万吨，在钢梁预制过程中采用了大量的自动焊。值得骄傲的是，所有的核心技术都掌握在中国人自己手中。港珠澳大桥的建设给学生的启示是要有奉献精神、团队精神、敬业精神和工匠精神。

白鹤滩水电站位于四川省凉山州宁南县和云南省巧家县交界的金沙江下游干流河段上，是当今世界在建规模最大、技术难度最高的水电工程，是实施"西电东送"的国家重大工程。白鹤滩水电站全面投产后，三峡集团在长江干流建成投产的水电机组将达到110台，总装机容量将达7 169.5万千瓦，且与乌东德、溪洛渡、向家坝、三峡、葛洲坝等6座电站构成世界最大清洁能源走廊，可有效缓解华中、华东地区及川、滇、粤等省份用电紧张局面，持续为长江经济带、中国经济发展提供绿色动力。

2022年6月16日，新疆和若铁路通车运营，世界首条环沙漠铁路线正式完成"最后一块拼图"。和若铁路与现有格库铁路、南疆铁路"牵手",共同构成长达2 712千米的环塔克拉玛干沙漠铁路环线。和若铁路地处世界第二大流动性沙漠——塔克拉玛干沙漠南缘,西起新疆和田市,东至巴州若羌县,全长825千米,有534千米分布在风沙区域,占线路总长65%,是一条典型的沙漠铁路。设计时速120千米,为国家Ⅰ级单线铁路,预留电气化条件。"千里一根轨",和若铁路建设全部采用无缝钢轨铺设,是新疆境内一次性铺设跨区间无缝线路最长的铁路。无缝钢轨由多条500米长钢轨依次焊接而成,是减少行车阻力、助力火车提速的关键,不仅可以提高旅客乘车时的平稳性和舒适度,还能够延长轨道使用寿命、降低维护保养费用。从栽树植绿到修建沙桥,再到应用智能控制滴灌管网系统、预制装配式桥墩工程科技等,面对风沙大、气候干旱、水源地少等情况,建设者们锐意创新、攻坚克难,破解了沙漠铁路建设中风沙影响、自然环境恶劣、用水难及混凝土养护难等重重难题。一系列新工艺、新技术,见证着我国基建的硬实力,为世界沙漠铁路建设贡献了中国智慧、中国方案。

2020—2022年,疫情持续是当时的社会热点。在"智能机电系统应用工程实践"课程中,教学团队分享口罩焊接技术供学生线上学习讨论。通过深入讨论,学生除了了解口罩焊接知识外,还意识到灾难面前没有谁能置身事外,从来不存在一个人的"桃花源";疫情中要传承"国家兴亡、匹夫有责"的责任与担当,延续"苟利国家生死以"的爱国精神。这正是中华民族生生不息、亘古绵延的精神密码。青年人应用行动肩负责任,用拼搏昭示希望,把自己融入祖国的大我、人民的大我,与时代同步伐、与人民同命运。

在中国共产党成立100周年之际,工业系统基础焊接实践小班引导学生以南湖红船模型为产品开展实践教学。从红船的构思设计、工艺制定、加工制作到内涵提炼整个过程,学生了解了共产党诞生的艰难历程,同时也体会到了"红船精神"的内涵与时代使命。参与实践的同学表示,做好红船模型意义非凡,希望能通过实践成果让更多的青少年们在聆听红船故事后发奋图强,努力成为国家的栋梁之材。

装扮有校庆80周年标志的智能无人车、印有"2019""2049"字样的汽车梦工场、徐特立雕像3D打印作品、设有党史校史闯关答题的机器人比赛……活动中，大部分科创作品都融入了鲜明的红色基因元素。学生们将一件件特殊的科创作品作为迎接中国共产党百年华诞和庆祝学校建校80周年的真诚献礼。此次科技创新月活动，不仅科技意味浓厚，而且营造了浓郁的思想政治教育引领氛围。

"我们的团队名称是'复兴之路'，我们把作品的8个关键流程节点分别标记了'1921''1949''1978''2019''2020''2021''2035''2049'字样，在回望过去，立足当下，展望未来中，时刻提醒自己要牢记时代使命，投身科技强国、为国铸剑。""汽车智造梦工场"参赛项目负责人黄子越兴奋地说到。"智能机电系统应用工程实践"课程教师将思政教育紧密融入科创教育之中，引领学生深刻领会科技创新在国家发展建设中的重要作用，以大学为起点筑牢科创报国的远大理想。同学们纷纷将北理工精神文化元素体现在了科技创新作品中，创意十足、精彩纷呈。活动将红色基因融入科技创新，使科创育人作用发挥得更加充分。

热点时事是活跃课堂的"调味剂"。将书本的知识与现实生活中的实例相结合，让知识释放更多的能量，让课程思政具有时代性，有效激发了学生的学习兴趣，提高了学生的学习成效。

（四）借助教师自身素养实现思政目的

教师自身要身体力行，做到"学高为师，身正为范""教书与育人相结合、言传与身教相结合"，当好学生"锤炼品质、学习知识、创新思维和奉献者的领路人"。

高校立身之本在于立德树人。落实立德树人根本任务，必须将价值塑造、知识传授和能力培养三者融为一体。著名的华裔女科学家吴健雄指出，要培养德智体能美诸方面和谐发展的新人，就应该把人类文化已经长期分裂而造成隔阂的两种文化——科学文化与人文文化，在校园里重新加以弥合。"智能机电系统应用工程实践"课程思政的推行更应该重视挖掘物理学史中的人文精神和工程文化，将人文性较强的思想政治教育与逻辑思维性较强的工程知识巧妙融合，做到对学生的价值引领。"智能机电系统应用工程实践"课程思政元素主要有唯物主义世界观、政治认同和家国情怀、勇于探索和乐于奉献的科学精神。

在力学发展史上，古希腊哲学家亚里士多德认为力是维持物体运动状态的原因，近代科学之父伽利略用简单的斜面实验推翻了亚里士多德的结论，牛顿在前人工作的基础上提出牛顿三大定律。从力学的发展历程中，学生明白了做科学研究要不惧权威，敢于提出质疑，同时实践是检验真理的唯一标准。伽利略一生有很多发明创造，他用自己发明的高倍数望远镜观察行星运行轨道，对托勒密的地心说提出质疑，于1632年出版《关于托勒密和哥白尼两大世界体系的对话》一书，即使受到罗马教皇的迫害也无所畏惧，这种为科学真理而坚持到底的勇敢无畏精神是学生学习的榜样。爱因斯坦评价伽利略的发现以及他所用的科学推理方法是人类思想史上最伟大的成就。牛顿对数学、物理学和天文学做出了开创性的贡献，从二项式定理、微积分到牛顿三大定律、万有引力定律、光的色散。牛顿从自然哲学的高度来审视具体科学问题，他在《自然哲学的数学原理》中提出的科学思维方法是他贡献给人类的宝贵精神财富。他所提出的自然哲学思想对17—20世纪科学和哲学的发展影响巨大。尽管他为近代科学革命做出了丰功伟绩，但他对真理的追求永无止境，临终时说："我不知世人将如何看待我，但是在我看来，我不过像一个在海滨玩耍的孩子，为时而发现一块比平常光滑的石子或美丽的贝壳而感到高兴；但那浩瀚的真理之海洋，却还在我的面前未曾发现呢。"学生从听故事开始慢慢进入科学与技术的知识框架，学习效果会更好。

曾经的老校长陈康白用自然科学抗战报国，书写一生精彩的篇章。陈康白，这位从德国归来的化学家不仅在延安开启了光辉的革命岁月，在延安创建了中国共产党第一所自然科学大学，并担任第三任院长，成为建校元勋之一。1937年7月7日，日本侵略者发动了全面侵华战争，远在德国的陈康白义愤填膺、心急如焚。面对国家和民族之危难，陈康白毅然决定放弃在德国蒸蒸日上的科学事业，立即回国，投身抗战救国。回国后，恩师徐特立为他指明了人生的方向——去延安。来到延安，陈康白认真学习马克思主义等进步思想理论，之后正式加入中国共产党。陕甘宁边区科技基础薄弱，急需一所自然科学大学。在党中央的有力支持下，陈康白全身心地投入筹建工作中，"从零开始"着手建设，从调查研究、挑选人才、勘察院址、基础建设到日常管理，各项工作有条不紊。按照中央要求，研究院主动参与一大批工厂的技术改造，为生产部门提供全面的技术支持，其中具有代表性的贡献有：恢复并提升了延安难民纺织厂的生产能力；全面参与延安振华造纸厂建设，成功试制出马兰草造纸工艺，一举解决了边区用纸困境。

三、课程思政实施的成效

课程思政主要的目的是通过深化课程目标、内容、结构、模式等方面的改革，把政治认同、国家意识、文化自信、人格养成等思想政治教育导向与各类课程固有的知识、技能传授有机融合，实现显性教育与隐性教育的有机结合，促进学生的自由全面发展，充分发挥教育教书育人的作用。课程思政解决了专业教育和思政教育"两张皮"问题，教学内容上思想政治教育部分没有喧宾夺主，没有简单地在课程内容中勉强地加入思想政治教育，思想政治教育和专业知识相互融合。

"智能机电系统应用工程实践"课程思政的效果如何，必须以学生的获得感为评定标准。学生切身体验了"学以致用"的快乐和实践的价值，对知识有了更深的渴望，对专业有了更加深入的了解和更加浓厚的兴趣及热爱，对学校有了更强的荣誉感和归属感，懂得了主动学习、自主学习、团队合作，这些对学生的学习成长都具有重要意义。

"智能机电系统应用工程实践"课程特色是课赛结合，思政教育、劳动教育、实践创新"三位一体"，聚焦前沿交叉学科与技术，强调学生系统性思维和动手实践能力，强化专业感知与激发专业兴趣，系统有组织地实施科创启蒙训练，融合学术性与趣味性，凸显综合性和挑战度。该课程是国家级实验教学中心特色资源与项目面向低年级本科生下沉的典型案例，为大类招生大类培养背景下开展面向工科大类的创新实践训练探索了积极可行的实施模式与途径。课程思政的成效有以下五个维度。

1. 技术维度

"智能机电系统应用工程实践"包括了汽车智造梦工场综合创新实践、智能机器人创意实践、无人驾驶竞速车自主导航实践、无人机自主巡航实践等多个技术领域的独立创新实践项目。通过课程的实施，学生在体验与学习多种技术的同时了解了相关技术的发展进步，激发了学生的技术报国理念与情怀。

2. 知识维度

"智能机电系统应用工程实践"课程的实践项目、内容丰富，与C语言类、机械原理与方法类、单片机原理类、传感与测试类、人工智能类相关课程密切联系。通过课程的实施，学生建立了知识点与相关课程的映射关系，更多更早地了解了专业，极大地激发了对专业与后续课程学习的兴趣。

3. 实践创新维度

"智能机电系统应用工程实践"课程以创新实践项目群组的形式面向学生开放，系统有组织地实施科创启蒙训练，在引导学生系统了解科创流程的同时，进一步激发了学生的科创激情与科创报国情怀。

4. 团队协同维度

"智能机电系统应用工程实践"的创新实践项目，多以团队为单位完成。汽车智造梦工场综合创新实践以10~12人团队为单位完成创新实践任务，使得学生深刻体会到了团队合作的重要性，有效锻炼了学生的团队协同意识与能力。

5. 家国情怀维度

"智能机电系统应用工程实践"课程基于低年级本科生的专业迷茫/困惑、创新实践训练环节不足等问题规划设计课程体系，依托国家级实验教学示范中心将优质资源项目面向低年级本科生下沉与共享。同时，通过课程的实施，学生增强了对学校的认同感与荣誉感，激发了家国情怀。

为进一步深化实践教学改革，提升实践教学质量，在特立书院"科技创新月"活动结束1年和"智能机电系统应用工程实践"课程开展半年之际，对参与科创月活动和参加"智能机电系统应用工程实践"的学生进行了回访问卷调查。此次调查共收到173份有效反馈问卷，81.51%的学生对"智能机电系统应用工程实践"印象深刻，68.2%的学生认为"智能机电系统应用工程实践"课程收获巨大；97.11%的学生表现出很强的拓展实践意愿。

此外，通过课程实施，锻炼与提升了教师业务能力，同时增加了团队教师的凝聚力。

四、总结

"智能机电系统应用工程实践"课程深度结合拔尖创新人才培养的相关规律，聚焦前沿交叉学科与技术，融合了学术性与趣味性，凸显了综合性和挑战度，强化了学生专业感知，并激发了学生专业的兴趣。

新时代的高等教育，要培养德智体美劳全面发展的社会主义建设者和接班人。高校教师要紧跟时代要求，既要掌握"教"的知识和技能，更要有"育"的内涵，要积极主动地加强课程思政的建设，不断革新与投入。只要在课程建设过程中不断思考与探索，努力提升教学内涵，发挥众多力量带动更多的教师加入课程思政建设之中，就可以真正寓价值观引导于知识传授和能力培养之中，使学生真正成为能够担当民族复兴大任的时代新人。下一步，工程实践课程团队将进一步推动课程思政建设的系统性规划，进一步开展课程思政的实践性探索和理论性研究，进一步挖掘实践课程中蕴含的思政教育资源，努力实现课程与思政的水乳交融，做到"如盐在水""润物无声"。

● 参考文献

[1] 习近平出席全国高校思想政治工作会议并发表重要讲话 [EB\OL]. (2016-12-30) [2020-10-11]. http://qnzz.youth.cn/zhuanti/shzyll/tbhdp/201612/t20161230_8999207.htm.

[2] 习近平. 在北京大学师生座谈会上的讲话 [N]. 人民日报, 2018-05-02.

[3] 习近平. 做党和人民满意的好老师——同北京师范大学师生代表座谈时的讲话 [N]. 人民日报, 2014-09-10.

the Application of Curriculum Politics in the Engineering Practice Teaching for Cultivation of Top-notch Innovative Talents

——Take Application of Intelligent Electromechanical System for XUTELI School as an Example

LI Zhongxin[1,2], XIANG Hua[1,2], XUE Qing[1], LU Yi[1,2]

(1.School of Mechanical Engineering, Beijing Institute of Technology, Beijing 100081, China;

2. Ground Mobility National Demonstration Center of Mechanical Engineering for Experimental Education, Beijing Institute of Technology, Beijing 100081, China)

Abstract: Engineering practice teaching is an important part of a series of courses for the cultivation and reform of top-notch innovative talents in XUTELI School of Beijing Institute of Technology. In recent years, in order to cultivate students' top-notch innovation spirit and engineering practice ability, combined with the current reform requirements, the Ground Mobility National Demonstration Center of Mechanical Engineering for Experimental Education has continuously integrated ideological and political elements in the process of practical teaching, and achieved the purpose of ideological and political education through moistening things silently in practical teaching, helping students to shape correct world outlook, outlook on life and values. This paper takes the course teaching of "Intelligent Electromechanical System Application Engineering Practice" as an example. The course is jointly launched by the Ground Mobility National Demonstration Center of

Mechanical Engineering for Experimental Education and XUTELI School in Beijing Institute of Technology. This paper discusses the content design and practice of ideological and political courses, and points out that actively integrating engineering cases, hot current events, and task stories into the ideological and political teaching of courses can promote the formation of a good ideological and political atmosphere of courses.Under the follow-up survey in the past 2~3 years, the students who participated in the practice have greatly improved their ideals and beliefs, academic achievements, scientific and technological innovation and willpower. Therefore, the ideological and political reform of the "Intelligent Electromechanical System Application Engineering Practice"course can provide reference for the ideological and political reform and practice of the top-notch innovative talent training course in other universities.

Key words: Curriculum politics; Engineering practice; Cultivation of top-notch innovative talents; Practice teaching

"五育融合"视域下劳动育人新模式探索与实践

高守锋[1]，吕玥瞳[2]，党仪祉[1]，郑艺[1]，颜培[1]，付铁[1]，宫琳[1]

（1.北京理工大学 机械与车辆学院，北京 100081；2. 北京理工大学 睿信书院，北京 100081）

摘　要：新一轮科技革命和产业变革的持续深化叠加错综复杂的国际、国内环境对我国国民经济建设提出了新的要求和挑战，高素质、综合创新型人才在科教兴国战略、人才强国战略、创新驱动发展战略的实施中的作用将进一步凸显。本文针对当前国内高校实践育人过程中存在的突出问题，立足劳动育人总目标、总任务，从教学理念革新、教学资源升级与优化、实践教学实施、管理考核机制创新等不同维度出发，深入探讨"五育融合"视域下综合创新型人才培养的新思路、新方法。以具体工程问题的解决为主线，以新型柔性综合实践教学平台为基础，以多学科交叉实验项目为载体，以新型实践教学指导团队及科学的管理考核方法为保障，探索将具体工程问题有机融入实践育人全过程的有效途径。实践表明，本文提出的实践育人新模式可有效解决传统工程实践教学中存在的教学模式保守、教学内容陈旧、教学形式老套、教学资源利用率低等突出问题，可为新形势下工程实践类教学平台的规划建设及工程实践教学改革提供新思路。

关键词：立德树人；五育融合；实践教学；项目式；教学平台

引言

当今世界正在经历百年未有之大变局。新一轮科技革命和产业变革方兴未艾，席卷全球的疫情对全球格局影响深远[1]，以美国为首的西方势力对华遏制力度不断加大，在各种因素的综合作用下，当前我国经济社会发展面临着前所未有的困难与挑战，而全面建成社会主义现代化强国、以中国式现代化全面推进中华民族伟大复兴将是新时代新征程党和国家面临的重大历史课题[2]。

"人才兴则科技兴，人才兴则创新强。"可以预见，在今后一段时期内，复合式创新型高素质人才将在科教兴国战略、人才强国战略、创新驱动发展战略的实施中扮演越发重要的角色[3]。在刚刚结束的中国共产党第二十次全国代表大会上，习近平总书记明确指出"教育、科技、人才是全面建设社会主义现代化国家的基础性、战略性支撑"，明确强调"必须坚持科技是第一生产力、人才是第一资源、创新是第一动力"，与此同时，"充分发挥人才作为第一资源的作用"的表述和要求也被首次正式写入党章。这些新表述、新要求为我们新时代新征程做好人才工作提供了科学指南和根本遵循[4]。

习近平总书记强调："人无德不立，育人的根本在于立德。这才是人才培养的辩证法。"立德树人是新时代我国高等学校的根本任务，而全面落实立德树人根本任务是落实培养时代新人这个根本问题的中心环节和新时代高等教育教学改革的基本要求[5]。我国高等教育担负着培养德智体美劳全面发展的社会主义事业建设者和接班人的光荣使命，新形势下高素质、综合性人才不仅应具备扎实的专业知识，更应具有高尚的爱国情怀、强烈的社会责任感、良好的实践能力等优秀品质，而德智体美劳全面发展是对新时期人才培养目标的生动概括。近年来，我国高校围绕"五育融合"这一目标进行了一系列探索，并形成了诸多有价值的理论基础及实践研究成果[6-8]，这对新时期高校落实立德树人根本任务、培养高素质综合性人才提供了重要借鉴。但与此同时，我们也应该清醒地认识到目前我国在素质教育，特别是高等学校素质教育实施方面存在的一系列问题，这将是今后深化教育教学改革工作的重要着力点。

一、"五育融合"视域下人才培养的现实困境与对策

2018年9月10日，习近平总书记在全国教育大会上强调，在党的坚强领

导下，全面贯彻党的教育方针，坚持马克思主义指导地位，坚持中国特色社会主义教育发展道路，坚持社会主义办学方向，立足基本国情，遵循教育规律，坚持改革创新，以凝聚人心、完善人格、开发人力、培育人才、造福人民为工作目标，培养德智体美劳全面发展的社会主义建设者和接班人。德智体美劳全面发展是对新时代高素质综合性人才培养目标的生动概括，为新时期我国高等学校人才培养工作指明了方向[9-10]。

近年来，我国诸多高校围绕"五育融合"及思想政治教育与劳动教育融合发展视域下开展的一系列探索性教学研究形成了许多具有较高参考价值的理论及实践成果，这对于新时期高等学校落实高素质综合性人才培养工作提供了重要的借鉴[11]。然而，相关研究工作中也暴露出不少突出问题。首先，高校育人过程中仍普遍存在教育功利主义问题，具体表现为教育目标上的重成才、轻成人；教育价值取向层面的重经济效益、轻教育质量；教育行为层面的背离教育规律，重结果、轻过程。在功利化教育价值观的影响下，教育的目的、方法、内容和评价等各个层面均与教育初衷相悖，长此以往，不仅会破坏人的可持续发展和教育事业的长远发展，甚至会影响整个社会主义事业。其次，一些高校存在育人目标不明确、育人手段不规范、育人标准不统一等问题。一些高校在育人过程中存在理论脱离实践、浮于表面、流于形式等现象，不能做到将立德树人根本任务与理论课程、实践课程的有机融合、同向同行，从而导致育人特色不鲜明、育人方式较单一、育人效果不显著等突出问题。再次，具体到"五育融合"实践过程中，德智体美"四育"都可以与理论教学环节实现很好的融合，而劳动教育因具有显著的实践性特点，难以实现与其他"四育"及理论课程的有机融合，一直以来都是教育体系中的短板，并呈日渐式微之势。劳动教育的落实缺少保障，教育资源分配不均，并由此引发了劳动教育意识弱化、劳动教育实施片面化、劳动教育内容途径单一化等一系列问题，劳动育人价值远未得到足够的重视和充分的挖掘，最终导致了"五育"发展的平等性、均衡性和系统性缺失[12]。

"五育融合"，关键在"劳育"的融合。造成劳动教育在高校教育体系中尴尬处境的原因是多方面的、复杂的[13]。首先，劳动在当前社会场域中被不断异化。随着我国改革开放的不断深化和人民生活水平的不断提高，社会物质财富空前富足，在这一背景下，大众对劳动进行高低贵贱、三六九等划分的怪象、乱象普遍存在，对体力劳动普遍轻视，在对劳动教育的认识上存在一定程度的虚化、弱化和矮化，劳动教育的生存与发展空间被不断挤压[14]。其次，高校作为高等教育的责任主体，在开展劳动教育过程中，普遍存在认知层次、开展形式方面的不足。具体而言，受限于以往思维定式和对政策性文件表层解读的影响，劳动的教育性、时代性虽然能做到对政策积极回应，但未达到有机"浸入"学校教学实践的层次。在组织形式上，很多高校存在劳动与教育"两张皮"的现象，对于劳动教育的定位和内涵缺乏系统深入认识，由此导致开展劳动教育缺乏系统性、规范性和持久性，不能实现对于立德树人总目标的有效支撑[15]。再次，长期的应试教育背景下成长起来的学生更多关注书本理论知识，动手能力和实践能力普遍较弱，并直接导致了学生独立生活能力差、知识转化效果欠佳、劳动意识淡薄、缺乏艰苦奋斗的精神等突出问题[16]。对于劳动教育对自身成长、成才的重要意义认识不到位，不能在劳动教育中树立正确的劳动价值观、养成良好的劳动习惯，难以做到将劳模精神、工匠精神内化为自身核心竞争力。

针对当前高校"五育融合"实践过程中存在的诸多瓶颈问题，本文拟从高校工程实践教学视界出发，聚焦"五育"中劳动教育缺规范、无手段、效果差等突出问题，探讨劳动教育在工程实践教学维度下的实践空间，深入反思当前实践教学模式在培养德智体美劳全面发展的时代新人方面存在的短板，从实践教学平台建设、学生劳动意识培养、围绕平台的项目式实践教学内容开发与运行机制规划、劳动教学师资力量培养、劳动育人效果量化考评等多维度展开系统、深入探索与实践，寻求劳动育人有机融入工程实践教学过程的新范式，力图让劳动教育真正实现其教育意义，助力学校立德树人根本任务的有效落实。

二、劳动育人融入实践教学的途径

随着教育教学改革的深入，"五育融合"已经被证明是满足"应对国际社会激烈竞争与严峻挑战的需要、培养社会主义建设者和接班人的需要、应试教育向素质教育转变的需要，教育大国向教育强国转变的需要"的教育新机制。劳动教育是"五育"中的重要一环，与其他"四育"不同，有着鲜明的实践性特征，不易与理论教学内容有机结合，是影响"五育融合"育人策略有效落实的关键和难点。

劳动育人实践需要把握两个重点。首先，劳动教育的目标是使学生能以健全的心态在飞速发展的劳动形态中"以不变应万变"。劳动教育的意义在于正确劳动观的树立、必备劳动素养的锻造、积极劳动精神的培育及良好劳动习惯和品质的养成，而不是具体生产技术的简单传授或身体素质的锻炼增强。其次，实践性是劳动教育的重要属性。教育与生产实践相结合是培养社会主义建设者和接班人的根本遵循，从教育与生产劳动"实质"结合的立场去审视劳动教育，必然会带来劳动教育内容上的根本性变革。鉴于此，新时代的劳动教育要求教学主体要把学习专业技术和坚定理想信念结合起来，把粗放的劳动和集约的劳动结合起来，把脑力劳动和体力劳动结合起来，以培养德智体美劳全面发展的新时期高素质综合型人才为牵引，优化资源配置和教学模式，注重价值引领、品格锻造、技能提升。

作为我国高校中实施工程教育的实践性教学平台，高校工程训练中心是我国高等教育改革发展中出现的一个新事物，是具有中国特色的工程实践教育理念和教学模式的创新。以工程训练中心强大的软硬件实验条件为依托，工程训练系列课程有显著的实践性特征，相较于其他教学模式，更具备成为劳动育人乃至落实"五育融合"育人主阵地的先天优势。我中心依托项目式实践教学内容，有机整合实践教学资源，构建"劳—育"融合工程实践教学平台的育人体系（图1），从教学资源优化、教学平台搭建、师资力量配置和管理考核机制创新等多维度出发，在劳动价值观塑造、劳动能力培养的基础上，确保树德、增智、强体、育美同步推进。

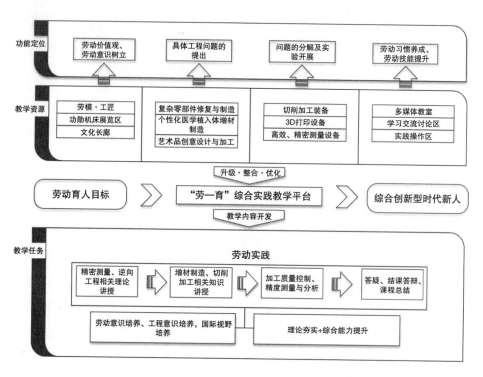

图1 "劳—育"融合工程实践教学平台的育人体系建设思路

（一）马克思主义劳动价值观的普及与"劳动精神"的弘扬

马克思主义是我们立党立国的根本指导思想，也是我国高校最鲜亮的底色，教育与劳动相结合是马克思主义教育的基本思想，也是我国的教育方针。新时代的中国青少年是面向社会主义现代化和中华民族伟大复兴的未来劳动者和奋斗者，对于他们而言，劳动教育不仅是动手动脑的实践课程，更是科学解答为何劳动、为谁劳动、如何劳动等问题的历史唯物主义课程。而系统、扎实推进青少年的劳动教育不仅是帮助其树立正确劳动价值观、培养良好劳动习惯和提高劳动技能水平的需要，更是培养具备家国情怀、大局意识、担当意识、奉献精神、集体观念的社会主义建设者和接班人的必然要求。

针对劳动教育缺乏顶层设计和系统规划，学生劳动意识淡薄、动手能力和实践能力弱，对实践教学参与热情不高、缺乏艰苦奋斗的精神等突出问题，我中心以劳动育人总目标为导向，从劳动价值、劳动意识、劳动习惯、劳动技能等多维度出发，多措并举，优化资源配置，确保劳动教育贯穿实践教学全流程。

首先，针对学生开展"劳动育人第一课"活动，邀请校内外劳育导师以多种形式开展劳动主题教育，帮助学生初步建立马克思主义劳动价值观；其次，由学科教授立足我国经济社会发展现状和学术前沿从相关技术发展现状、瓶颈及未来发展趋势等维度为同学们作主题报告，进一步培养学生爱国情怀，淬炼使命担当，强化劳动意识；再次，由专业责任教授向大家介绍工程训练中心基本情况和项目式实践教学开展细则，使同学们系统把握课程的特点、目标、任务及要求，培养学生良好的劳动态度；最后，由专职实验技术人员在实践教学过程中依托实践平台和实践项目，进一步提升学生的劳动技能。

（二）"劳—育"融合工程实践教学平台的搭建

工程案例学习对于学生综合能力培养的作用是显著的，将具体工程案例有机融合到实践教学中是提高学生综合素质的有力举措。对于劳动教育而言，将劳动育人元素有机嵌入项目式教学过程可以大大提高劳动育人成效，达到在潜移默化中让劳动精神入脑入心的效果，最终让劳动意识内化于心、外化于行，落实到后续专业课学习、科学研究乃至职业生涯发展中。

综合实践教学平台是项目式教学开展的重要依托。针对笔者所在的北京理工大学工程训练中心在劳动育人实践中存在的诸多困境，围绕劳动教育深度融入"制造技术训练"系列课程所面临的一系列突出问题，紧密联系产业转型升级对综合创新型人才提出的新要求，瞄准国家重大战略需求和相关领域核心关键技术，考虑办学条件和学生未来职业生涯发展需要，遵循现代工业生产的一般规律，以产品研发时间轴为主线，统筹考虑项目式教学模式的需求及中心现有各基本教学模块的运行情况，遵循"劳动价值引领、工程问题导向、实验项目驱动、综合能力达成"的理念，按照"汇聚资源、优化配置"的总体建设思路，突出学科交叉融合及加工技术手段的综合运用，搭建

"劳一育"融合工程实践教学平台,为从空间、时间、知识脉络三个维度打通不同工种、上下游工序间的壁垒,为实现人才的全流程、贯通式培养提供硬件支撑。

笔者多年实践教学探索表明,逆向工程技术以其创新性、高效性、实用性等优势在众多领域中得到了广泛推广,应用前景乐观。该技术内涵丰富,涉及学科众多,劳动育人元素密集,非常适合多学科交叉融合的项目式劳动教学开展。目前中心虽然开设有逆向工程实践教学模块,但办学体量较小,设备开发程度和利用率均有待进一步提高。综合各方面因素,逆向工程实践教学模块被作为综合实践教学平台建设的落脚点。平台整体建设思路如图2所示。

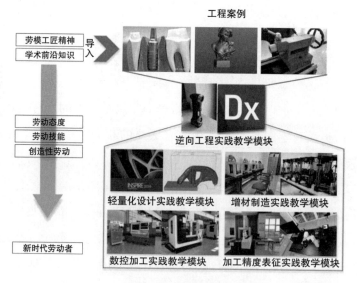

图2 新型综合实践教学平台建设

(三)实践教学内容的开发与教学模式的革新

围绕平台的教学内容是项目式实践教学开展的关键,将具体工程案例有机融合到实践教学中是提高学生综合素质的有效手段。实验项目是工程问题在实践教学过程中的生动体现,是有机串联各实践模块的主线。针对工程训练中心当前在劳动育人中存在的实践教学模块割裂、设备利用率不高、教学模式陈旧、师资力量不足以及考核评价方式不合理等突出问题，研究团队对标项目式实践教学要求及劳动育人目标，深入现代制造型企业生产一线，了解生产过程中的常见工程问题，挖掘有价值的实践育人素材，开发一系列涉及不同学科的实验项目。实践指导教师可统筹考虑学生的先修课程、培养定位和未来职业发展，从项目库中选择合适的实验项目加以重组，快速打造个性化、差异化、层次化的教学内容。在此基础上，进一步梳理学校办学历程，发现有价值的思政、劳动育人元素，并将其以多媒体形式内嵌到教学内容中，最终采用体验式、情景式、互动式等多种新型教学形式在课堂上呈现，充分调动学生的学习积极性，提高学生的获得感和参与度。我中心立足教学平台的项目式教学运行方式如图3所示。

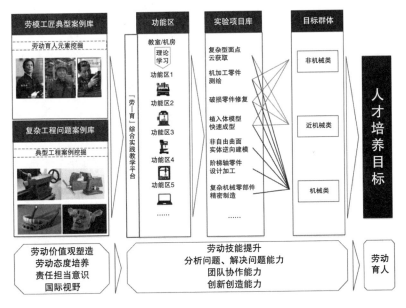

图3　项目式教学运行方式

在教学理念改革方面需要坚持两个原则。首先是因材施教。在开发教学内容及开展实践教学流程中都需要紧密联系学生培养目标定位、年龄层次、身体状况、兴趣爱好、发展特长、理论基础等各方面的实际情况；其次是交叉融合。国家经济发展、科技创新、复杂工程问题解决都对学生的跨学科知识融合运用能力提出了新要求。为了实现跨学科、创新型人才的培养，我中心借鉴STEM理念，侧重科学、技术、工程、数学等相关理论和知识点向教学内容渗透，引导学生适应不断更新的专业知识和快速变化的社会生活，学会以系统的方式从全方位的视角认识世界，以创新的方式改造世界，培养学生用创造性思维解决问题的能力。

（四）师资队伍建设与管理考评机制的建立健全

因为具体工程案例的项目式实践教学在组织形式和教学内容设置方面均与传统实践教学模式存在很大差异，所以，新型教学团队的建设、教学效果量化考评机制的优化升级等工作势在必行。

第一，劳模工匠是宝贵的教育资源。作为劳动—实践育人体系的重要一环，劳模工匠的加入对于培养学生的劳模工匠精神意义非凡。为此，我中心将积极对接学校，由后者主导，邀请劳模工匠担任学校劳育导师，以报告、对话、座谈等多种形式参与项目式教学的劳动育人环节，立足本职现身说法，让学生在近距离接触劳模工匠、聆听劳模故事的过程中领会和感悟劳模爱岗敬业、争创一流、艰苦奋斗、淡泊名利的优良品质，并将之内化为自己的劳动价值观。

第二，具有国际视野与战略思维是新时代对综合创新型人才提出的新要求。为了让学生全面了解相关学科前沿、开阔学术视野、启迪创新学术思想、促进学科交叉融合，我中心将积极搭建学术交流平台，邀请资深教授为学生作前沿研究专题报告，培养学生脚踏实地、勇于探索、敢于创新的科学精神。

第三，专职实验技术人员是开发教学资源、开展实践教学的主要力量，是确保劳动育人、实践育人得以落地实施的重要保障，也是完成立德树人根本任务的关键一环。新的教学模式对指导教师的教育理念、知识结构和执教能力等方面有着全新要求，因此，在价值理念方面，要求该群体具备至诚报国的爱国情怀、脚踏实地的敬业精神、敢为人先的进取精神，淡泊名利、甘于奉献，做到"内化于心、外化于行"，用实际行动践行育人使命，感召青少年学生；在业务水平方面，要求该群体具有教育理念先进、教学方法科学、学术水平高、实践经验丰富、专业知识扎实、富有创新精神等一系列特征，完成从"说教式"教学到"引导式"教学的转变，引导学生发现问题、分析问题、解决问题，由表及里、由浅入深、循序渐进，最终达成实践育人、劳动育人目标；在教学方法方面，针对传统教学过程中普遍存在的教师"满堂灌式"教学、学生"机械式"重复的现象，从教育宗旨、教学目标、教学目的、教学要求等几个维度出发，采用学术研讨、业务学习、技能培训等多种途径，帮助指导教师完成教学模式的升级。此外，为了保证教学过程安全有序，指导教师需全程参与实践教学全流程，随时普及安全生产常识，帮学生答疑解惑，详细记录学生实训过程，尤其注重学生的非智力因素对学习的影响，为实践教学效果量化考评工作的开展及教学内容和方法的完善与优化提供一手资料。

与传统的基于单一模块的实践教学模式不同，项目式教学涉及多工种、多设备及多学科理论知识，因而，对教学效果的评价也需要重新量化。学生的劳动态度、灵活运用知识解决问题的能力和创新能力是考评工作的重要参考，同时还需注重学生的团队协作能力等非智力因素对学生课业的影响。此外，建立学生评教机制，针对学生反馈信息，实时分析教学过程中存在的问题并提出对策，确保教学形式与内容的科学性与先进性，为"劳—育"融合工程实践教学的常态化开展提供保障。

三、结论

本文针对新时代高校在落实"五育融合"任务及劳动育人开展过程中存在的诸多问题，以培养综合创新型人才为导向，以培养学生劳动意识、劳动价值观、劳动态度、劳动素养为宗旨，以"劳—育"综合实践教学平台为依托，以梯度化、个性化项目式实践教学内容开发与教学实施为途径，实现教学组织形式与内容、教师队伍打造、管理考评机制优化等方面的突破；立足工程训练中心优势软硬件资源，结合项目式实践教学模式需求，搭建"劳—育"融合工程实践教学平台，优化教学内容、改革教学模式，推动课堂教学、实践活动与劳动育人的贯通融合。教学实践表明：立足平台的实践教学新模式可有效解决传统实践教学过程中存在的设备利用率低、教学内容不连贯、教学安排不合理等问题；依托实践教学项目的开展，可为劳动育人与工程实践教学的有机融合、劳动教育与其他"四育"有机融合提供强力支撑。

参考文献

[1] 杨丹辉,渠慎宁.百年未有之大变局下全球价值链重构及国际生产体系调整方向[J].经济纵横,2021(3):61-71.

[2] 林念修.坚持创新在我国现代化建设全局中的核心地位[J].中国经贸导刊,2022(10):10-14.

[3] 龚旗煌.走好新时代高水平人才自主培养之路的思考与实践[J].国家教育行政学院学报,2022(5):7.

[4] 管童,朱永新.普通学校开展超常儿童教育的现实需要、主要特征以及路径选择[J].中国特殊教育,2022(10):3-8.

[5] 袁晓萍,李晓华.高校德育：把生命点亮的教育[J].江苏高教,2018(2):60-62.

[6] 钟柏昌,刘晓凡.论"五育融合教育"[J].中国电化教育,2022(1):86-94,104.

[7] 郭超华,闫守轩.教学中"五育融合"的限度及其超越[J].课程.教材.教法,2022,42(3):21-27.

[8] 朱宁波,王志勇.论指向"五育融合"的学科教学[J].当代教育科学,2021(12):35-43.

[9] 顾明远.新时代教育发展的指导思想——学习习近平总书记在全国教育大会上的讲话[J].中国教育学刊,2018(10):前插1.

[10] 王定华.新时代我国教育改革发展的新方向新要求——学习习近平总书记在全国教育大会上的重要讲话[J].教育研究,2018,39(10):4-11,56.

[11] 黄姝香.新时代高校劳动育人存在的问题及对策研究[D].武汉：华中师范大学,2020.

[12] 孙玉荣.当代中国大学教育的"功利主义"价值取向之反思[J].天津市教科院学报,2013(2):4.

[13] 赵利平."五育"融合下的高校劳动教育：逻辑转向与范式变革[J].贵州师范学

院学报, 2022, 38 (1) : 7.

[14] 汪金刚. 信息化社会生产与数字劳动异化——对马克思"异化劳动理论"的当代阐释 [J]. 新闻大学, 2020 (2) : 15.

[15] 王丽娜. 劳动教育在高校思想政治教育中的现状与对策研究 [D]. 成都: 四川农业大学, 2016.

[16] 赵小瑜. 大学生劳动精神培育的现状及对策 [J]. 卷宗, 2019, 9 (21) : 327.

Exploration and Practice of the New Mode of Labor Education in the Perspective of "Simultaneous Development of Five Education"

GAO Shoufeng[1], LV Yuetong[2], DANG Yizhi[1], ZHENG Yi[1], YAN Pei[1], FU Tie[1], GONG Lin[2]

(1. School of Mechanical Engineering, Beijing Institute of Technology, Beijing 100081, China;
2. Ruixin College, Beijing Institute of Technology, Beijing 100081, China)

Abstract: The continuous deepening of a new round of scientific and technological revolution and industrial transformation, combined with the complex international and domestic environment, has put forward new requirements and challenges for China's national economic construction. The role of high-quality, comprehensive and innovative talents in the implementation of the strategy of rejuvenating the country through science and education, the strategy of strengthening the country through talents, and the strategy of innovation driven development will be further highlighted. In view of the outstanding problems existing in the process of practical education in domestic colleges and universities, this paper, based on the general goal and task of labor education, starts from different dimensions such as the innovation of teaching concepts, the upgrading and optimization of teaching resources, the implementation of practical teaching, and the innovation of management assessment mechanism, and deeply discusses the new ideas and methods of comprehensive innovative talent training in the perspective of "Simultaneous development of five Education". Taking the solution of specific engineering problems as the main line, taking the new flexible comprehensive practical teaching platform as the basis, taking multidisciplinary cross experimental projects as the carrier, and taking the new practical teaching guidance team and scientific management assessment methods as the guarantee, explore an effective way to organically integrate specific engineering problems into the whole process of practical education. The practice shows that the new mode of practical education proposed in this paper can effectively solve the prominent problems existing in traditional engineering practice teaching, such as conservative teaching mode, outdated teaching content, old-fashioned teaching form, low utilization rate of teaching resources, and can provide new ideas for the planning and construction of engineering practice teaching platform and the reform of engineering practice teaching under the new situation.

Key words: To establish virtue and cultivate people; Simultaneous development of five Education; Practical teaching; Project style; Teaching platform